量子思维与企业管理

梳理量子思维与企业管理的百年纠缠，
助我们解答世纪企业管理难题

成刚 著

华为是如何超越“奇点”，
战胜组织管理黑洞的？

企业管理出版社
ENTERPRISE MANAGEMENT PUBLISHING HOUSE

图书在版编目（CIP）数据

量子思维与企业管理 / 成刚著 .—北京：企业管理出版社，2020.1

ISBN 978-7-5164-2008-9

Ⅰ. ①量… Ⅱ. ①成… Ⅲ. ①企业管理 – 研究 Ⅳ. ① F272

中国版本图书馆 CIP 数据核字（2019）第 186811 号

书　　名：量子思维与企业管理

作　　者：成　刚

责任编辑：赵喜勤

书　　号：ISBN 978-7-5164-2008-9

出版发行：企业管理出版社

地　　址：北京市海淀区紫竹院南路 17 号　　邮编：100048

网　　址：http://www.emph.cn

电　　话：发行部（010）68701816　　编辑部（010）68420309

电子信箱：zhaoxq13@163.com

印　　刷：北京虎彩文化传播有限公司

经　　销：新华书店

规　　格：170 毫米 ×240 毫米　16 开本　14 印张　201 千字

版　　次：2020 年 2 月第 1 版　2022 年 1 月第 2 次印刷

定　　价：56.00 元

目　录

思维就是力量

重要的不是给予思想，而是给予思维。

——著名哲学家　康德

世上的一切问题，皆源自思维的问题。

——量子物理学奠基人　戴维·玻姆

引子 从思维到行为

1978年，中国拉开改革开放大幕之初，“态度决定一切，行为决定命运”这样的口号被喊得很响，每当听到这句话我的脑海里就会浮现出“行为→结果”这一问题，于是便联想到“撑死胆大的，饿死胆小的”等类似的话。但很快另一个困惑又涌了上来：行为真的这么重要吗？那又是什么决定了人的行为？在日常管理实践中，当管理者在场时，下属可以表现出组织所需要的行为，当管理者手中握有“胡萝卜”或“大棒”时，下属们可以表现出管理者想要的行为，然而，如果这种行为不具有持续性，不能成为“习惯”，也就很难“职业化”。那么，是什么决定了人的行为呢？哲人告诉我们：观念决定行为。很自然，我们又将研究视角聚焦到了“观念”之上。

很多年前，大家都乐于谈改造世界观的问题，也许我们可以把观念理解成一个人的世界观，也就是站在“我”（主体）的角度怎样看待“他”或“他们”，可见只有“我”是玩不转的，还必须有“他”（客体）。“我”总是要与他人发生各种各样的关系，那么“我”怎样看待他人，就成了我们与他人发生关系时行为的源头。

1992年，中共十四大提出了建立社会主义市场经济体制的改革目标，最初我们引用西方企业的“顾客就是上帝”的口号，很快引来了批评：我们是社会主义国家，是无神论者。于是把“上帝”改为“皇帝”，“顾客就是皇帝”这样的口号读起来总觉得别扭，因为中国历史上的皇帝大多不得人心，各次代表进步力量的农民革命的目标就是把皇帝拉下马，改朝换代。于是，又把“皇帝”改回了“上帝”。

沃尔玛的信条是：第一，顾客永远都是对的；第二，当顾客不对的时候，请参照第一条。当企业把顾客视为自己信仰的上帝，与他们发生关系时，企业一定会从自身去找问题，而坚信上帝是对的。

“行为”是冰山上我们看到的东西，而冰山下的就是“观念”。在一个没有“剪刀差”的社会环境中，我们可以从一个人的观念来正推他的行为，从行为来倒推他的观念。简单说，观念也就是处理“人”与“人”之间关系的那套东西。前面的“人”是主体，后面的“人”是客体，包括他人、社会和自然。例如，当我们站在人类自身的角度看待自然，觉得人定胜天，那么我们的行为往往是乱砍滥伐、随意破坏，结果受到自然界的惩罚。再如，我们如何看待其他的国家、民族，决定了我们与他国、与世界交往的策略与行为。

观念决定行为，行为决定结果和命运，那么观念又是由什么形成的呢？答案是“思维”。观念是人们对事物的主客观认识的系统化之集合体。人们会在观念的支配下进行各种活动，利用观念体系对事物进行决策、计划、实践、总结等，从而不断丰富生活和提高生产实践水平。观念具有主观性、实践性、历史性、发展性等特点。形成正确、清晰的观念有利于做正确的事情，提高生活水平和生产质量。

思维最初是人脑借助于语言对客观事物的概括和间接的反应过程。思维以感知为基础又超越感知的界限，探索与发现事物的内部联系和规律性，是认识过程的高级阶段。思维对事物的间接反应，是指它通过其他媒介作用认识客观事物，借助于已有的知识、经验和条件推测未知的事物。思维的概括性表现在它对一类事物非本质属性的摒弃和对其共同本质特征的反映。随着研究的深入，人们发现除了逻辑思维之外，还有形象思维、直觉思维、顿悟等。

思维作为理性认识，包括理性认识的过程和结果；观念一般指的是理性认识的结果。也可以说，思维是加工过程，观念是思维过程的最终产品。

思维具有以下三个特性：

首先，思维是一个过程，那就有个套路的问题，例如说模型、框架、定势、习惯等。

其次，思维是问题引导的。有问题才有思维，没有问题就没有思维，可见我们做的白日梦不是思维；我们读书时，如果只是在读而没有思考，那也没有思维。只有当你发问时，或者用5W1H来引导自己读书时，才会产生思维。正如斯图尔特·克雷纳所说，“管理上没有最终的答案，只有永恒的追问”，我们要做好管理工作，最重要的是要学会不停地发问，问一些对企业、对自己的发展来说最重要的问题。《时间简史》一书也认为，人与动物最本质的区别就是人能够持续发问。

最后，思维的品质会显著地影响决策的品质，所以，提升决策品质的基础是提升思维的品质。

思维方式是主体在反映客体的思维过程中，定型化了的思维形式、思维方法和思维程序的综合统一。思维方式主要由知识、观念、方法、智力、情感、意志、语言、习惯八大要素组成。这些要素相互作用，形成一个动态、有机、复杂的系统。从人类思维的整体来看，思维方式具有社会性、区域性、民族性等特征。

说到东方人的思维方式，就不能不提《易经》；谈到西方人的思维方式，就不能不谈《圣经》。《易经》的“易”就是“变”，《易经》认为天下没有什么不会改变，并认为“不变”就是“变”，只有“变”存在，且所有的“变”都是按照《易经》所描述的方式进行的。一千多年前中国的禅修里有这样的观点：“见山是山，见水是水”，这是第一句话；第二句话是“见山不是山，见水不是水”；第三句话是“见山只是山，见水只是水”。尽管那个时代的中国人没有任何实质的量子力学科学实验基础，但是已经拥有这种思维方式。

《圣经》的重点是告诉人们，上帝的言行和其所定下的规则是不能违背和改变的，是每个人恒定不变的言行和思维的标准。

图1-1列出了东西方两种不同的思维方式。

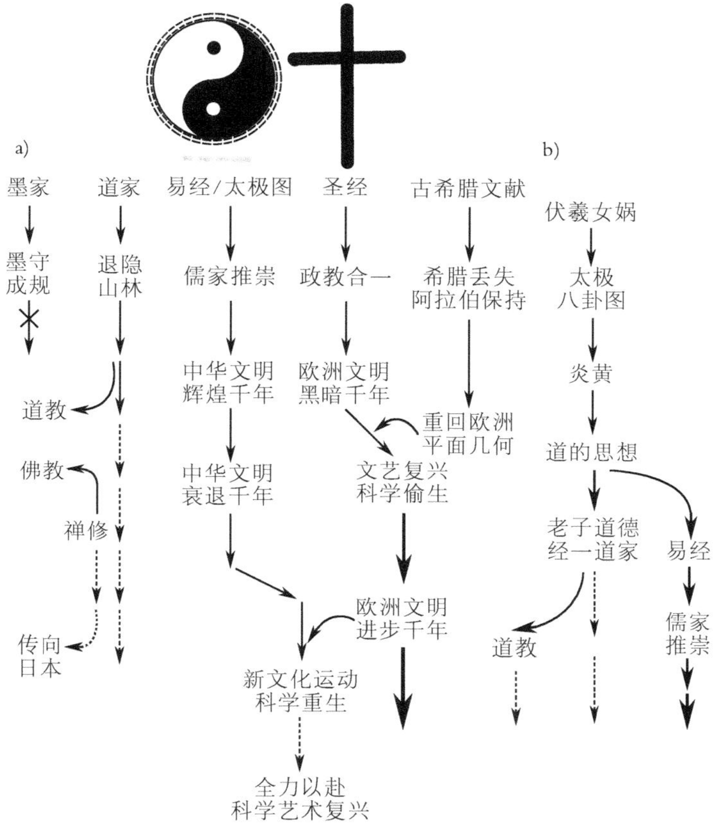

a）人类重要思维方式和文明的进化树；b）太极图、道家、《易经》的进化树

图 1-1 《易经》和《圣经》的思维方式对比

资料来源：钱旭红 . 改变思维 [M]. 上海：上海文艺出版社，2012：7.

《易经》和《圣经》中都掺杂了科学（古代科学），主张一切皆变的《易经》本身却未变，成为最保守的文化之一；而主张一切都不能改变的《圣经》文化却孕育出了现代科学。比《圣经》更早诞生的《易经》不仅能正确描述大多数事物的规律，还拥有《圣经》所没有的系统完整、简洁优美的思维模式。正因为其过于早熟、优美，沉浸其中的古代中国人失去了知觉，后人只有崇拜，全然没有察觉出其对思维的限制。现代科学的出现得益于欧洲的文艺复兴，它冲破了禁锢欧洲人千年的中世纪传统宗教的统治力量，唤醒了人性，成为一种新的强势文化。为了保持上帝的尊严，善男信女们要和科学争论，反倒需要科学帮助自圆其说，以坚定对上帝的信心。文艺复兴时期，古希腊文献的价值被再次发现，为西方文明和现代科学提供了系统完整、简洁优美的思维模式。特别是欧几里得平面几何的再现，明确了从公理到定理再到推理的思维方式，从而成为整个科学的框架体系，如今任何学科中几乎都有它的影子。

中西方两种思维方式导致两大不同学科的一个典型案例是中医和西医。中医以辩证逻辑为主，西医以形式逻辑为主。一部分人比喻西医持分解合成观，是逆势疗法，即解剖死人，理解死人再治活人。另外，随着专业划分越来越细，西医中分出越来越多的科室。中医持整体平衡观，是顺势疗法。中医的“中”讲的是中和平衡，即琢磨活人治活人，针对慢性疾病、亚健康时较为有效。

量子管理学奠基人丹娜·左哈尔认为，大多数变革仅是新瓶装旧酒而已，甚至可以比喻为把房间里的家具从东挪到西。但是，一场真正的变革需要我们拿出勇气摧毁旧的布局，重新设计整个格局。可见，我们要从“头”改变，革新我们旧的思维系统。

一、量子思维与牛顿思维

我们可以不理解量子力学，但必须拥有量子思维。扎克伯克的女儿还没满月时，他们夫妻俩就给宝宝读《给宝宝的量子力学》绘本，而这本书的作者克里斯·费利曾写信给时任美国总统奥巴马说：要使美国永远保持领先，必须在中小学开始教授量子力学。

（一）牛顿力学及其思维

据说 1665 年秋季，牛顿坐在自家院中的苹果树下苦思着行星绕日运动的原因，这时，一只苹果落下来，恰巧落在牛顿的脚边。这是一个发现的瞬间，这次苹果下落与以往无数次苹果下落不同，因为它引起了牛顿的注意。牛顿从苹果落地这一理所当然的现象中找到了苹果下落的原因——引力的作用，这种来自地球的无形的力拉着苹果下落，正像地球拉着月球，使月球围绕地球运动一样。

1686年，牛顿正式提出其力学思想，从此世界变得不同。牛顿继承和发展了伽利略、笛卡尔的思想，以数学公式为依据，解开了古老的天体运动之谜，认为天体运动的原因就是万有引力。牛顿的力学观改变了西方人乃至全世界人们的思想及思维模式，也从一个侧面极大地推动了人类文明的进步。牛顿于1687年出版的《自然哲学之数学原理》无论从科学史还是从整个人类文明史来看，都是一部划时代的巨著。在科学史上，它是经典力学的第一部经典著作，也是人类掌握的第一个完整的科学的宇宙论和科学理论体系，其影响所及遍布经典自然科学的所有领域。就人类文明史而言，这本书的出版表明人类文明发展到系统全面地认识自然进而有可能利用自然和改造自然的阶段，其影响所及，在英国本土成就了工业革命，而在法国则诱发了启蒙运动和大革命，甚至在社会生产力和基本社会制度两方面都有直接而丰富的成果。从科学研究内部来看，《自然哲学之数学原理》示范了一种现代科学理论体系的样板，包括理论体系结构、研究方法和研究态度、如何处理人与自然的关系等多个方面的内容。在科学的社会史方面，该书出版前后的社会环境和学术背景对于日后的科学建制化发展和现代国家制定学术政策及科技政策都有借鉴意义。

我们简单地介绍一下著名的牛顿三大定律：

1. 牛顿第一定律

内容：任何物体都保持静止或匀速直线运动的状态，直到受到其他物体的作用力迫使它改变这种状态为止。

说明：物体都有维持静止和做匀速直线运动的趋势，因此物体的运动状态是由它的运动速度决定的，没有外力，它的运动状态是不会改变的。物体的这种性质称为惯性。所以牛顿第一定律也称为惯性定律，第一定律也阐明了力的概念，明确了力是物体间的相互作用，指出是力改变了物体的运动状态。因为加速度是描写物体运动状态的变化，所以力是和加速度相联系的，而不是和速度相联系的。在日常生活中不注意这点，往往容易产生错觉。

注意：牛顿第一定律并不是在所有的参照系里都成立，实际上它只在惯性参照系里才成立。因此，人们常常把牛顿第一定律是否成立，作为一个参照系是不是惯性参照系的判据。

2. 牛顿第二定律

内容：物体受到合外力的作用会产生加速度，加速度的方向和合外力的方向相同，加速度的大小正比于合外力的大小且与物体的惯性质量成反比。

牛顿第二定律定量描述了力作用的效果，定量地量度了物体惯性的大小。它是矢量式，并且是瞬时关系。

注意：物体受到合外力，会产生加速度，可能使物体的运动状态或速度发生改变，但是这种改变和物体本身的运动状态有关。真空中，由于没有空气阻力，各种物体只受到重力，所以无论它们的质量如何，都具有相同的加速度。因此，在自由落体运动中，在相同的时间间隔中，它们的速度改变是相同的。

3. 牛顿第三定律

内容：两个物体之间的作用力和反作用力，在同一条直线上，大小相等，方向相反。

说明：要改变一个物体的运动状态，必须有其他物体和它相互作用。物体之间的相互作用是通过力体现的，并且力的作用是相互的，有作用力必有反作用力，它们作用在同一条直线上，大小相等，方向相反。

作为一个文科生，我在这本讨论思维方式的管理学书中，只介绍一下牛顿思维的特征。在牛顿物理时代之前，人们往往依靠宗教理念或生活经验来指导思维，而牛顿三大定律的发现则帮助人们解释世界的变幻景象：气候的变化和疾病的蔓延并不是超能力和神秘力量控制的结果，世界上的一切事物都可以被理解，它们有规律可循，它们的发展可被预测，它们的变化可被控制。牛顿思维的价值在于，第一次把人类从“神权”的唯心主义掌控下解脱出来，告诉我们，世界是物质的，是可以被我们认识的。牛顿物理学不仅定义了绝对空间、绝对时间和绝对运动，同时也奠定了那个时代自然科学和社会科学研究的认识论基础——机械论、决定论和还原论。

机械论，认为这个世界是按照机械规律来运行的，上帝就是一个钟表匠，他所创造的世界就像一个永远不会出差错的钟表一样准确地运行；决定论，认为所有的事件发生都有其确定的原因，同时也都将导致确定的结果，就像月亮面对海水时一定会引起涨潮一样；还原论则认为，一切复杂的现象都可以分解还原为简单的现象和元素，而每一层分解得到的结果都会更加简单。

牛顿的研究证明我们看到的周围的一切物体，都服从万有引力定律。牛顿的三大定律完成了他的划时代的工作：一切物体，从地球上的苹果到行星再到恒星，统统服从他的力学原理。上帝精心设计的宇宙可以被人类定量地感知，日月星辰所代表的神的意志用数学公式就可以精确描绘，牛顿描述的世界是非常迷人和有序的。牛顿力学的成功让人们对认识自然有了充分的信心。这种自信为别的学科提供了原始的假设，即世界是可以被无限认知的，可以被中立地观察并给出修改意见，可以被独立改造。一个清晰的，可认知的世界蓝图逐渐在人类面前展开，认识和掌握宇宙的所有知识对我们来说只是个时间问题。正因为如此，人们认为，自然界的一切完全就像一台精密的机器，独立的部件通过机械进行连接，沿着确定的轨迹运行。这样的思维被推广到对人、对社会、对各类组织的描述，包括对社会学、经济学、心理学等学科的认识。

牛顿力学的诞生还确立了经典的科学方法，人类从此有了甄别哲学思辨可靠与否的依据。此后，人们在哲学思维和自然实践中相互印证，推进现代其他科学及其分支的建立。更为重要的是，牛顿划定了人类诠释哲学认识的方式。同时期的社会科学领域，同样深受牛顿定律的影响。约翰·斯图亚特·密尔提出的自由民主理念，其核心是强大的个体主义。亚当·斯密将牛顿基本定律运用在经济学中，认为人的自私就像物理学中的原子一样自由运动，形成社会活动的基础；他坚信，由于人的自私特性与寻求个人收益最大化的特性这两项基本假设，资本主义是人类社会发展的最好方式，资本主义一定会引领社会进步发展。弗雷德里克·泰勒则在管理学领域实践了牛顿定律，他认为管理的本质是把组织看作一个庞大的机器，其由各个零部件组成，它是可以控制和预见的。

由于以牛顿的经典力学为代表的科学极大地释放了生产力，促进了新发明和新产业，导致类似思维的宇宙观、世界观、社会观和人生观占据了主导地位。机械的科学主义以意识形态的方式影响着人类的思维、生活，直到今天。机械的宇宙观运用到组织管理中，就是强调实体结构和众多组成部分的重要性。林林总总的组织管理被描述成这个机器是如何工作的：组织的组成部门有哪些？谁放在哪里合适？谁是最重要的零部件？为了完成组织整体目标，各个部件应承担独立的被割裂开的责任。我们花大量的资源对未来进行科学的规划，以求掌握认知和改造世界的知识。

（二）量子力学与量子思维

传统经典力学研究的对象都是我们的感官可以直接观察到的，随着科技的进步，物理学所要研究的对象已经超越了我们的感官所能觉知的极限，例如电子，已经小到我们的肉眼无法看见，也就是说我们“看不见”我们想要看的“对象”，因此原先根植于我们心中的一些观念便开始面临挑战。1901 年，德国人普朗克发表了量子论，从此世界就没有那么安宁和可预测了。一些惊世骇俗的学术上的推测屡屡被证明是正确的，但是按常规思维和日常生活经验又是无法理解的。秉持牛顿思维的自信满满的人类，又开始陷入了迷惑和恐慌之中，开始抵制量子论。量子论给人类带来了不同的世界观。

1900 年，开尔文在跨世纪的皇家学会上宣布，物理学世界能做的几乎都做完了，只有两个问题让物理学家们感到不安与困惑：一个是人们测不出光相对于以太运动的速度变化；另一个是紫外灾难，似乎光的能量在颜色趋向紫外时会变得无穷大，而无穷大是一个物理学上极其不喜欢的概念。为了以太里光速的和谐，人们引入了狭义相对论；而为了黑体辐射的紫外灾难的和谐，物理学家们发现了量子力学。

为了弥补牛顿理论的概念性空白，耗费了物理学家几个世纪的艰辛以及爱因斯坦的天赋和智慧。时至今日，物理学家们知道引力以及正负电子间的相互作用并不是瞬间发生的，而来源于某种“信使”的传播。因此，上面提到的“微粒”假设是正确的。物理学家对这些作为信使的微小粒子进行了命名：引力的信使被称为引力子（Graviton），电磁力的信使则被称为光子（Photon）[①]。

沿着这种物理学思维方式，自爱因斯坦始，物理学将大自然描述为一个只能在空间中进行连续的、逐点相互作用的局域性实体的集合。这符合我们对世界的直觉，也符合牛顿的观点。但现代物理学也建立在另一根理论支柱——量子力学之上，它被用于描述原子和光子的世界。爱因斯坦参与建立了这个理论。在1905年，他将光电效应解释为：光线中的微粒，即光子通过轰击金属表面并与表面的束缚电子发生相互作用而激发出电子，就像运动的弹球间的碰撞一样。爱因斯坦大概是在科学文献中最先给出术语“量子力学”的物理学家。

牛顿力学认为，世界上所有的物质都由粒子组成，而量子力学则描述了这些粒子的运动性质，从而阐述了所有物质的运动性质。麦克斯韦电磁革命最深刻的发现，就是发现了物质存在的新形态——电磁波（光波），这种物质的新形态我们可以称为场形态或者波形态。爱因斯坦的相对论预言了第二种波形态的物质——引力波。而量子力学最深刻的进展，就是统一了粒子形态的物质和波形态的物质：我们世界的存在（物质）真是太神奇了，它既是粒子又是波，它既不是粒子也不是波[②]。

一开始谁都不愿意接受这种奇怪的世界观，可以说量子力学是大家最不情愿接受的理论。量子力学是非常难懂的科学，就连爱因斯坦本人都说：我只是在脑子里懂了，而不是在心里懂了。爱因斯坦在1926年写道：“量子力学很了不起，但是一个内心的声音告诉我，它还不是那个真正的东西。”费曼（Richard Feymann）说没人能真正懂了量子力学，它原本就没打算被“人”理

① 参考尼古拉·吉桑《跨越时空的骰子——量子通信、量子密码的背后原理》一书中的相关内容。
② 参考曹则贤《什么实验观逼出了量子力学？》一文。

解。严肃地说，它可能触及了人类理性认知的极限，理解它要迫使我们绕开传统的思维模式。与我们习惯的不同，“观察”是量子力学的核心问题。

我们简单介绍一下量子力学的几个著名的观察：

1. 态叠加原理和坍缩

为了解释量子力学观念，我们先看看大家的日常经验。一般人认为客观物体一定要有一个确定的空间位置，这种存在，是不以人的意志为转移的，是客观的。例如，我的白鼠现在在笼子里面，或者说我的白鼠现在不在笼子里面，两者必居其一。但在量子力学里就不一样了。量子力学认为，你的白鼠既在笼子里又不在笼子里，你要去看这只白鼠在不在笼子里，你就实施了观察的动作。你一观察，这只白鼠的存在状态就坍缩了，它就从原来的在笼子里又不在笼子里的叠加状态，一下子变成在笼子里或者不在笼子里的唯一状态了。所以量子力学怪就怪在这儿：你不观察它，它就处于叠加态，也就是一个电子既在 A 点又不在 A 点；你一观察，它这种叠加状态就崩溃了，它就真的只在 A 点或者真的只在 B 点了，只出现一个状态。

有人就会说：这是诡辩，你怎么知道电子不观察它的时候，它既在 A 点又不在 A 点呢?

在没有观测的时候，电子没有确定的状态。这也是量子力学最特别的地方。懂了这个，就懂了量子力学最诡异的东西，而且随后我们就能来证明：量子力学离不开意识，意识是量子力学的基础。

2. 薛定谔的猫——单体的叠加态

态叠加原理和坍缩是量子力学第一个诡异之点，将这个诡异之点往下推论，最后的结果会使大家认识到，意识是量子力学的基础，物质世界和意识不可分开。这个实验是量子力学的创始人薛定谔提出的，被称为“薛定谔的猫”。

薛定谔（1887—1961）是奥地利著名物理学家，量子力学创始人之一，获 1933 年诺贝尔物理学奖。量子力学是描述原子、电子等微观粒子的理论，它所揭示的微观规律与日常生活中看到的宏观规律很不一样。处于所谓“叠加态”的微观粒子之状态是不确定的，例如，电子可以几乎同时位于几个不同的地点，直到被观察测量（观测）时，才在某处出现。这种事如果发生在宏观世界的日常生活中，就好比我在家中何处是不确定的，你看我一眼，我就突然现身于某处——客厅、餐厅、厨房、书房或卧室都有可能，而在你看我之前，我像云雾般隐身在家中，穿墙透壁到处游荡。这种“魔术”别说常人认为荒谬，物理学家如薛定谔也想不通。于是薛定谔就在 1935 年编出了这个佯谬，以引起注意。薛定谔想要借此阐述的物理问题是：宏观世界是否也遵从适用于微观尺度的量子叠加原理。单体的叠加态是薛定谔试图证明量子力学在宏观条件下的不完备性而提出的一个思想实验。

关于猫的佯谬是把一只猫放进一个不透明的盒子里，然后把这个盒子连接到一个包含一个放射性原子核和一个装有有毒气体的容器的实验装置。设想这个放射性原子核在一个小时内有 50% 的可能性发生衰变。如果发生衰变，它将会发射出一个粒子，而发射出的这个粒子将会触发这个实验装置，打开装有毒气的容器，从而杀死这只猫。根据量子力学，未进行观察时，这个原子核处于已衰变和未衰变的叠加态，但是，如果在一个小时后把盒子打开，实验者只能看到“衰变的原子核和死猫”或者“未衰变的原子核和活猫”两种情况。薛定谔在 1935 年发表的《量子力学的现状》一文中，描述了那个常被视为噩梦的猫实验：哥本哈根学派说，没有测量之前，一个粒子的状态模糊不清，处于各种可能性的混合叠加。比如一个放射性原子，它何时衰变完全是概率性的。只要没有观察，它便处于衰变 / 不衰变的叠加状态中，只有确实地测量了，它才会随机地选择一种状态而出现，把这个原子放在一个不透明的箱子中让它保持这种叠加状态，薛定谔想象了一种结构巧妙的精密装置，每当原子衰变而放出一个中子，它就激发一连串连锁反应，最终结果是打破箱子里的一个毒气瓶，而同时在箱子里的还有一只可怜的猫。事情很明显：如果原子衰变了，那么毒气瓶就被打破，猫就被毒死。要是原子没有衰变，那么猫就好好地活着。

这个理想实验的巧妙之处在于，通过“检测器——原子——毒药瓶”这条因果链，似乎将铀原子的“衰变—未衰变叠加态”与猫的“死—活叠加态”

联系在一起，使量子力学的微观不确定性变为宏观不确定性；微观的混沌变为宏观的荒谬——猫要么死了，要么活着，两者必居其一，不可能同时既死又活。难怪英国著名科学家霍金听到薛定谔的猫佯谬时说："我去拿枪来把猫打死！"①

薛定谔的猫实验如果不揭开密室的盖子，根据日常生活经验可以认定，此猫或者死，或者活，这是它的两种本征态。但是，根据量子力学，用薛定谔方程来描述薛定谔的猫，则只能说，它处于一种活与不活的叠加态，只有在揭开盖子的一瞬间，才能确切地知道此猫是死是活，此时，猫的波函数由叠加态立即收缩到某一个本征态。这与我们的日常经验严重相悖，揭开盖子前，要么死，要么活，怎么可能不死不活，又死又活？

薛定谔挖苦说：按照量子力学的解释，箱中之猫处于"死—活叠加态"——既死了又活着！要等到打开箱子看猫一眼才决定其生死。请注意，不是发现而是决定，仅仅看一眼就足以致命。

1963年诺贝尔物理学奖获得者维格纳想了一个新的办法，他说：我让一个朋友戴着防毒面具也和猫一起待在那个盒子里面，我躲在门外，对我来说，这猫是死是活我不知道，猫是既死又活。事后我问在毒气室里戴防毒面具的朋友，猫是死是活？朋友肯定会回答，猫要么是死要么是活，不会是半死不活的。

他这个说法一出来大家就发现一个问题：一个人和猫一起呆在盒子里，人有意识，意识一旦包含到量子力学的系统中去，它的波函数就坍缩了，猫就变成要么是死，要么是活了。也就是说猫是死是活，只要一有人的意识参与，猫的死活就不再是模糊状态了。维格纳总结道，当朋友的意识被包含在整个系统中时，叠加态就不适用了。即使他本人在门外，箱子里的波函数还是因为朋友的观测而不断地被触动，因此只有活猫或者死猫两个纯态的可能。

量子力学的基础就是：从不确定的状态变成确定的状态，一定要有意识

① 参考朱清时《量子力学的诡异现象》一文。

参与，这是物理学的一个重大成就。

3. 量子纠缠——多体的叠加态

量子纠缠与“薛定谔的猫”类似，只不过“薛定谔的猫”讲的是同一个东西处于不同状态的叠加，量子纠缠讲的则是两个以上的东西它们都处于不同状态的叠加，它们彼此之间一定有明确的关系，这就是量子纠缠。

1982年，法国物理学家艾伦爱斯·派克特和他的小组成功地完成了一项实验，证实了微观粒子之间存在一种叫作“量子纠缠”（Quantum Entanglement）的关系。在量子力学中，有共同来源的两个微观粒子之间存在某种纠缠关系：不管它们被分开多远，对一个粒子扰动，另一个粒子立即就知道了。

量子纠缠证实了爱因斯坦不喜欢的“超距作用”（Spooky Action in a Distance）是存在的。量子纠缠超越了我们生活的四维时空，是非局域的（Nonlocal），宇宙在冥冥之中存在深层次的内在联系。简单地说，量子非局域性是指，属于一个系统中的甲乙两个物体（在物理模型中称为“粒子”），如果把它们分开了，甲在这里，乙在非常遥远（比如相距几千、几万光年）的地方，对任何一方扰动，另一方瞬间就能知道，且会有相应的反应。这种反应是瞬时的，超越了四维时空，不需要等到任何信号传递到那边。这说明，看起来互不相干的、相距遥远的粒子甲和乙在冥冥之中存在着联系。

中科院院士刘清时教授是这样解释量子纠缠的：比如，我们从北京买了一双手套，把手套中的一只寄到香港，另一只寄到华盛顿，那么寄到香港的是左手戴的还是右手戴的？谁都不知道，如果香港的人收到了打开一看，是左手的，那华盛顿的人不用看就知道收到的是右手的，因为手套是左右配对的，这是个规则。一旦寄出去了，寄的过程中不确定，但只要一个人观测了他收到的手套是左手的还是右手的，另一个人不用观测就知道了。

大家会认为，看没看它没关系，它早就确定了。但量子力学大量实验证明，如果把同一个量子体系分成几个部分，在未检测之前，你永远不知道这些部分的准确状态；如果你检测出其中之一的状态，在这瞬间其他部分立即调整自己的状态与之相应，这样的量子体系的状态叫作“纠缠态”。就好比这个手套寄出以后，在还没被观测之前，它是不是确定呢？不确定。只有在你确定了其中某一个的状态时，另一个的状态立刻就变化了，也就确定了。这种关联即是量子纠缠。

显然，“量子纠缠”这个概念已经超出了我们通常的理解范围，跟我们日常生活中的客观经验已经不符了，只能去试图想象它、接受它。这类纠缠的例子大家还容易理解，但是对于物质世界的纠缠就不太容易理解了，原因就在于大家通常认为一个事物永远都有一个确定的状态，但是量子力学发现微观世界的事物在还没被观察之前没有明确的状态。

量子纠缠已经被许多试验室证实，许多科学家认为量子纠缠的实验证实是近几十年来科学界最重要的发现之一。虽然人们对其确切的含义目前还不太清楚，但是它对哲学界、科学界和宗教界已经产生了深远的影响，对西方科学的主流世界观产生了重大的冲击。

经典力学中，波就是波，粒子就是粒子，有作用就有反作用。量子力学中，光具有波动性，人们只好将两个风马牛不相及但也相互不对立，是一个整体又不统一的词汇结合起来，出现了令经典力学者神经错乱的所谓“光波二象性”，它呈现哪个“象”，取决于观察者的思想与行动。量子思维认为，对象在没有被观察之前，是原真态，观察使得对象的原真态“坍塌”，进而成为观测到的现实。这寓意着世界存在多种可能性，其因观察者的思想与目光的干涉而发生变化。

（三）牛顿思维与量子思维的不同

1. 牛顿思维与量子思维的差别

（1）牛顿力学认为，物质不以意识的感知而存在，物质互有因果关系，其定量值是确定的；但量子力学发现，组成宇宙的微观粒子，在意识未感测前，飘忽不定，只有当人们观测时，它才成为人们确信的形状。量子寓意着跳跃性、不连续性，寓意着观察者与被观察对象之间存在着强烈的相互影响关系，不能以牛顿力学的发生精确预测，事物具有不确定性。

（2）牛顿思维关注部分，而量子思维关注整体。在经典力学中，整体是由一块块确定的“积木块”有序地、可以被预测和设计地构建成的。而量子力学中，不存在最基本的“积木块”，更像是有一块复杂的布，其中不同的连线交替、重叠或结合在一起，最终决定着整块布的质地。这些看不见的联系是万物的基本构成要素，而我们过去认为这些联系是发生在相互独立的实体之间的。

（3）在牛顿的世界里，认识是被动的，我们只能服从、适应自然界规律。在量子世界里，人的观察、操作以及人类的生命活动本身，都可以改变事物的规律与结果。在一定意义上，人能起到引导作用。这两种思维中，作为观察者的人的作用截然不同。

牛顿思维认为世界是由原子构成的，原子与原子之间，就像一颗颗台球，彼此独立，即使碰撞在一起也会立即弹开，所以不会造成特殊的变化。因此，世界将日复一日地稳定运作。量子思维主张世界是由能量球组成的。能量球碰撞时不会弹开，反而会融合为一，不同的能量也因此产生难以预测的组合变化，衍生出各式各样的新生物，蕴含着强大的潜在力量。1950 年，物理学家玻姆发现量子过程与人的思想过程极为相似。

加州大学著名的理论和实验物理学家 Matthew Fisher 就笃信，人的意识、记忆和思维是量子纠缠的，要用量子理论来解释。那怎么证明呢？他说他一定要在实物上证明，要寻找量子纠缠的实体。很多科学家找了很长时间，发现神经细胞里面的微管可以形成量子纠缠，但是微管的时间尺度是 10^（−20）秒到 10^（−13）秒，远远小于人的记忆和意识的形成时间。后来他通过理论的实践，以模拟的方式找到了，他正在进行实验验证。我国学者施一公也对量子缠绕做过大量研究，并用图 1−2 辅助阐述量子纠缠现象。

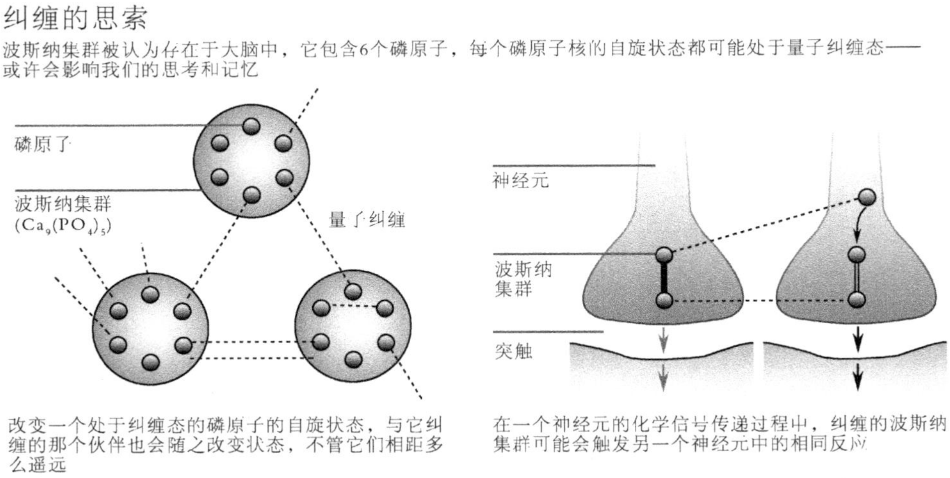

图 1-2 量子纠缠示意图

资料来源于施一公的《生命科学认知的极限》一文。

比如磷酸钙，当磷酸钙以波斯纳分子集群（Posner Molecule or Cluster）形式存在的时候，它的量子纠缠时间可以长达 105 秒！能把这样一个极其脆弱的，对声、光、电、热都极其敏感的量子纠缠现象的持续时间提高 15 个数量级，那么如果再提高 5 个数量级，就可以达到年的水平，以年为单位来保存量子纠缠现象。依此类推，也许有一天我们人类会发现量子纠缠也是一个可以进化的现象，它可以保存一百年、一千年、一万年。也就是说，量子纠缠在远古时代就存在了，在进化过程中被保存了下来①。

2. 量子思维的法则

量子概念诞生至今已经超过了一百年，由此发展而来的量子思维是与牛顿思维相对应的一种新的世界观和思维方式。归纳起来，量子思维具有以下四大法则：

（1）不连续性。量子力学证明能量是一份一份释放的，是不连续的。承认不连续，能给我们的观念带来突破，给我们的未来带来更多的可能性。

在互联网时代，那些过去成功的经验，在今天可能就没有什么价值了，

① 参考施一公的《生命科学认知的极限》一文。

企业很难“基业长青”。如今的机会来自“迭代”，也就是“不连续性”的创新。

（2）跃迁。量子力学证明微观粒子从一个状态到另一个状态的变化常常是跳跃式的。量子跃迁就是微观状态发生跳跃式变化的过程，由于微观粒子的状态常常是分立的，所以从一个状态到另一个状态的变化常常是跳跃式的。量子跃迁发生之前的状态称为初态，跃迁发生之后的状态称为末态。

人的一生是由无数小事件构成的，每一位普通人都能发现自己生命中的关键节点，在这一节点前后，人似乎变了，无论是学业、事业、爱情、家庭，还是其他方面。工作能力的提升，也有点像量子跃迁，要么在起始状态里不动，要么跃迁到另一个状态。

（3）复杂的因果关系。量子思维不认同简单的因果关系，认为事物之间的因果关系像“蝴蝶效应”所显示的那样，是极其复杂的。

蝴蝶效应是指在一个动力系统中，初始条件下微小的变化能带动整个系统的长期的、巨大的连锁反应。“一只南美洲亚马孙河流域热带雨林中的蝴蝶，偶尔扇动几下翅膀，可以在两周以后引起美国得克萨斯州的一场龙卷风”。其原因就是蝴蝶扇动翅膀的运动，导致其身边的空气系统发生变化，并产生微弱的气流，而微弱气流的产生又会使四周空气或其他系统产生相应的变化，由此引发一个连锁反应，最终导致其他系统的极大变化。由此看来，波动性是事物（包括人和动物）的普遍特征，任何地方、任何人、任何事物都可以成为波源，形成波动，并波及四面八方。

（4）不确定性。量子力学证明，粒子的位置与动量不可同时被确定，也就是说，在微观世界的测量中，每次测量出来的结果不一样就是对的，未来具有不确定性。

不确定性这一微观世界的量子现象，也是当今世界的一个突出特征，虽然产生的机制不同，性质和表现形式不同，但不确定性这一个特点却是类似的。为此，有人把我们这个时代称为“不确定性时代”。不确定性的研究已经受到人们的普遍重视，不确定性与确定性的使用率明显上升，比如“管理中的不确定性”“经济中的不确定性”“环境中的不确定性”以及“超越确定性”“确定性的极限”等。

当今时代，正在从工业文明走向信息文明，牛顿思维与量子思维哪一种更先进，是要看对象的。被牛顿思维操控的人，常常对一切进行机械理性的推理，推导出一些偏见。而秉持量子思维的人，又会将事物间的联系无限夸大。诞生在100年前的量子物理学到今天也未取代牛顿物理学，没有证明牛顿物理学是错误的，相反，量子物理学吸纳了牛顿物理学的真理。如果要把人类送上太空，我们仍然需要运用牛顿的公式进行科学的计算。只是通过更新的量子视角，我们知道牛顿物理学仅在一定的范围内有效。对于宏观系统，我们需要相对论；在微观形系统，我们需要量子论。相对于我们已经习惯的理性认知来说，量子力学所揭示的是一个不那么客观也不那么不真实的世界，我们无法用简单的分析和综合的手段来认知世界。量子力学在一定意义上暗示我们，世界不一定是我们所认为的那样，这多少让包括物理学家在内的人类感到震惊，让我们普通人感到惶恐。为此，我们必须搁置已有的思维习惯，重新审视我们已有的观念，勇于反思与否定自身，努力接纳和学习新的东西，在已知的经典世界与未知的世界进行双向的有效沟通。

（四）市场：量子思维下的资源配置机制

我们所熟悉的“市场”与“计划”两个概念、两种配置资源的机制就包含“量子思维”和“牛顿思维”。看不见的手——市场，为什么说它是配置资源的最为有效的方式呢？因为市场本身是一个充满不确定性的无形的场，需要量子思维去适应与把握；而市场一旦失灵，就需要有形之手——政府通过确定性的计划来控制。

市场的关键词不是“为私利”，而是“不知道”。政府计划失效不是政府不够聪明或者计算机不够快，而是政府不知道未来会怎样，没有人知道未来会怎样。市场的突出特点是“去中心化”，任何人有任何想法都可以立即付诸实施，而不必向上级指示，更不必等上级指导。参与市场必须要有“想生就生，该死就死”的精神。凡是能做到这八个字的系统，无论参与者较量的是商品、艺术还是学术，不管其中有没有价格信号，都能激发出创新与繁荣。一切只求做大而没有“淘汰”的，是不符合进化的基本规律的。当那些大到不能倒下而继续占用资源的企业绑架了政府决策的时候，也就到了离市场最远的一刻。市场机制本身的好处是，先用小规模去试错，没准在100个项目里就投对了一个，最终这个项目（企业）会呈现出几何级的增长，从而弥补在其他项目上的“试错成本”。

2008年9月28日，埃隆·马斯克在经历三次发射均失败，第四次终于成功后宣告：一家500人的私人企业完成了一项国家工程。此后，SpaceX从NASA拿到了16亿美元订单，为NASA提供12次向国际空间站运输的服务。慢慢地，SpaceX成长为全球航天业最稳定的运营商之一，大约每月发射一次火箭。有报道称，其发射费用甚至比俄罗斯和中国还低，让美国重新回到国际商用发射市场。

埃隆·马斯克创立的这家美国宇航技术公司用了短短十几年就在火箭发射上取得如此辉煌的成就，掌握了如此高精尖的军民两用技术，但到目前为止美国政府没有投入一分钱，所有投资均来自民间私人资本；而且，美国政府和美国国会也无意以国家安全为由，采用或威胁采用任何行政或法律行动“依法”将该私人公司收为国有。相反，为了节省成本，美国宇航局计划购买更多该私人公司的火箭用于卫星发射。

“用自己的钱，才能更上心，更节约。”这是人性。以SpaceX团队为例，他们一开始每天工作12个小时，到2004年初则延长到每天20个小时，每周工作6天。就这样，马斯克仍不满意，他常常抱怨说，SpaceX没有政府的赞助，必须争分夺秒才能提高成功的可能性。除了苦干精神，马斯克还为SpaceX团队建立了一种敢于突破的精神。马斯克想要做的事情都是突破想象的，即便是工程师们也时常觉得那些技术设想是痴人说梦，每到这时，马斯克就盯着对方问，这个技术违反哪一条物理学原理？对方答不出来，于是只能去试，最后往往收获奇迹。

（五）精神体验类商品的价值：供需双方的心动与“纠缠”

在牛顿物理学时代，人们主要通过对地球资源的加工来创造价值，微观经济学认为价值可以由一个像牛顿力学那样的模型来决定。物质性商品的消费主要体现在对物质商品的占有、分配和使用上，期间所形成的物质性商品经济规律，会受到物质商品的物理属性更强的影响和约束。

亚当·斯密经济学认为：商品的价值就是这个商品生产过程中所消耗的物质成本以及劳动力，物质成本和劳动力消耗越多价值越大。亚当·斯密的价值定义与牛顿力学中质量的定义类似，牛顿力学对物体质量的定义是：物体所包含的物质的多少。斯密给商品价值的定义简单地说就是：商品中所包含的原材料和劳动力。两者都是物质的量化，差别只是量化的角度不同。亚当·斯密经济学价值的定义也会得出一个推论：“两个商品合计价值一定高于其中一个商品的价值。”也就是说，牛顿力学和亚当·斯密的经济学都认为两个多于一个。牛顿质量定义的更一般逻辑是“物体数量越多质量越大”，亚当·斯密经济学也包含着这样的逻辑：“商品数量越多，价值越大”。这样的原理适合于精神性需要吗？

在量子时代，价值创造越来越多地源自人类的创造性思维和技能性活动。量子世界的价值主要是满足人类的精神性需求，因此带有更多的主观性，更具抽象性、跳跃性、模糊性，传统价值论中的生产函数、效用函数、供求关系函数在这些领域基本是失效的。

特斯拉新能源汽车在全球的年销量还不到通用汽车的1/10，而它的市值基本与后者相同。那么是什么赋予特斯拉如此强的价值创造能力呢？“你不觉得当你靠近车门，门把手自动从车内伸出来的时候是在向你招手吗？你不觉得此时此刻它是在和你互动吗？你没有感受到它在和你说话吗？”特斯拉的首席设计师透露了他设计特斯拉的关键所在——“它需要和车主互动”。

体验类产品的品质是由供需双方共同决定的。例如，有一部品质上乘、评价很高的电影上映，但你在影院里观赏时碰巧有观众大声说话、吃东西，发出令你心烦的声音或气味，那么这个体验的质量就会大打折扣。

100 多年前，奥地利经济学派的奠基人门格尔在他的主观价值论中认为，商品的价值不是商品的客观属性，商品本身并没有什么价值，只是因为某种有用性打动了消费者，消费者基于自己被打动的程度给商品赋予、附加一个定价，这个定价就是商品的价值。商品的价值本质上是消费者根据自己的主观体验赋予商品的，而精神价值的终极来源是消费者的心灵和主观世界，这是理解精神价值的最关键之处。

一场演出和比赛的价值来自观众和球迷的主观感受，其价值是观众根据自己的主观感受赋予的。一场好的演出与差的演出客观成本差不了多少，演出的基本程序也大体相似，而演出能在观众的心里引发什么样的特殊感受，才是演出的价值源泉。

街头艺人表演没有具体的定价，观众根据自己的感觉任意出钱，认为值多少钱就出多少钱，有的会给有的不给，有的给得多有的给得少。有的观众之所以给得多，是因为艺人的表演使他的内心产生了强烈的积极情感，表演给他带来不同寻常的精神享受和主观意义，他被强烈打动了。于是，他认为这个表演很有价值，所以付较多的钱。有些人不付钱是因为觉得表演水平一般，没有给他带来精神上的享受。付钱少的人可能内心被打动了，有一些积极的感受，但是不强烈。不付钱的、付钱的、多付的、少付的都代表了他们对表演的主观感受和主观判断，可见街头艺人表演的价值来源于观众的主观体验，来源于消费者产生主观体验后的赋予。

商品作为一种客观存在，有其客观的成本，但是这个商品到底值多少钱、到底能创造多大的价值，是由消费者的心灵所决定、所赋予的。商品本身并不产生价值，商品本身的成本跟价值无关，倘若没有消费者的心灵感受和体验，所有的生产投入都没有实质意义。任何一件精神体验类的商品之所以有价值有意义，是因为消费者主观心理上认为商品有价值有意义，是商品打动了消费者，让他们获得了某种特定的心理体验，所以消费者给予商品一个意义评价，这个意义评价具体来说就是价值。价值并不存在于客观的商品之中，更不能脱离人的精神和心灵独立存在。在没有人的情况下，根本就不存在什么客观独立的价值。

从供给方的内心到消费者的内心，也包括精神、思维和感情，当两者通过产品产生一种微妙的连接时，消费者就会获得极大的精神体验和满足，甘愿为这件产品付出高价。一个品牌、一个配方、一款游戏、一幅画等，它们的价值在很大程度上取决于人类参与其中的主观感受。那么，如何给这样的产品进行定价就是一个极具挑战性的工作。

思维和精神产品的价值创造，实际上是一种量子过程：当供给者的思维和情感的产物，能够引发消费者特定模式的神经元同步放电时，就产生了价值。这样的价值创造带来的另一个启发是，企业的员工是带着爱与创造性来工作的，那么，对员工的劳动不仅要用物质薪酬来回报，还要用精神的东西来回报。比如可以给予员工更多的休闲时间，或在工作中提供更多的心理辅导、更加令人舒适和有成就感的公司氛围等。

二、科学管理的诞生

马克思在《资本论》中，用剩余价值理论说明了资本主义生产的运动规律，预言了资本主义必定灭亡，并提出工人与资本家的矛盾是不可调和的，无产阶级是资本主义的掘墓人。

1688 年，近代资本主义制度在英国确立，从此，资本主义在世界范围内迅速发展起来。然而，仅经过了一个多世纪，1825 年英国就爆发了人类历史上第一次经济危机，这次危机从本质上暴露了资本主义制度内在的基本矛盾。1825 年 7 月，伦敦的证券交易所股票行情猛烈下跌，不到半年，因股票下跌造成的损失高达 1400 万英镑。与此同时，商业信用破产，银行纷纷倒闭，不到一年，英国有 70 多家银行破产。金融危机传导到工业领域，很快使经济危机达到高潮：市场上商品卖不出去，价格暴跌；工厂倒闭，工人失业；大批工商企业破产，社会陷入一派恐慌与混乱。马克思在《共产党宣言》中是这样描述的："在危机期间，发生一种在过去一切时代看来都好像是荒唐现象的社会瘟疫，即生产过剩瘟疫。社会突然发现自己回到了一时的野蛮状态；仿佛是一次饥荒、一场普遍的毁灭性的战争，吞噬了社会的全部生活资料；仿佛是工业和商业全被毁灭了。”

这一次的经济危机，给处于上升时期的资本主义以沉重的打击，同时暴露了资本主义制度与生俱来、不可克服的痼疾。此后，经济危机平均大约每隔十年就要发生一次。西方资本主义国家在马克思的批判中找到了自身制度的不足，进而改变其价值观与思维方式，努力创新与实践，找到了促使劳资和谐的途径与方法。其中企业实践者的思维变革以及管理理念与实践的创新起了巨大作用，再一次证明了凡是有价值的思想，都是从具体问题入手的。

（一）重新认识泰勒的科学管理

科学管理之父泰勒认为，科学管理的实质是“劳资双方的相互尊重与强烈的责任感”，是在不断提高整个社会的劳动生产率的同时降低工人的劳动强度，改善工人的工作和生活环境。如果说以往的思维方式是蛋糕就那么大，资本家为了多拿就得想方设法地剥削工人，那么泰勒的价值观和思维方式是，劳资双方一起努力把蛋糕做大，大家分到的就会同时增加。

泰勒提出的科学管理原理符合当时的社会背景，甚至可以说该原理的提出具有一定的必然性。南北战争之后，美国的经济得到了明显的发展，美国人的梦想是超越欧洲。他们发现，衡量一国实力的重要因素就是扩大生产规模的能力，而低下的企业劳动生产率严重阻碍了美国提升生产规模。这种情况引起了一些企业管理人员的注意，他们通过各种学术研究和实验，形成了一套科学管理方面的理论和方法，试图最大限度地提高劳动效率。泰勒提出的科学管理原理在当时引起了强烈的反响，并成为众多管理人员参考的依据。用这个原理指导实际工作后，极大地提升了劳动效率。

在思想方面，泰勒将科学管理理念进行了细化，并提出了标准化作业、专业分工、最优化等思想理论；在具体实施方法上，泰勒提出了差别计件薪酬制度、定额管理等；在基本内容方面，他对企业组织管理以及作业管理等方面进行了深入浅出的描述，基本内容包括工人的有效挑选以及培训、对工人规定的工作任务和激励性的工资制度等。

泰勒一直强调，管理最主要的目的就是让企业和工人都得到最大的利益，而想要实现双赢就要有高效的生产率作为支撑，也就是让工人自发地在工作中提高劳动效率。如果缺少这个决定性因素的话，双赢只会是个遥不可及的梦想。可事实上，大多数工人很难做到这一点，为此，泰勒分析了出现这一情况的原因。其中最重要的一点是，一些企业在管理制度上存在一定的缺陷，而这些缺陷又得不到彻底解决时，工人为了保证自身利益不受损失，就会出现怠工等效率低下的情况。泰勒认为这是人类正常的一种防卫手段，因为当人类在外部环境中遭遇到让他们心里不安或让他们的情绪出现波动的事情时，他们就会本能地将自己“保护起来”。类似地，当工人感觉到企业的某些管理制度令他们不安或产生忧虑后，他们就会采取防卫手段，这种手段就是降低劳动效率，因为这样才能让工人在一定程度上获得安全感。

鉴于以上原因，泰勒意识到，管理人员必须学会采用科学有效的管理方法，而这是在企业和工人利益相一致的基础上展开的，既要求企业能够有一套科学的管理方法让工人心悦诚服地工作并提高效率，还要求工人通过高效的工作为企业创造更多的效益。

泰勒科学管理原理最核心的内容包括以下七点。

1. 研究人机关系，重视劳动效率

泰勒认为，管理人员非常有必要把单位效率作为企业提高劳动效率的研究课题，因为将其运用在企业管理中，可以取得明显效果，这就是“劳动定额”的管理策略。泰勒以搬运铁板为例进行研究，假设企业拥有500名工人，工人在工作中自己安排作业，每天搬运的铁板为16吨；通过规范生产过程，实施劳动定额，明确每个工人的工作动作，规定工作时间，规范生产工具，确定每个工人单位时间的铲装量，相同的工作任务由更少的工人来完成，通过精确计算后，将工人降至150人，每日的搬运量从原来的16吨提升至59吨；工人的日工资由1.15美元涨到1.83美元，上涨了50%多，工人也很满意。由于进行合理安排，劳动强度虽有加强，但也在工人的身体和心理承受范围之内。通过这些安排，企业不仅节省了人力资本，还让员工提高了劳动效率，这对于管理发展来说，无疑是具有里程碑意义的。

2. 详细分析劳动过程中工人的动作状况

在实施中首先从执行同样工作的工人当中挑选出技术最熟练的工人，将他们在工作中产生的动作进行分解，并用计时器记录下每个动作所花费的时间，然后将其在工作中多余或者不合理的部分排除在外，将效率最高的动作所需时间加在一起，确定工人完成一个标准化作业所需要的时间。此外，根据这个标准确定工人一天完成的工作量，这样就可以掌握工人作业的每个环节所花费的时间，从而提高工人的工作效率。当下许多企业生产现场的管理思路和做法基本上脱胎于泰勒的科学管理研究，比如在日本胜利公司的生产线上，我们往往能够看到一名技术熟练的组装工人正在接受班组长和生产部管理者的测试，测试的内容是每一个组装步骤所花费的时间。当工人做好必要的准备工作后，测试便展开了。首先，工人拿起液晶电视的基板，将其安置在塑料面板上，班组长手中的计时器上显示为 4 秒。紧接着，工人手拿电动螺丝刀，将基板四周 20 多个螺丝钉固定在面板上，这个过程花费的时间为 256 秒。随后，工人将固定好的面板拿到另一个桌面上进行其他部件的组装……直到最后一颗螺丝钉被安装到位，用时 23 分钟。再算上此前的 4 秒和 256 秒，工人组装一台液晶电视所花费的总时间为 27 分钟，如果再算上前期的准备时间，组装一台液晶电视的时间在半个小时左右。得出这样具体的时间后，日本胜利公司便进行了改革，并制订出详细的作业步骤和操作流程，最终有效地提高了生产效率，而该公司液晶电视的产量也得到了一定程度的增长。

3. 对生产过程，主要是工艺路线进行分析

在泰勒看来，生产中必然会接触到生产工艺，生产工艺的好坏不仅关系到产品的质量和产量，更关系到企业是否能够实现高效的管理。因此在工艺方面，要选择那些能够给企业带来高效率的路径、方法，而判断这个方法好坏的标准就是，能不能让工人和管理者之间形成有效的互动，并找到平衡点。

4. 对劳动条件、劳动环境和劳动过程的服务工作的科学研究

泰勒认为，在实施科学管理的情况下，管理者不能让个人的经验代替科

学知识。因为实行操作标准化、工具标准化、劳动动作标准化才是提高效率最科学的策略，也正因为实行了这些标准，工人才能采用科学有效的方法，实现最大效率的产出。

5. 实行有差别计件工资制，工人之间的效率差别也会缩小

在泰勒看来，管理者应该按照工人作业的标准和时间，制订不同的工资制度。对于企业来说，工人完成或者超过了企业给他们制订的工作任务后，可以用较高的工资率向他们支付报酬，从源头上杜绝工人因为完不成工作定额而出现的效率低下问题。

6. 实行以计划管理为中心的职能制

泰勒认为，为了提高工作效率，必须对工作进行设计，具体到每项工作如何开展、按什么步骤开展等。此项工作应该由专门的部门或机构来进行，而不再任由员工自已发挥。这个部门专门研究工作计划的实现，工作路线、工作任务、工作方式等都可由这个部门制订。这样，企业核心管理者才能从日常管理中解脱出来，专门统筹计划以便让工作效率变得更高，而其他下级管理者在监督下也能进行有效管理，双方密切配合，提升工作效率的同时也让管理效果发挥到最佳水平。

7. 以新的作业方法和作业标准培训新工人

泰勒强调，当企业制订出提高效率的作业方法和作业标准之后，不能仅停留在文字层面上，要不断地对员工进行培训，尤其是新工人。因为对于新工人来说，他们越早被企业良好的管理文化熏陶，就越容易产生高效率。这好比从小就接受专业音乐训练的人和成年之后才接受专业音乐训练的人，无论是从自身的天赋还是成就方面来说，后者恐怕会被前者落下一大截。企业管理也是同样的道理，如果企业从开始就给工人打好基础，让他们按照作业方法和标准去工作，而不是任由工人自己发挥的话，工人的劳动效率必定能提高。

泰勒所要探讨的最核心的问题就是如何在有限的时间里获取最大限度的产出，也就是如何使生产率最大化。泰勒在《科学管理原理》一书中，清晰

地阐述了获得劳动生产率最大化的四条原理：

（1）科学划分工作元素；

（2）员工选择、培训和开发；

（3）与员工经常沟通；

（4）管理者与员工应有平等的工作和责任范围。

这四条原理让我们明确地了解到，对于提高劳动生产率来说，最好的方法就是分工。工人和管理者双方最重要的目标就是发掘企业中每个人的技能，以使每个人都能尽其天赋之所能，以最快的速度、最高的劳动生产率从事适合他的等级最高的工作。

泰勒和他的忠实追随者们把效率放在第一优先的位置，时间是他们的分析尺度，秒表是他们的基本工具。“效率至上”的原则不仅体现在工作中，也深深渗透到他们的日常生活中。泰勒测量自己的脚步间距，计算步子，用最省力的办法步行上班。在流行高筒带扣皮鞋的年代里，他却经常穿一种松紧带边的无带扣便鞋，以节省系扣的时间。他热爱体育运动，不喝茶和咖啡，也不抽烟，因为这些嗜好会影响他的运动效果。吉尔布雷斯比泰勒更甚，为了节省四秒钟时间，他一反从上向下系扣子的习惯，改为从下往上系。因为他用秒表多次测算，发现从下往上扣需要三秒钟，而从上往下却要七秒钟。更有趣的是，吉尔布雷斯还试验过用两把剃须刀同时刮胡子，但最终还是放弃了这一做法。因为他发现用两把剃须刀刮胡子固然可以节省44秒钟，但刮出伤口的概率却会大幅度上升，而处理一个伤口需要两分钟。吉尔布雷斯的太太莉莲更是位效率高手，她在十四五年里生育了12个孩子，而且在此期间拿下了博士学位的同时，还出版了具有开创性意义的著作——《管理心理学》。

在实践过程中，泰勒认为管理是一门真正的科学，它有明确的定律、规则和原则作为基础。针对19世纪末美国当时由于缺乏一套标准化的操作方法和手段，不重视生产作业上的配合而导致劳动生产率低下的问题，泰勒凭借其长期工作在生产第一线的丰富实践经验及充满革新的热情，在搬运生铁、金属切削和用铲等一系列试验中总结出系统的科学方法，制订出科学的工艺流程与标准，并且用文件固定下来以利于示范推广，对工人进行科学的选择和培训，建立起一系列“最佳方法”的标准化操作方法，以此达到合理利用工时，提高劳动生产率的目的。泰勒科学管理思想和方法的推广应用，开创了企业高效率、低成本、高工资、高利润的局面，物质生产在19世纪末20世纪初获得了很大的发展，并使美国的经济实力超过英国。厄威克在其《管理备要》中指出：目前所谓的现代管理方法，如果不说是绝大多数，至少有许多可追溯到泰勒及其追随者半个多世纪以前提出的思想。这些管理方法虽已改变和发展得几乎与原来没什么关系了，但其核心思想都可以在泰勒的著作和实践中找到。

泰勒站在哲学的高度，第一次从理论上把管理从群体的直觉活动中分离出来，将管理从经验层次提升到科学层面上来。另一位西方古典管理理论的开创者法约尔，以更加概括、系统的形式从管理的组织和职能关系上揭示了管理的本质，确立了管理的普遍性原则，使管理理论更加趋于理论化。“二战”以后，德鲁克在更为广阔的层面和视角上，把管理引入了社会的各类组织，包括政府、学校、教会、医院、NGO等。对于泰勒对管理的巨大贡献，德鲁克这样评价：泰勒与达尔文、弗洛伊德是现代世界的三大缔造者。

（二）亨利·福特“让福特的工人能买得起自己造的车”

1914年发生的一大一小两件事影响了人类的现代史。一件大事就是第一次世界大战的爆发震撼了资本主义大厦，世界上诞生了第一个社会主义国家。资本家无止境地剥削工人劳动的剩余价值，而工人整体的消费能力被严重地压制导致生产相对过剩的矛盾，是资本主义社会的根本矛盾，也是资本主义经济危机产生的根源。有形的手的作用——国家计划经济在一定程度上避免了这一情况的发生，于是，诞生了苏维埃政权。

另一件相比之下就是小事——老亨利·福特在自己公司的创新实践：让福特工人买得起自己生产的汽车。这件事情的重要性被我们大大低估了，因为它意味着社会财富分配原则的根本变化，资本家和劳工从对立的零和游戏走向了共享盈余的新分配模式。于是催生了一个庞大的中产阶级阶层，而这一阶层又被称为现代社会结构稳定的核心。老福特的实践使资本主义浴火重生，从此以后，资本主义在各种“修修补补”下“垂而不死”。

1912年秋天，在高地的福特汽车公司的办公室里，福特召集有关人员开了一个意义重大的会议，会议讨论的核心议题是：如何提高生产效率，满足不断增长的市场需求？

1909—1910年，T型车共销售18644台，1910年高地新厂房开始使用后，1910—1911年的产量猛增到34528台，然而面对急剧扩大的市场，福特和他的伙伴们为源源不断的订单伤透了脑筋。

“仅靠一味地扩大厂房面积和增添机器设备来扩大生产是不现实的，当年弗兰德斯把T型车的年产量提高到1万辆就不是用这种方法。”福特注视着在座的每一个人：库兹恩斯、威利斯、曾经为福特在麦肯森的眼皮底下建立起新车试验室的丹麦人查尔斯·索伦森和福特从布法罗的凯恩轧钢厂挖来的另一位丹麦籍工程师威廉·努森。

“我和努森商量过了，我们建议安装生产流水线。”满头金发，相貌英俊的索伦森开口发言。

“是的，就让我们参照一下泰勒先生几年前所做的改革吧！”瘦长脸、留着一撇小胡子的努森，随后向福特他们详细地介绍了管理大师弗利德里克·泰勒的理论，也就是著名的“泰勒制”。

库兹恩斯早已听说过泰勒的大名和他的理论，这时也随声附和。最后，会议决定，由索伦森和努森全面负责福特汽车公司的生产流水线试点工作，第一个试点在由斯比德·哈弗负责的发电机车间。

1913年春天，世界上第一个生产流水线在高地工厂的发电机车间建成，工作效率和产品质量显著提高。到这一年夏天，工厂的所有车间全部安装了自动生产流水线。产品的生产工序被分割成一个个的环节，工人之间的分工更细致，产品的质量和产量都大幅度提高了。川流不息的传送带把整个工厂联系在一起，如果说“泰勒制”的更多成分还只是停留在理论上的话，那么“福特制”从产生起就用在了生产中，用在了更多地榨取工人血汗的实践中。它对于福特汽车公司，对于整个资本主义世界产生的影响是巨大的。仅以福特汽车公司为例，1913—1914 年，福特汽车公司的生产再次实现了翻番，可是在此期间工人的数量不仅没有增加，反而从 14336 人减少至 12880 人。

然而，与成倍增长的产量和滚滚流入福特等人腰包的钞票形成鲜明对比的是，工人劳动强度的加大和收入的降低。最先发现这种不公平的是貌似冷酷无情的库兹恩斯。在一个圣诞节前的夜晚，库兹恩斯因为参加了一个社交活动，很晚才回家。他在自己宽敞明亮而又温暖的家里向窗外的街道望去，只见在刺骨的寒风中，一些刚下夜班的工人穿着单薄的衣衫、拖着沉重的脚步艰难地走路，库兹恩斯的心里不禁有些同情这些工人，因为他也是从一名煤场的普通职员走过来的。

第二天，库兹恩斯来到亨利·福特的办公室，把昨晚自己的感受讲给福特听，然后把他让会计们统计出的一份材料摆在福特面前。据统计，由于新生产方法的实施，福特汽车公司工人的劳动强度，视工种的不同是其他工厂工人的 1.5 倍或数倍，他们做着手中半机械的动作每过四个小时才得片刻休息，神经更是高度紧张，然而工资水平却仅相当于整个底特律的平均水平——每天 2.34 美元。另外，在 1913 年夏天公司实行流水线作业后，还取消了“多劳有奖”的分级工资制度，代之以最原始的计时工资制。这样一来更打击了工人的劳动积极性，于是大批工人干了一段时间后，就纷纷离开福特汽车公司，而去其他工厂从事报酬不低但劳动强度低的工作。1913 年，福特汽车公司的工作队伍变更率高达 380%，年底的时候，公司每增加并稳定 100 个工人，招聘的定额必须要达到 963 人才能完成这一任务。

“如果公司培养一名熟练工人需要花费 100 美元的话，那么公司一年下来仅仅因为工人辞职出走所造成的损失就超过了 100 万美元，这一损失还不包括其他的间接损失。”同时，库兹恩斯还告诉亨利·福特一个不好的消息，世界产业工会联合会开始在福特汽车公司的工人中散发传单和各种资料，把福特称为“血汗工厂”厂主，指责福特加大劳动强度剥削工人，并且酝酿要鼓动工人们在当年夏天进行大罢工。

库兹恩斯汇报完，直截了当地向福特提出了他的大胆设想：必须给工人增加工资。

“你的想法与我不谋而合。”福特微笑着说，接着，他告诉了库兹恩斯昨天发生的一件事。

昨天，福特带着年满20岁的儿子爱德塞在公司的车间里巡视。当父子二人来到一个车间时，福特发现一名显然是新来的意大利籍的工人停了下来，死死地盯着爱德塞那考究的衣着和黑亮的漆皮鞋。在这一刹那，福特从这个40多岁工人的脸上看到了嫉妒和仇恨的神情。

“他的心里一定是在说：看哪！我们老板的儿子是多么的富有啊！而我，我的孩子至今还是一无所有！！”福特对爱德塞说。

“是的，父亲，劳动强度太大，工人简直成了机器的奴隶了！这些工人实在让人同情！”

“你认为应增加到多少钱？”讲完了昨天的事，福特又问库兹恩斯，“3美元行吗？”

“应该是5美元才对。”

库兹恩斯的回答显然把福特吓了一大跳，“让我考虑一下吧！”

在随后几天中，福特几次找到库兹恩斯，他同意把工人的新工资提到3.5美元甚至是4美元。而每次库兹恩斯的回答是：必须是不折不扣的5美元！最后，福特终于同意了这个方案。

1914年1月5日，福特汽车公司董事会通过决议，郑重宣布：“本公司将实现五美元工作日！任何合格的福特汽车厂的工人不论年纪，不分工种都能领到他自己的一份。”福特当然也留了个心眼，他把这种加薪称作“利润分享”，以便在未来如果有了麻烦，可以堂而皇之地找借口停止这一制度。同时，公司废除了每天工作9小时的制度，而代之以每天8小时的三班倒制度。

福特汽车董事会会议结束后，在正式举行的记者招待会上，库兹恩斯正式宣布了公司进行工资、工时改革的方案。福特则表情轻松地坐在一边，回答记者们提出的问题。当有记者问他对这项改革措施有何看法和打算时，福特是这样回答的："我宁愿我的公司里有两万富裕起来的新一代的工人，也不愿我的公司里只有一小撮新贵族和百万富翁！"接着公司宣布，为了适应8小时三班倒的新工作制，福特汽车公司将招收4000名工人。

1月6日凌晨2点起，就有上万名求职者聚集在工厂的大门口，等待得到新的工作。一连几天的情况都是如此，而且在越聚越多的人群中，来自外地的人所占的比例越来越大。这下福特公司顶不住了，库兹恩斯自作聪明地宣布"优先招收本地人"。结果并没有使情况有丝毫好转，反而进一步增大了簇拥在工厂门口的外地人的比例。各大报社的记者们也在人群当中忙碌，结果根据他们的调查，发现前来求职的人来自全国各地，包括职员、工人、水手、农民和矿工，而且每天还有大批的求职者乘货车来到底特律[①]。

在美国别的汽车企业工人平均日工资不到2美元的情况下，汽车大王亨利·福特做出了一个令整个西方世界都为之震惊的举动：将本企业工人平均日工资提升至5美元。福特的这一举动让当时所有的经济学家与财务专家都十分不理解，因为仅此一项，福特汽车公司的劳动力成本每年将多支出近1000万美元，而当时企业的年利润也才1000万美元多一点。当时最负盛名的美国经济学家欧文·费雪批评福特："把《圣经》的精神错用在工业场所，拿博爱主义做幌子来争取人心。"又因为福特后来的"利润分享计划"等更多的做法，与当年空想社会主义者罗伯特·欧文的某些做法类似，加之他的助手库兹恩斯带有某种"社会主义倾向"，在一个时期，福特甚至被认为是"马克思的走狗"与"资本主义的叛徒"。但福特有自己的"大盘算"，这一"大盘算"后来写在他晚年出版的《财富笔记》之中。在这部笔记中，福特从劳资关系和社会两个层面说明了他为什么要把工人的工资提高到如此程度。

福特提出，"雇主不能以牺牲雇员为代价"，"如果雇主希望他的工人尽最大的努力工作，只有当他们看到劳动的果实就在他们的工资袋里，看到更

① 资料来源：根据解力夫、张光勤《福特家族》改编。

努力地工作意味着更高水平的报酬，那么他们就会认识到他们是公司的一部分——公司的成功要依靠他们，他们的成功同样也要依靠公司”。福特反复强调，他给工人以高工资，“是效率问题，绝不是慈善行为”；而“工人也无须感激雇主”，因为“这是一个公平的、种瓜得瓜、种豆得豆的世界”。

从全社会的角度来看，福特受马克思的影响，他写道：“实际上，降低工资只能意味着降低购买力，并抑制国内市场。”“没有比工资更重要的问题了——我们国家的大多数人都是靠工资生活。他们生活质量的提高，他们工资的增长，决定着国家的繁荣。”“工资对于商业的重要性和劳动相比还要大，低工资对商业的冲击比对劳动的冲击更加迅速。”尽管提高工人工资抬升了企业劳动力成本，但因为劳动者热情高涨，努力工作加之在企业全面推行科学管理，福特汽车1914年底的利润上升到了3000万美元。工人阶级在有了更多收入后，很快就能买得起福特汽车，使得福特走向更加繁荣的境地。

（三）梅奥的霍桑实验

为了实现超越欧洲的梦想，美国主要从促进工厂的劳动生产率入手来提升生产规模。无论是泰勒的理论还是亨利·福特的实践，更多地还是依靠物质条件的改善来提升劳动生产率。当物质因素对提升劳动生产率的贡献出现边际效应的递减后，20世纪20年代初，美国国家科学委员会提出了个课题：除了物质因素外，还有什么可以促进生产率提高？经济学家、管理学家、企业高管们从1924年11月至1927年5月，在美国国家科学委员会赞助下研究这一课题。从1924年开始，美国西方电气公司在芝加哥附近的霍桑工厂进行了一系列实验，最初的目的是根据科学管理原理，探讨工作环境对劳动生产率的影响。这期间的实验与观察由于受到观察者们的经济学思维与传统的人是“自利的经济人”的思维所限没有得到多少有价值的研究成果。在完成了“照明实验”后，基本上就无法再进行下去了。第二个回合是在1927年至1932年，这次实验由梅奥主持进行，研究心理和社会因素对工人劳动过程的影响。1933年，梅奥出版了《工业文明的人类问题》，提出著名的“人际关系学说”，开辟了行为科学研究的道路。

梅奥的学科背景决定了他与经济学和管理学教授及企业家们不同的思维方式。

乔治·埃尔顿·梅奥（1880—1949 年），早期行为科学——人际关系学说的创始人，美国艺术与科学院院士，管理学家。原籍澳大利亚，20 岁时在澳大利亚阿福雷德大学取得逻辑学和哲学硕士学位，应聘至昆士兰大学讲授逻辑学、伦理学和哲学。后赴苏格兰爱丁堡研究精神病理学，对精神上的不正常现象进行分析，从而成为澳大利亚心理疗法的创始人。移居美国后，在宾夕法尼亚大学沃顿管理学院任教。其间，梅奥曾从心理学角度解释产业工人的行为，认为影响因素是多重的，没有一个单独的要素能够起决定性作用，这成为他后来将组织归纳为社会系统的理论基础。1923 年，梅奥在费城附近一家纺织厂就车间工作条件对工人的流动率、生产率的影响进行实验研究。1926 年，他进入哈佛大学工商管理学院专事工业研究，以后一直在哈佛大学工作直到退休。

可以说，梅奥把人类关注的三个问题，即人与自然、人与社会、人与自己内心世界的后两个无形的、精神与心理世界的东西带进了经济领域，带进了职场。从此，马斯洛、赫茨伯格、麦格雷格等一批心理学家进入企业和管理学领域，开创了一个新的学科——行为科学。

霍桑实验共分四阶段：

1. 照明实验

当时关于生产效率的理论中占统治地位的是劳动医学的观点，它认为影响工人生产效率的是疲劳和单调感等，于是当时的实验假设便是“提高照明度有助于减少疲劳，使生产效率提高”。可是两年多的实验证明，照明度的改变对生产效率并无影响。具体结果是：当实验组照明度增大时，实验组和控制组都增产；当实验组照明度减弱时，两组依然都增产，甚至实验组的照明度减至 0.06 烛光时，其产量亦无明显下降；直至照明减至如月光一般实在看不清时，产量才急剧下降。研究人员对此感到茫然，失去了信心。从 1927 年起，以梅奥教授为首的一批哈佛大学心理学工作者将实验工作接管下来，继续进行。

2. 福利实验

实验目的总的来说是查明福利待遇的变化与生产效率的关系。但经过两年多的实验发现，不管福利待遇如何改变（包括工资支付办法的改变、优惠措施的增减、休息时间的增减等），都不影响产量的持续上升，甚至工人自己对生产效率提高的原因也说不清楚。

后经进一步的分析发现，导致生产效率上升的主要原因有两个：①参加实验的光荣感。实验开始时 6 名参加实验的女工曾被召进部长办公室谈话，她们认为这是莫大的荣誉。这说明被重视的自豪感对人的积极性有明显的促进作用。②成员间良好的关系。

3. 访谈实验

研究者在工厂中开始了访谈计划。此计划的最初想法是要工人就管理当局的规划和政策、工头的态度和工作条件等问题谈谈想法，但这种规定好的访谈在进行过程中却出人意料，得到意想不到的效果。工人想就工作提纲以外的事情进行交谈，他们认为重要的事情并不是公司或调查者认为意义重大的那些事。访谈者了解到这一点，及时把访谈计划改为事先不规定内容，每次访谈的平均时间从 30 分钟延长到 1~1.5 个小时，详细记录工人的不满和意见。访谈计划持续了两年多，期间工人的产量大幅提高。工人们长期以来对工厂的各项管理制度和方法存在许多不满，无处发泄，访谈计划的实行恰恰为他们提供了发泄机会。发泄过后心情舒畅，士气提高，产量得到了提高。

4. 群体实验

梅奥等在这个实验中选择了 14 名男工人在单独的房间里从事绕线、焊接和检验工作，对这个班组实行特殊的工人计件工资制度。实验者原来设想，实行这套奖励办法会使工人更加努力地工作，以便得到更多的报酬。但结果发现，产量只保持在中等水平，每个工人的日产量平均差不多，而且工人并不如实地报告产量。深入调查发现，这个班组为了维护群体的利益，自发地形成了一些规范：他们约定，谁也不能干得太多，突出自己；谁也不能干得太少，影响全组的产量；并且约法三章，不准向管理当局告密，如有人违反这些规定，轻则挖苦谩骂，重则拳打脚踢。进一步调查发现，工人们之所以维持中等水平的产量，是担心产量提高，管理当局会改变现行奖励制度或裁减人员，使部分工人失业，或者会使干得慢的伙伴受到惩罚。这一实验表明，工人为了维护班组内部的团结，可以放弃物质利益的诱惑。梅奥等由此提出“非正式群体”的概念，认为在正式的组织中存在自发形成的非正式群体，这种群体有自己特殊的行为规范，对群体内部成员的行为起着调控作用，同时加强了内部的协作关系。

霍桑实验的研究结果否定了传统管理理论对于人的假设，表明工人不是被动的、孤立的个体，他们的行为不只是受工资的刺激，据此，梅奥提出了自己的观点：

（1）工人是“社会人”而不是“经济人”。人们的行为并不单纯出自追求金钱的动机，不能单纯从技术和物质条件着眼，而必须首先从社会心理方面考虑合理的组织与管理。

（2）企业中存在着非正式组织。企业中除了存在古典管理理论所研究的为了实现企业目标而明确规定各成员相互关系和职责范围的正式组织之外，还存在非正式组织。这种非正式组织的作用在于维护其成员的共同利益，使之免受由其内部个别成员的疏忽或外部人员的干涉所造成的损失。因此，非正式组织中有自己的核心人物和领袖，有大家共同遵循的观念、价值标准、行为准则和道德规范等。非正式组织与正式组织有重大差别：正式组织中以效率逻辑为行为规范；非正式组织则以感情逻辑为行为规范。如果管理人员只是根据效率逻辑来管理，而忽略工人的感情逻辑，必然会引起冲突，影响企业生产率的提高和目标的实现。因此，管理当局必须重视非正式组织的作用，注意在正式组织的效率逻辑与非正式组织的感情逻辑之间保持平衡，以便管理人员与工人之间能够充分协作。

（3）新的领导能力在于提高工人的满意度。在决定劳动生产率的诸因素中，首要的因素是工人的满意度，而生产条件、工资报酬只是第二位的。职工的满意度越高，士气就越高，从而生产效率也越高。高的满意度来源于工人个人需求的有效满足，包括物质需求的满足和精神需求的满足。

霍桑实验对古典管理理论进行了大胆的突破，第一次把管理研究的重点从工作和物的因素上转到人的因素上来，不仅在理论上对古典管理理论做了修正和补充，开辟了管理研究的新领域，还为现代行为科学的发展奠定了基础，而且对管理实践产生了深远的影响。梅奥的霍桑实验，符合量子思维：人的能动性、劳动生产率的提升受到人的思想和感情的影响。我们在非正式组织身上看到了当下“自组织”的影子。

量子思维与商业组织的百年“纠缠”

易者，变易，简易，不易也。

——《周易》

量子理论告诉我们，只有在关系中，我们才能知道自己有多大的潜力，每一种关系都可以创造出新的事物，因此可以说，我们总是新的。

——玛格丽·惠特利

引子 管理知识与管理理论

人类的管理活动，从来都受意识、价值观、思维方式等一些精神层面的因素影响。商业组织，从本质上说是一种动态的能量系统，塑造这种能量系统的动力就是决定我们决策、行动的思维方式和动机。回顾现代企业管理近一个半世纪的历史，我们发现，企业本身也受到其所处的社会文化环境的影响，技术、法律等是有形的，而价值观、思维方式等这些更为重要的因素，因为它们“看不见、摸不着”，反而容易被一些人忽略。价值观和思维方式既是人类活动方式的源头，也最终会把我们引向其逻辑指引的地方。

100 年来，量子力学所展示给我们的启示与过去 300 年建立起的牛顿力学体系是不一样的：它否认了机电科学所遵从的客观实在和因果关系的基本假设，不仅常常违背我们已经习惯了的基本规律，还描述观测者本身，表明自然界的基本规律是概率性的，允许粒子同时处在两个或者更多的运动状态。量子力学描述了人类认识的边界。从以下五张图中（图 2–1 至图 2–5），可以找到近 100 年以来管理思想与管理理论发展的基本脉络，我们从其中的关键词就可以看出，这是一个从牛顿思维到量子思维的演变与发展过程。

在今天这样一个急速变化的商业环境里，为了应对黑天鹅和灰犀牛，学习本身也成了一种商业活动。高层管理者们要想抓稳自己的饭碗，就必须具有开放的头脑，不断汲取人类文明中与生产经营活动密切相关的并对生产力的发展有巨大推动作用的管理知识。当前，关于财富、投资的知识严重过剩，毕竟太多人怀揣致富梦，对此类知识尤其热衷，但如何把一个组织管理好、

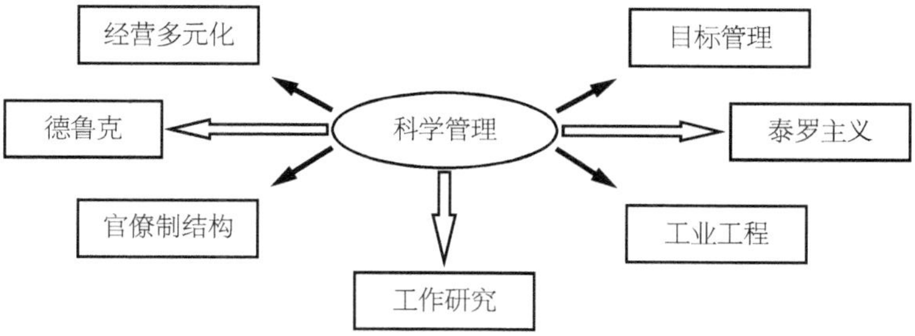

图 2-1 科学管理

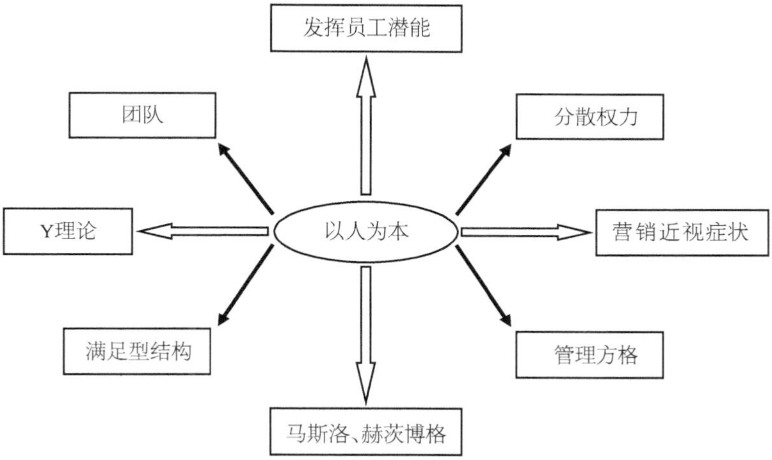

图 2-2 以人为本

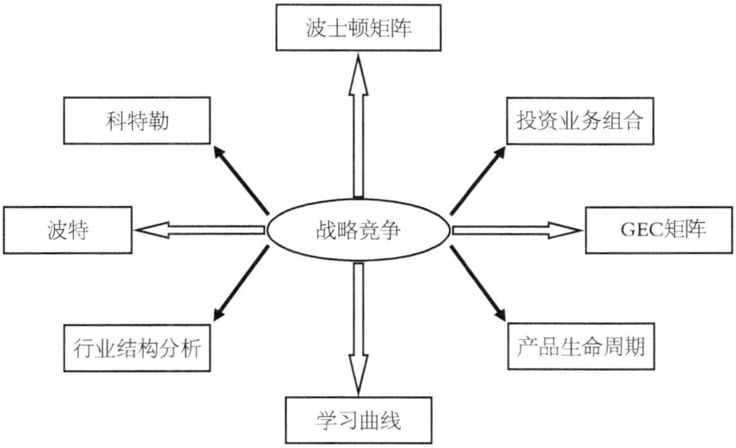

图 2-3 战略竞争

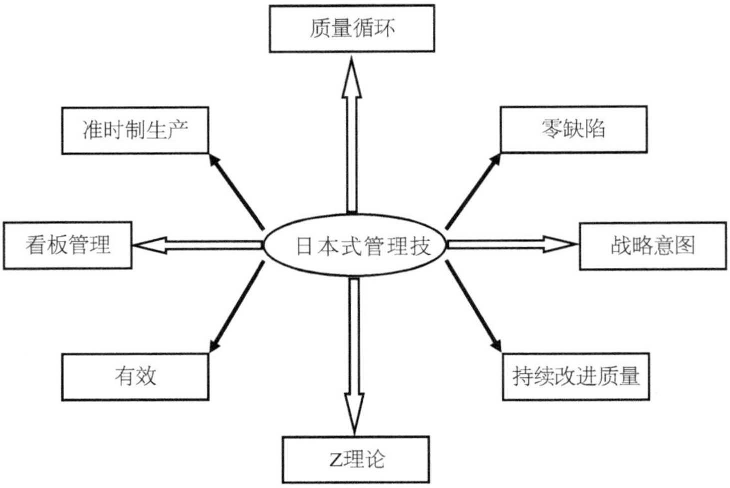

图 2-4 “日本”管理技巧

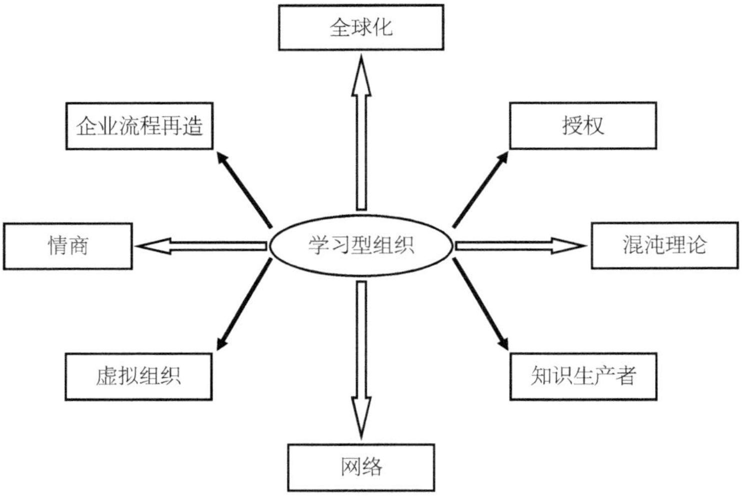

图 2-5 学习型组织

如何“向管理要效率”这些方面的知识却传播不够，就连一些著名的商学院、管理学院也纷纷放弃“管理”而投奔“金融”了。

自泰勒第一次把管理学作为一门科学知识来研究和传授以来，管理知识逐渐被分为三类。

第一类：关于企业及其所属行业的知识，包括人力资源、财务管理和组织资源，以及合作者、消费者、供应商和经销商利益相关人方面的知识。这是企业在追求降低成本、提高价值这两项短期目标时所使用的核心知识。我们把这类知识称为传统的管理知识，这类知识适用于组织所处的外部环境相对稳定，对员工的学习能力要求不高，只需要考虑内部问题的企业。

这类管理知识以19世纪自然科学，特别是牛顿经典力学为基础。经理人把企业看作一台结构复杂的机器，他们坚信，运转这台机器最有效的方法就是建立金字塔式的、由高层主管严格控制的、等级森严的管理制度。高层控制着从战略到企业日常生产经营活动的所有信息资源，他们可以在不受下属影响的前提下，指挥公司所有的“零部件”按照他们的意愿机械地行事。机械论者坚信，事物的发展遵循严格的因果关系，计划的制订建立在绝对因果这样一个牢固信念的基础上，人们完全可以对未来事态进行正确预测并有效实施。在这种建立在因果关系基础上的企业经营模式中，价值的增值过程独立于时间和场所之外，因此，在企业这台高速运转的机器中，一定的投入必能产生与之对应的产出。高层无须顾及其他因素，任务与指标由高层制订和下达，企业的生产经营活动被机械地切割成若干独立的单元，每项活动设有相应的职能部门。对于上级主管的指令，下级无权评价，只需机械地服从。为了激发员工的工作热情，确保任务的完成，企业会制订一系列以物质激励为主的奖惩制度。企业就如同一台性能良好、安全可靠的机器，任凭高管们从容不迫地驾驶，尽情地展示个人的抱负和才华。经理人只要掌握了因果“由此及彼”的桥梁，就可以带领企业到达成功的彼岸。亨利·福特和约翰·洛克菲勒等是这个时代伟大企业家的代表人物。

第二类：与该数据源作业活动有关的软硬件作业技术的知识。早在20世纪80年代末，人们就开始强调信息技术及其在企业内部、企业之间、企业和顾客及其他利益相关人之间扩散和传播的重要性。这种知识阐明了作用于生产、劳动力需求、顾客需求的力量，并详尽地传输了由此产生的一系列问题。它不仅向企业提供了挖掘组织潜力、有效提高领导生产率的基本思路，而且在某种程度上为公司展示了自己与社会和生态环境协调发展的大致途径。

20 世纪 70 年代初期，由于石油危机造成的全球经济危机导致经济增长的曲线从陡峭趋于平稳，人们对未来的种种乐观推断遇到了前所未有的挑战，人类在一个全新的悲观的环境里显得束手无策。发生在切尔诺贝利和三里岛的灾难、石油泄漏、酸雨等现象，使人们开始体验到技术进步在推动社会发展时的负面效应。由此，传统的第一类管理知识受到了以下问题的挑战：

（1）企业外部环境的变化迅速，不确定性极大，建立在因果关系上的僵化的传统机械模式必将受到严峻的挑战。

（2）新技术的涌现，市场全球一体化进程的加快，使得产品生命周期缩短，顾客对产品和服务的质量要求不断提高。

（3）传统企业信息的高度集中和自上而下的传导模式导致企业基层组织无法应对来自市场的挑战。

为了更好地了解和把握企业所处的外部环境的特征，20 世纪 60 年代，以钱德勒等为代表的管理学家开创了以环境为基础的传统的战略管理，提出战略管理的任务就是处理好环境、战略和组织结构之间的匹配关系。20 世纪 80 年代初，迈克尔 · 波特在其《竞争战略》和《竞争优势》两部著作中把产业组织理论引入了企业战略的研究，提出了“竞争战略”。20 世纪 90 年代的“知识观”被称为以资源、知识为基础的核心竞争力的战略理论。该理论假定企业具有不同的资源（包括知识和技术等）形成了独特的能力，资源不能在企业间自由流动，对于属于企业特有的资源，其他企业不能复制，企业利用这些资源的独特的方式使企业形成竞争优势，形成战略管理的基础。企业战略管理的关键在于寻找、培养和发展核心竞争力。战略管理的最大挑战是如何在今天的市场中努力赢得胜利的同时，为明天的成功奠定基础。这种挑战之所以艰巨，是因为利用现在和建设未来所包含的选择常常使高层管理者们面对许多复杂问题的取舍。

1993 年，迈克尔 · 哈默和詹姆斯 · 钱比合作出版的《企业再造工程——管理革命的宣言》掀起了组织“再造”的浪潮。哈默和钱比认为，在现今全新的组织内外部环境中，管理人员必须一切从头开始，对组织现在用来进行价值创造和运作的程序、方法重新加以考虑和设计，丢弃那些早已落后于时代的东西。

第三类：指能够深刻反映公司所处的社会环境的动态变化，又能够洞悉到它们之间依赖关系的知识。这类知识承认直觉和洞察力在指导商业活动中的作用。但是，随着外部环境的多变和竞争的加剧，人们希望能有比直觉更为可靠、更为真实，而且能够被组织所共享的科学系统的管理知识体系。

20 世纪末 21 世纪初，互联网技术对企业所涉及的各个领域的渗透，使我们不得不重新审视第一类和第二类管理知识。过去，由于企业的经营尚未完全嵌入整个经济、社会的生态环境之中，只具备第一类、二类管理知识即可。如今，企业的经营环境已经发生了根本的变化。从企业内部而言，信息传递与扩散的速度在不断加快，各部门之间联系越来越紧密，为了提升劳动生产率，内部需要打破传统职能部门的界限。从企业所处的外部环境来看，企业的业务由过去的“大而全”“小而全”转变成了建立在战略联盟基础之上的网络系统，这一系统中的企业与企业之间的联系如同过去一个企业内部的部门与部门之间。企业与其利益相关人之间基于“共生共好”商业理念之上的稳定可靠的关系已成为获得竞争优势的关键。企业的发展与生态环境之间的协调成为企业存亡的关键因素。

21 世纪以来，由于互联网技术在各个领域的渗透，诞生了一大批极具竞争力和影响力的互联网科技企业，它们的实践已远远走到了管理理论的前面。从全球来看，还没出现能与德鲁克比肩的管理大师，也没有相应较为成熟系统的对全新企业管理实践的归纳与总结。但有一点是确定的：新的管理理论的基础源于包括量子力学、混沌理论、耗散结构、动态复杂系统理论、生物及宇宙进化理论等在内新兴的科学。如果说第一类管理知识主要涉及企业的基本功能，第二类管理知识涉及企业与环境的相互影响，那么第三类管理知识涉及的则是企业与环境的变化形态。从进化论的角度而言，这类知识揭示了复杂系统与环境之间共同进化的规律，它解释了企业与外部环境之间的互动对员工行为的影响以及种种影响对企业动态发展的影响作用。从量子思维的角度而言，这类知识揭示了企业作为一个“量子”，会与外部世界中另外的量子“纠缠”，企业内部的员工作为“观察者”，他们的意念和行为会对最终的企业目标及其结果造成极大的影响。

思维之一 从直线、局部到发散、系统

一、从直线型的管理职能流程图到发散与开放的管理系统图

继亨利·法约尔在其名著《工业管理与一般管理》中给出管理概念之后，它产生的影响持续了整整一个世纪，对西方管理理论的发展具有重大的影响。法约尔认为，管理是所有人类组织都有的一种活动，这种活动由五项要素组成：计划、组织、指挥、协调和控制。法约尔对管理的看法颇受后人的肯定与推崇，后来发展形成了管理过程学派。20 世纪 50 年代，哈罗德·孔茨和西里尔·奥唐奈是这一学派的代表人物，他们采用了计划、组织、人事、领导和控制五种管理职能，这两位管理学者的工作使该学派风行全球。过程学派认为，管理是在特定的环境下，对组织所拥有的资源进行有效的计划、组织、领导和控制，以便达成既定组织目标的过程。如今，学界大多以计划、组织、领导和控制来讨论管理的职能，如图 2-6 所示。

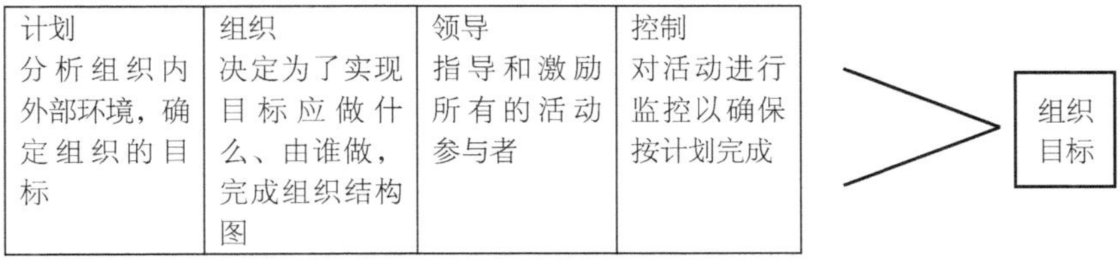

图 2-6 管理的四大职能

计划（Planning）：对未来活动如何进行的预先筹划，它是整个管理活动的前提。计划活动包括确定组织的目标和制订整体的战略及实现战略的具体措施。

组织（Organizing）：确定为了实现组织的目标要做哪些事情，由谁去完成这些任务及这些任务的分类与组合，以及组织内人员、部门之间的分工与协作、职权分配等活动。

领导（Leading）：每个组织都是由人构成的，人是实现组织目标的重要因素。影响他人的行为与引导员工朝着组织目标努力的活动被称为领导职能。它包括管理者激励下属，指导他们的活动，选择有效的沟通渠道与方式，解决组织内成员间的冲突等活动。

控制（Controlling）：为了保证组织的一切活动按照计划朝着实现组织目标运行，管理者必须监控组织活动的绩效，必须将实际工作与预先设定的目标进行比较，一旦出现偏差，应及时采取纠偏措施，使组织活动回到正确的轨道上来。这种监控、比较和纠偏的活动就是控制职能。

半个多世纪以来的管理学教科书，基本都是按“过程”编写的。商学院里也是按“部件”的管理职能领域，诸如战略管理、财务管理、市场营销、人力资源管理等分专业的。这体现了典型的牛顿式的线性思维，假定组织基本不受外部环境的影响，或者是组织的外部环境处于不变状态，组织的管理可以按照计划目标有序实施。

当笔者从大学的管理学院出来，面向各类管理者们做了三年管理培训工作后，就无法接受自己基本背得滚瓜烂熟的教科书中的管理学了，才体会到真正的、现实中的管理活动远比课本上的要复杂得多。我认为无论怎么称呼管理，把近百年来各种时尚流行的管理概念、术语从表面掠去后，管理剩下两个不变的核心精髓：系统性和权变性（具体问题具体对待）。在管理培训中，我会针对“什么是管理”这一问题设计大家都能参与其中的商业游戏体验活动，然后根据现场情境具体问题具体对待，帮助大家理解管理的系统性和权变性。在金色秋天吃螃蟹的季节，有一天，我顺手在白板上画出一个管理螃蟹图，开玩笑说：给每位学员送一只螃蟹。目的是引导管理者们结合自己组织的具体环境，获得系统全面、条理清晰、相互关联的认识。经过十多次的修改和完善，我终于绘出了合自己心意的“管理螃蟹图”（如图 2-7 所示），希望这个模型能令其他人信服，直到他们找到更好的模型。

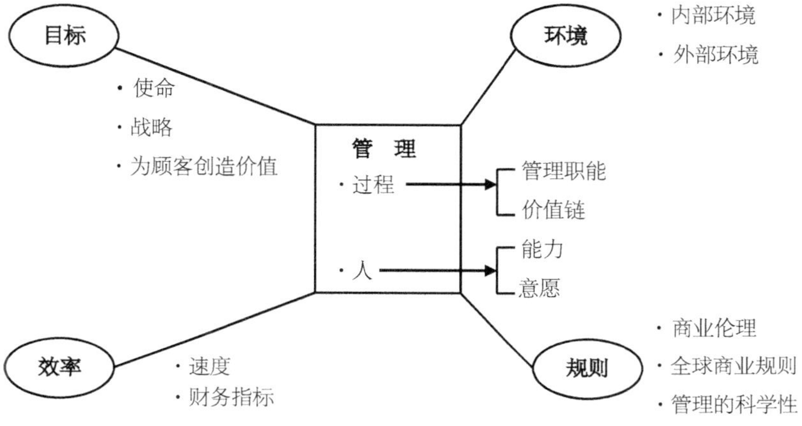

图 2-7 管理系统

管理通常涉及六个关键词：目标、效率、环境、规则、流程和人。管理指的是在组织中进行的，有效促进组织“目标”实现的活动。任何一个组织都有其赖以生存和发展的“环境”，环境变了，就会要求组织及时调整自身的目标；在大多环境里，依“规则”行事是最简单有效的实现目标的方式；一个组织长期形成的做事的“过程”决定其绩效，而组织中“人”的能力和意愿最终是组织绩效的决定性因素。

每个人都在从事管理活动，每个人都是自己的管理者，但今天的管理理论和实务研究的对象是组织。任何一个组织都有自身的目标，一旦“目标”确定，它就成了组织的“彼岸”，是我们最终想要去的地方。从“此岸”到“彼岸”的路径很多，通过系统、有效的管理，我们能保证实现组织目标的方式是有“效率”的。效率是个相对的概念，它追求的是最优的投入产出比。传统的价值观和思维方式往往看重的是达到目标，看重的是“结果”本身，而不太在乎“过程”。这样极易导致低效率和路径、方法、行为的不透明、不诚信。改革开放 40 年来，中国 GDP 年均增长超过 9.5%，我们每获得一个 GDP 的产出，投入是世界平均水平的 2.76 倍，也就说我们把几代人的资源都提前预支了。组织生存和发展的环境变了，组织的目标也应相应地做出调整，组织的资源配置也要同步调整，我们做事的规则也要相应地调整。需要特别强调的是，中国企业在全球化的进程中必须遵守全球通行的商业规则。

决定一个组织绩效的要素，还有“流程”与“人”。流程是指组织长期以来形成的做事的习惯性过程，流程是否科学、简洁在很大程度上决定着组织活动的效率。科学管理之父泰勒也正是从“时间和动作”研究入手来提升车间一级的生产率和降低工人的疲劳的。“人”包括从最高管理者到基层操作者的员工队伍，一支既有能力又有积极性的员工队伍是决定组织绩效的最根本力量。

长期以来，商学院以职能为主的教学和研究，基本可以归在我们的管理系统图之中：

目标——企业的使命、目标、如何为顾客创造价值，涉及的是企业经营哲学层面的东西。商学院的核心课程之一“市场营销”属于“目标”领域。市场营销说的是如何为顾客创造价值，而非简单地卖产品。在中国，大家一直把营销管理（市场营销，Marketing）等同于销售管理（卖产品，Selling），在今天这样的消费者主权时代，唯有为顾客创造价值才能实现企业的使命。

环境——分析企业内部、外部环境，为企业确定一个科学、合理的战略目标。商学院里的一门核心课程——“战略管理”属于这个领域。

效率——传统衡量效率的是财务体系（财务管理），新环境下衡量效率的标准还应加上“创新”。效率只能保证组织的现有竞争力，而创新却能带来未来的竞争力。

流程——企业的运作过程与习惯，包括生产运营、供应链等。

人——企业为了实现战略目标必须长期拥有一支高水平的员工队伍，这就会用到人力资源管理和组织行为学。

越来越重要的“企业文化”和“商业伦理”涉及“目标”“人”和“规则”三个方面，企业文化落脚于“人”，商业伦理则落脚于“规则”。

这个“管理螃蟹图”体现了量子思维。由于组织处于一个不确定的外部环境中，管理者们必须以系统性和权变性思维来管理，在整个管理系统中，人是最重要的因素，不同的人会带来不同的组织绩效。

二、组织结构：从直线制到网络结构再到自组织

为了实现组织目标，我们必须进行一些活动，把相同的活动归到一个部门，随着任务的复杂度和广度的加大，就需要向下分权。如此就会形成组织内部从最高管理者到基层操作者的权利和责任的分配结构，这就是组织结构。我们先来介绍几种传统的组织结构，其中后一种结构都是对前一种结构的完善。

（一）从直线制结构到直线基础上的纵向与横向的有效结合

1. 直线制

直线制组织结构（如图 2-8 所示）是最古老的一种组织结构形式。其特点是企业的一切管理工作均由组织的最高管理层（厂长或经理）直接指挥和管理，不设专门的职能机构。在这种组织中，经营者与所有者为同一人，这种结构在小型组织中最为常见。直线制组织结构的优势在于简便易行、反应敏捷、费用低廉、责任明确。其主要缺点是厂长（经理）一个人的能力与精力有限，管理工作比较简单和粗放；这一结构具有较大的风险性，这种风险来自于厂长（经理）一个人的变动足以破坏整个组织的信息与决策中心。这种组织结构只有在企业规模不大、职工人数不多，生产和管理工作都比较简单的情况下才适用。

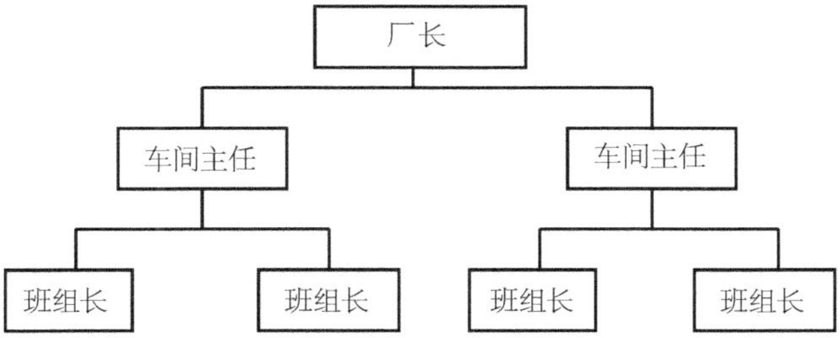

图 2-8　直线制组织结构

2. 职能制组织结构

职能制组织结构（如图 2-9 所示）的特点是采用具有专业分工的管理者代替直线制的全能管理者。在组织内部设立职能部门，各职能机构在自己的业务范围内，有权向下级下达命令和指示，直接指挥企业的生产经营活动；各级负责人除了服从上级行政领导的指挥外，还要服从上级职能部门在其专业领域的指挥。职能制组织结构的优点是能充分发挥专家的作用，这一结构对中低管理层的管理人员的要求较低，因此可以节约成本。职能机构的作用若发挥充分，可以弥补各级行政领导人管理能力的不足。职能制的明显缺陷在于：各职能部门强调各自的重要性，导致各部门之间的冲突会不断发生；组织中会因为追求职能目标而忽视全局利益；容易形成多头领导，削弱统一指挥。这一结构最早由泰勒提出并加以试行，通常在只有单一类型产品或少数几类产品，处于相对稳定的市场环境中的组织中采用。

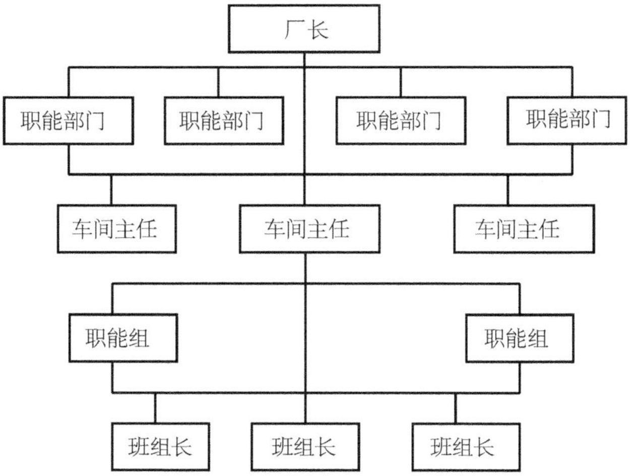

图 2-9　职能制组织结构

3. 直线职能制组织结构

直线职能制组织结构（如图 2-10 所示）是把直线制与职能制结合起来形成的，其由法约尔在 20 世纪初总结设计出来，后在许多国家得到应用。直线职能制是组织目前采用最为广泛的一种组织结构形式，其最大的特点是在各级直线指挥机构之下设置了相应的职能机构或人员从事专业管理，既保持了直线制集中统一指挥的优点，又吸取了职能制发挥专业管理的长处，从而提高了管理的工作效率。直线职能制在管理实践中也存在不足之处：各职能部门自成体系，不重视信息的横向沟通，造成工作重复，加大了管理成本；职能部门缺乏弹性，对环境变化的反应迟钝。

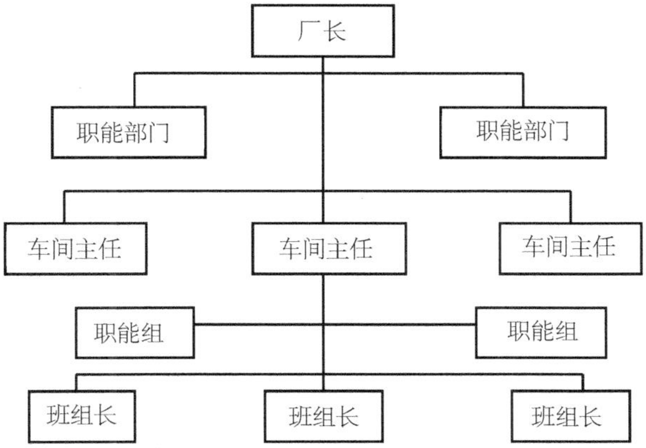

图 2-10　直线职能制组织结构

4. 事业部制组织结构

事业部制组织结构（如图 2-11 所示）是以成果为中心的组织形式。最初由皮埃・杜邦于 1920 年改组杜邦公司时提出。1921—1922 年，小阿尔弗雷德・斯隆作为总裁在通用汽车公司推行了更为完善的“联邦分权制”，成为分权制的一种典型。之后许多企业对此加以模仿和改进，其中美国通用电气公司于 1950—1952 年进行改组时提出的组织结构形式，成为全世界流行的标准模式，被称为事业部制。事业部制是对一个企业内具有独立产品市场、独立责任和利益的部门实行分权管理的一种组织形式。具体做法通常是在总公司下面按产品或地区划分许多个事业部或分公司，它们都是独立核算、自负盈亏的利润中心，工厂是事业部领导下的生产单位，只管生产不管销售，一切规章制度、标准和方法均由事业部制订，其所属各车间、科室只负责组织实施和监督。

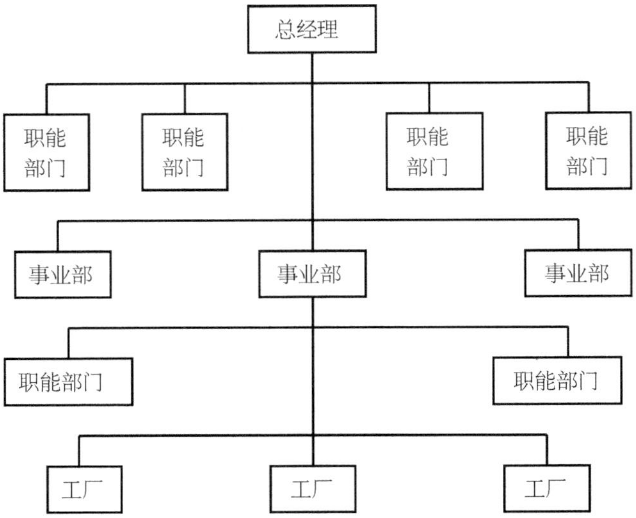

图 2-11　事业部制组织结构

事业部制的优点是公司能把统一管理、多种经营和专业分工更好地结合起来，公司和事业部的责、权、利划分比较明确，能较好地调动经营管理人员的积极性；事业部以利润责任为核心，能保证公司获得稳定的利润；通过各事业部独立进行生产经营活动，能为公司不断培养出高级管理人才。事业部制的主要缺陷是，活动和资源的重复配置导致组织总成本的上升和效率的下降；各事业部都有本部门独立的经济利益，部门间竞争激烈，可能会产生较严重的内耗，协调起来比较困难。

通用电气的组织模式基本上成为工业化社会企业组织的样板。但在信息化社会中，这一模式受到了新的挑战。每个组织都应像斯隆针对通用当时的实际情况进行组织变革一样，针对今天的企业积极投身于组织变革工作中。

5. 矩阵制组织结构

传统意义上的组织结构包括直线制、职能制、直线职能制和事业部制，当前大多数传统产业的企业基本采用后两种。它们的根本缺陷在于组织内部的“隧道视野”，也就是组织内缺乏横向的有效沟通与合作，很难对复杂多变的不确定的外部环境做出快速有效的反应。于是一种新的组织形式应运而生，这就是矩阵制（如图 2-12 所示）。矩阵制是在直线职能制垂直形态组织系统的基础上，再增加一种横向的项目管理系统，也就是为了完成某一项目，由各职能部门抽调人员组成项目工作部，该项目部包括完成该项目所必需的各类专业人员，大家为某个特定的项目而共同工作；当项目完成后，各类人员各派用场，此项目工作小组也就不复存在。矩阵制具有以下优点：加强了横向联系，克服了各职能部门相互脱节、各自为政的问题；专业人员和设备得到了充分的利用；各类专业人员聚集在一起，有利于攻克各类复杂的技术难题，更加圆满地完成组织目标。矩阵制的主要缺陷表现在两个方面：一是稳定性差；二是权责不清，严重违背了统一指挥原则，潜伏着职权关系的混乱和冲突，会造成管理秩序的混乱，有可能降低组织的效率。矩阵制组织适合在需要对外部环境变化做出迅速而一致反应的组织使用。

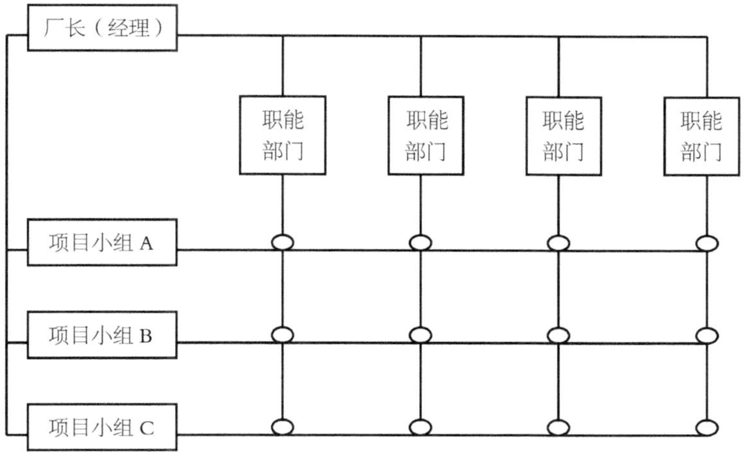

图 2-12　矩阵制组织结构

注：⬭ 代表组织成员。

以上五种结构，后一种都是对前一种的扬弃。其中前四种体现的是牛顿式的直线思维，组织内部的管理是自上而下的，各职能部门各自为政，如同台球相互碰撞后各自弹开，每个职能部门、每个员工如同整个组织的零部件。矩阵制结构体现了量子思维，与前四种结构相比，它摒弃了“自上而下”的指挥，来自不同职能部门的人为了完成一个共同而又具体的目标相互融合，如同能量球相互碰撞后融合在一起而产生了新的东西。

（二）组织结构的创新

美国学者詹姆斯·斯托纳、爱德华·弗雷曼和丹尼尔·小吉尔伯特在1995年出版的《管理学》（第六版）一书中分析了各方面的环境变化之后提出了企业竞争优势的各种新的来源基础，得到了管理界的广泛认可。这些新来源分别是：

- 速度／时间（Speed/Time）
- 灵活性（Flexibility）
- 质量／设计（Quality/Design）
- 信息技术（Information Technology）
- 联盟／网络（Alliances/Network）
- 快速创新改进（Fast Innovation Improvement）
- 技能更新（Skill Upgrading）
- 服务增值（Service Added）
- 大企业内部小企业化（Small within Big）
- 分包（Subcontracting）
- 全球化（Globalization）

上述论述从一个侧面对组织提出了新的要求：不论是组织结构设计，还是组织工作的运行与管理，都必须反映上述各方面的要求。归纳起来，这些要求为组织变革提出了方向，只有把组织改造得“更快、更小、更灵活、更新”，才有可能获得新的竞争优势。

21世纪以来，由于互联网技术及其思维渗透到各个领域，环境的剧烈变化在很大程度上改变了组织的竞争方式，迫使组织本着创新的思路寻找新的竞争优势来源，以便在快速变化的环境中求生存、谋发展。今天，我们所处的环境具有以下突出特征：①全球化。全球化意味着组织的许多机构和人员分布在全球的各个地方，我们的顾客也从国内扩展到了全球。这就要求组织成为一种分权机制，以保证各地的分支机构能根据当地、当时的具体环境进行快速有效的决策。②顾客导向。顾客导向意味着在交换活动中，顾客的地位越来越高，也意味着在一个社会中生产什么、生产多少和为谁生产等问题的决策权更多地掌握在顾客的手中。顾客导向及顾客需求的多样化和个性化的特征要求组织在了解顾客的需求、满足顾客的需求方面比对手做得更快、更多、更好。③信息社会。信息社会意味着组织在与顾客的交换活动中，信息不对称的状况得到改善，这要求组织必须对顾客的需求做出灵敏的反应。在组织中广泛地使用计算机，使得原本由大量人工操作的信息收集、分析、整理和储存的繁重劳动将由计算机替代，大量的中层管理者将是裁员的主要对象。信息社会还意味着组织的员工将更加年轻化、更加专业化。这一切为我们精简组织机构提供了技术手段。

若用一句话来概括今天企业面临的环境特征，那一定是“互联网或者数字化”，互联网对组织管理的影响主要体现在以下几个方面：

第一，对改进公司内部管理的影响。互联网和大数据技术首先可以使产业链内部交易标准化，使数据信息快速传递且流程透明。其次，通过信息互联加强内部的信息沟通和共享，推倒部门墙，可以简化内部运作、核算和控制流程，降低交易成本。最后，运用大数据分析方法，可以充分挖掘和分析客户需求的大数据，与客户共同创造价值；分析内部运作的合同、订单、项目、配置、库存、物流的大数据，支持及时、准确、优质和低成本的交付；通过对人力资源的大数据分析，实现人力资源的合理配置，牵引优质资源向优质客户倾斜。

第二，对管理职能的影响。管理活动通常包括计划、组织、领导、控制几个职能，在互联网技术和思维的影响下，这些管理职能呈现出一些新的特征：①计划有效性的期限缩短，组织高层决策时更易受到外部环境中技术力量的影响。组织内部目标制定时越发趋向于集权与分权的有效结合，集权体现的是一个有战略眼光和胆略的企业领导者的魄力；分权体现的是员工对信息公开透明的要求和自身价值被认同的要求。②组织结构更趋向于扁平化。互联网技术使得信息收集、处理、分析的工作由技术代替人工，信息收集的便捷性、外部环境不确定性的增加以及竞争对组织快速应变能力的要求，决定了组织层级大幅度减少。③领导力的重要性突显。伴随着互联网成长起来的员工队伍骨子里崇尚和追求个体价值及自由，他们反对被当成“被管理者”“被领导者”来支配和指挥，他们需要上级主管呈现出更多的非职权影响力。管理者应谋求来自下属心理和感情上的“认同”。④控制的有效性得以提升。管理控制的核心是纠偏，互联网技术为发现偏差、分析偏差原因、给出纠偏措施和保证纠偏措施不折不扣地执行提供了技术保障。

第三，互联网的普及使得大家都可以通过上网获得知识和信息，解决了传统的企业与顾客在交易中的信息不对称问题，使顾客在交易活动的博弈中处于有利地位。从另一方面来看，互联网也加剧了产品和服务在全球范围内的竞争。

为了提高自身对外部环境的适应性和应变能力，许多企业在实践中纷纷进行组织结构变革。实践表明，工作团队和网络结构等新的组织结构形式对提高组织的竞争力做出了巨大的贡献。

1. 团队结构

为了更好地发挥矩阵制组织结构的优势，而又避免其缺陷，团队结构应运而生。把临时性的矩阵制固定下来就是团队结构，这种结构形式的主要特点是打破了部门界限，可以快速地组合、重组、解散以及促进员工之间的合作，提高决策速度和工作效率。在小型组织中，可以把团队结构作为整个组织形式；在大型组织中，团队结构一般作为典型的职能结构的补充，这样组织既能得到职能结构标准化的好处，提高运行效率，又能因团队的存在而增强组织的灵活性。所谓工作团队，就是一个为了实现某一目标而由相互协作的个体组成的群体，当管理人员动用团队作为协调组织活动的主要方式时，其组织结构即为团队结构。

简单归纳起来，团队就是一小群具有互补才能，致力于共同的宗旨、努力途径的选择与绩效目标的完成，并且愿意共同承担责任的人组成的群体。它具备三个特征：①共同目标；②技能互补；③责任共担。其中，技能互补是团队凝聚力的基础。

传统组织的结构是按职能划分的，同一个部门里的人技能比较单一。财务部的人一般都只会财务，相互之间的替代性很强，认同感差。而团队结构中，由于成员技能互补，为了完成组织目标，谁也离不开谁，必然带来较高认同感。团队的具体形式包括跨职能团队、问题解决团队和自我管理型团队，如图 2-13 至 2-15 所示。

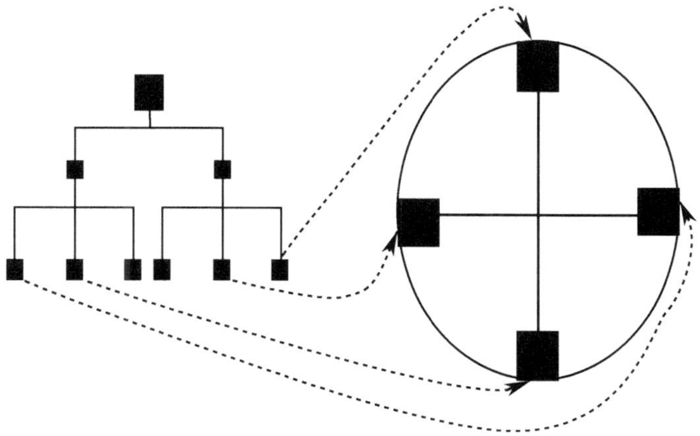

图 2-13　跨职能团队

注：跨职能团队是由来自不同部门和不同工作领域的专业人员组成的团队。

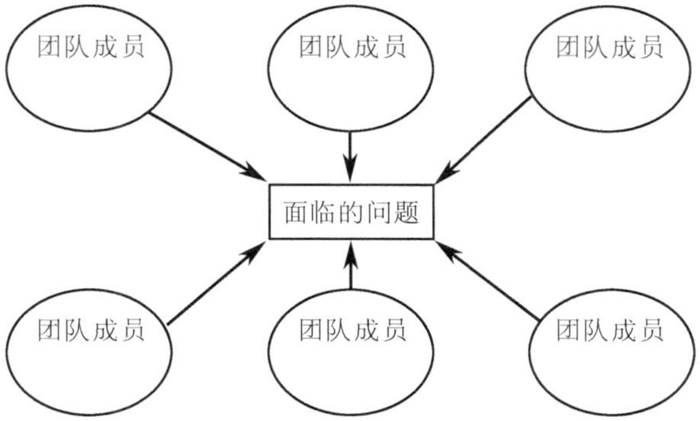

图 2-14　问题解决型团队

注：问题解决型团队是指组织成员就如何改进工作程序、方法等问题交换看法，对如何提高生产效率和产品质量等问题提出建议；问题解决型团队的核心点是提高生产质量、提高生产效率、改善企业工作环境等。在这样的团队中，成员就如何改变工作程序和工作方法相互交流，提出一些建议。成员几乎没有什么实际权利来根据建议采取行动。

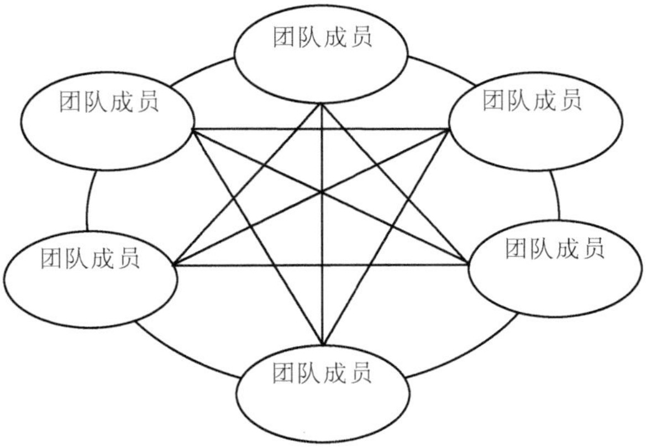

图 2-15　自我管理型团队

注：自我管理型团队是真正独立自主的团队，不仅负责提出解决问题的建议和想法，而且还负责执行解决问题的方案，并对工作结果承担全部责任。

由以上论述我联想到，存活时间较长、凝聚力较强的团队应该是家庭，家庭团队的特征有：清晰的共同目标和技能互补。其中技能互补是团队凝聚力的根本来源。

我讲课时会问学生：一男一女结婚为了什么？一般女生多回答“为了生活”，总是男生先喊出“为了生娃”。一男一女组成的家庭完全符合团队的三个特征：①共同的目标，繁衍后代。②技能互补，生孩子这件事缺男、缺女都不行。③责任共担，由生儿育女衍生出的丈夫和妻子角色的责任。当我们完成了繁衍后代的目标后，为什么还在一起呢？因为人类毕竟不同于动物，当有了孩子后，家庭的使命就转变为共同养育后代。

如今，团队不止重视技能上的互补，还有气质上的互补，就如同月老们总是不经意地为一个急性子配一个慢性子，年轻人中流行白羊座男配射手座女从这一角度看也有一定的道理。

团队这一概念是不断演进的，最初我们认为团队是指一群有相同技能、共同完成一个部门的工作的人；后来团队的概念扩展为由不同职能部门的人组成的项目小组；如今团队概念又融入了顾客的需求，强调一切以顾客为中心，团队不仅是跨职能的，更要为顾客需要而成立。在这种观念下，组织运作的元素由过去的个人、部门演变为团队。这样，传统的直线型、职能型的组织结构向以“团队”为核心的扁平式的结构发展，权力结构从正金字塔变为倒金字塔，强调顾客至上的观念。

2. 虚拟组织

我们正处在一个快速变化的时代，新技术的应用和推广、新材料的采用、流行时尚的改变、新的市场机会，都要求组织做出迅速的反应，于是虚拟组织结构应运而生。虚拟组织也被称为网络结构，它是建立在网络思维和技术基础之上的。

虚拟组织指两个以上的独立实体，为迅速向市场提供产品和服务，在一定时间内结成的动态联盟。它不具有法人资格，也没有固定的组织层次和内部命令系统，而是一种开放的组织结构，因此可以在拥有充分信息的条件下，从众多组织中通过竞争招标或自由选择等方式精选出合作伙伴，迅速形成各专业领域中的独特优势，对外部资源整合利用，从而以强大的结构成本优势和机动性，顺利完成单个企业难以承担的市场功能，如产品开发、生产和销售。

虚拟组织结构（如图 2–16 所示）是一种只有很小的中心组织，以合同为基础，依靠其他组织进行制造、分销、营销或其他关键业务的经营活动的组织结构。在这种组织中，管理人员把公司的基本职能都交给了外部组织，组织的核心是一个较小规模的经理小组，他们的工作是：直接监督公司内部的经营活动，并协调为本公司进行生产、销售及其他重要职能活动的各组织之间的关系。管理人员的大部分时间花在协调和控制外部关系上，包括与外部组织的合同的签订、履行以及了解世界各地的文化、法律背景等，进而提高自身的商务谈判能力。

虚拟组织的概念涵盖了许多新型组织形式的特征，它可以追溯到不同的起源。1992 年，Davidow 和 Malone 通过他们的新书 *The Virtual Corporation* 将虚拟组织的概念推广到社会大众。在书中他们强调了虚拟组织的临时性，认为虚拟组织的构成是为了在一定时间期限内实现确定的组织目标。而 Mowshowitz

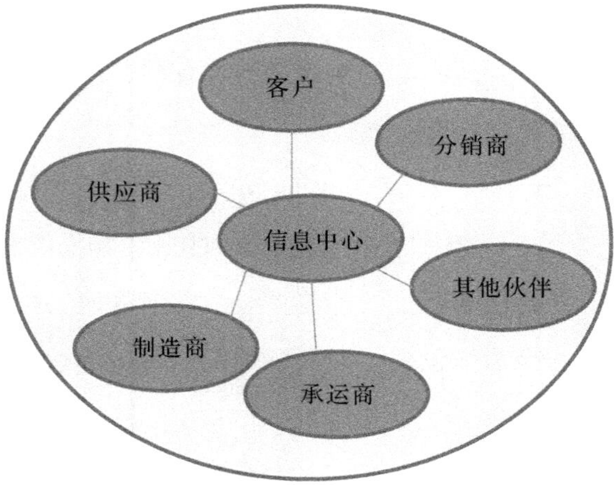

图 2-16　虚拟组织结构

则在 1985 年就从信息科学的角度提出了虚拟组织的概念。他认为，与虚拟存储的含义类似，虚拟组织的任务处理和处理资源在逻辑上是分离的。

对于虚拟组织，可以做如下定义：虚拟组织是由在地理上分布的企业、机构和个人所组成的一种基于共同目标的协作形式。这些在法律上独立的虚拟组织成员以他们各自的核心竞争力参与横向和纵向的协作，对于第三方而言他们表现为一个统一的组织，而随着组织目标的完成或中断，整个虚拟组织也就不复存在。虚拟组织完全抛弃了传统组织的管理功能集中化，其所需的协调过程主要通过合适的信息 / 通信技术来实现。而对于虚拟组织中虚拟的含义，我们可以理解为是空间虚拟、时间虚拟以及结构虚拟的三维叠加[①]。

空间虚拟：虚拟组织的参与方在空间上往往是分布的，彼此之间可能距离遥远，并且其地理位置也可以不断移动。

时间虚拟：参与方之间的组合是临时的，他们的协作在时间上可以灵活安排，可以同步也可以异步，而对于全球性的虚拟组织而言甚至可以是全天候，即 Round-the-Clock。

结构虚拟：虚拟组织没有固定的组织结构，其组合不存在正式的合同关

① 参考卢勇的《工程建设项目的虚拟组织》一文。

系，参与方之间的边界是模糊的，其协作基于信任和资源的共享。

经过归纳，发现虚拟组织具有以下重要特征[①]：

（1）空间上的分布性和时间上的有限性：虚拟组织的项目参与方通常在地理上分布，也就是说可以来自不同的区域或国家。虚拟组织的存在以确定的项目为前提，其参与方的组合具备动态性和临时性。在项目结束之后，虚拟组织也随之暂时解散，但组织成员之间的关系网络仍然可以存在。一旦有新的市场机会，所有的项目参与方能在关系网络的基础上迅速自发地重新组合。

（2）法律上的独立性和经济上的相关性：虚拟组织的参与方可以是单独的个人（比如经验丰富的项目咨询专家）或大型企业的一部分，但绝大多数是中小型企业。一方面，所有参与方在法律上独立并且在虚拟组织中是平等的；另一方面，这些项目参与方在经济上是相关的，也就是说他们有着共同的项目利益。基于信任，这些项目参与方完成他们自身确定的任务，并且共同促进项目建设的成功。

（3）模糊的组织界限和灵活的组织结构：虚拟组织的边界是模糊的、不确定的，在不同的项目阶段，参与方可以不断变动。但对于外部的最终用户来说，虚拟组织表现为一个类似于传统企业的完整组织。在虚拟组织的组织结构中，没有层级或纵向的集中，其参与方只是松散地彼此联合。虚拟组织的协作广泛抛弃传统组织中固定的、正式的合同关系，而采用所谓的“关系合同”，这种形式的合同一般只提供一个行动和关系的框架，可以给予合同双方的真实关系必要的解释空间。这种合同形式的有效应用在很大程度上依赖于合同双方的信任、自觉性和较高的忠诚度。对于为了自身利益而对这种解释空间进行恶意利用的行为，可以通过社会的制裁机制予以限制。虚拟组织结构的灵活性保证了其能够按照外界的动态要求和项目的进展情况做出迅速反应。

① 参考卢勇《工程建设项目的虚拟组织》一文。

（4）核心竞争力的互补和资源的共享：核心竞争力，可以理解为一个企业所具备的持久的、可以转换的因素（比如特定的资源、技能和知识），而这些因素能够为企业带来竞争优势。所有参与方在虚拟组织中的协作必须以核心竞争力的互补和资源的共享（比如信息、经验和知识）为必要前提。

（5）具有决定意义的信息、通信技术支持：几乎以上所有特征的呈现都强烈依赖于信息、通信技术的支持。事实上，信息技术既是虚拟组织产生的前提条件又是虚拟组织赖以存在的技术基础。当然，仅仅具备先进的信息技术并不能构建一个有效的虚拟组织，还应该使信息技术与业务战略和组织目标紧密结合，并且适当考虑组织中人的因素。

虚拟结构精干灵活，具有很强的应变能力和适应性，不需要大规模的设备投资，也不存在庞大的员工队伍以及由此产生的管理问题，虚拟结构在灵活对外的同时也有助于降低组织内部的运营成本。无论大规模的组织还是小规模的组织，都可以将精力集中于自己最有优势的专业领域，努力塑造和发挥自身的核心专长。虚拟结构的局限在于组织的最高管理者难以保证对组织生产和经营全过程的严密控制，而其中任何一个环节的失误，都会对整个组织造成极大的危害。由于虚拟结构中各个组织之间是依靠契约约束的，所以这种结构对社会法制环境和诚信度要求较高。因此，虚拟组织结构并非对所有的组织都适用，它比较适用于服装、玩具、工艺品等受流行时尚影响大、消费者需求变化大的行业。

3. 自组织

当前，面对质变、混沌、充满颠覆式创新和不确定性的外部商业环境，企业要想适应环境变化，就必须有一种自我调节、自我适应、自我修复的能力。换一句话说，企业要进行“自组织化管理”。

“自组织”一词最初是康德在1790年的《判断力批判》一书中提出的。他说所谓系统演化的“目的性”，指的就是此系统的各单元（器官）既为目的，又为手段。一个由此种性质的单元组成的系统就像具有自己的大脑一样在行事，即它有自我管理和演化的能力，可通过自己内部单元的互动（手段）来实现系统的某个外显目的。

自组织的概念是相对于“他组织”而来的，我们传统意义上的“组织”是一种他组织概念，也就是依靠外部的指令和由上而下的控制来达到“有序”的组织。自组织的有序来自内部自身共同认可的规则，在相互协调中从无序走向有序。

自组织的科学基础是耗散结构理论，耗散结构理论揭示了地球上的生命体和组织体都是远离平衡状态下不平衡的开放系统，它们在不断与外部环境进行物质和能量交换。这个系统在远离平衡状态条件下是无序的，但又在组织之中。作为动词概念的自组织就是指组织受内在的、不确定性的、非线性变量所影响，通过与外部环境、信息和能量的不断自我调适，从无序结构到有序结构的一个过程。

协同理论把对自组织的研究推进了一步，认为自组织从无序到有序的过程，不只是来自于某一个变量的影响，而是组织内各个成员之间、各个要素之间的非线性交互关系的影响，是在交互中找到了一种协同价值，而组织一旦产生协同就变得有序了。

与自组织有关的另一个科学理论是突变论，相对于稳定性理论，突变论是将系统的突变过程看作组织原有的稳定状态解体，系统在不稳定状态下构建新稳定状态的过程。在组织内外部环境的诸多因素的影响下，这个转变过程的结果具有极大的不确定性，这种不确定性来自因果关系不清晰、自变量和因变量之间的变动比例不对等、事物之间的联系复杂多维的非线性。

自组织在管理学中并不是一个新概念，其与管理学的牵手有 30 年以上的历史了。在美国管理学界，系统学派早就将系统理论导入其中。中国在 20 世纪 90 年代的那波新科学与管理学结合中也有过对耗散结构与组织管理的相关介绍。到了互联网时代，自组织管理才真正有了操作层面的意义。与物理学上的“自组织”对应的管理学上的一个词语是“无边界组织”。

无边界组织（Boundaryless Organization）是一种有机组织，有机组织被置于一个更大的有机组织之中，就像动物细胞核与细胞体、动物细胞与动物器官组织、动物器官组织与动物体之间的关系一样，彼此之间的关系不能僵化。如果这种关系僵化，将直接导致动物肌体组织的死亡和动物本身的死亡。

无边界组织是相对于有边界组织而言的。有边界组织保留边界完全是为了保证组织的稳定与秩序。而无边界组织也需要稳定和呈现度，所以它绝不是要完全否定企业组织必有的控制手段，包括工作分析、岗位定级、职责权力等的设定，只是主张不能把它们僵化。无边界组织是指边界不由某种预先设定的结构所限定或定义的组织结构。边界通常有横向、纵向和外部边界三种：横向边界是由工作专门化和部门化形成的；纵向边界是由组织层级所产生的；外部边界是组织与其顾客、供应商等之间形成的隔墙。

美国通用电气公司前总裁杰克·韦尔奇首先使用了“无边界组织”这一术语。韦尔奇力求取消公司内部的横向和纵向边界，并打破公司与客户以及供应商之间存在的外部边界障碍。通用电气第一个认识到，由于边界的传统管理方法具有抑制作用，会抑制组织整合资源的能力，于是他们首创了“无边界组织”这一管理方法。1990年以来，杰克·韦尔奇就一直把“无边界组织”挂在嘴上，并最终把通用电气打造成无边界组织的领导者。韦尔奇强调无边界组织应该将各个职能部门之间的障碍全部消除，使工程、生产、营销以及其他部门之间能够自由沟通，工作及工作程序和进程完全透明。其后的事实也进一步表明，那些无边界的组织以及那些为了变得无边界而努力的组织，已经增大了它们在互联网时代获得成功的可能性。

在今天充满不确定性的外部环境下，组织已经无法通过建立组织壁垒的方式获得成功了，更需要形成开放与合作的组织结构，让外界容易纳入，或者让自己的组织更具弹性。由于手机、笔记本电脑、Pad、微信等硬件与软件结合起来产生的无穷效用越来越大，管理者们似乎处在一种随时处理公务的状态，实时的协调越来越多地取代固定套路的安排，组织生存也从以往的近似稳定均衡变为有限度的动荡或者混沌状态。组织为了更有效地运营，就必须保持灵活性和非结构化。为此，无边界组织力图取消指挥链，保持合适的管理幅度，以授权的团队取代部门。那么如何实现无边界的组织设计呢？管理者可以通过跨职能团队以及围绕工作流程而不是职能部门组织相关的工作活动等方式，取消组织的横向边界；通过运用跨层级团队或参与式决策等手段，取消组织的纵向边界，使组织结构扁平化；通过与供应商建立战略联盟等，取消组织的外部边界。

为了更准确地理解自组织，笔者通过对谷歌的创意开发小组、海尔的员工创客、华为的战斗小组、百度的小团队制、韩都衣舍的产品小组等比较公认的自组织团队的研究，发现它们共同具备以下特点：

第一，自组织通过文化管理来实现员工行为的统一。不同于通过严苛的规章制度来约束员工的行为，使之达成相互配合的以控制为主的传统管理手段，自组织是通过共同认可和遵循的文化理念来引领员工行为，使之自动自发、各尽其责、默契配合。文化管理带来的是深层次的思维模式的转变，这种转变是充满生命力的，让组织内部成员不是以生硬的职责链接在一起，而是以共同的目标和价值观形成一个整体，推动组织与内部成员之间、内部成员与内部成员之间的命运共同体的形成。

第二，自组织是一种多中心、多角色的组织形式。区别于传统的以指定负责人为核心、以岗位职责为基础的组织系统，自组织内的员工能根据工作目标和工作场景的变化，灵活调整自身角色，这样人人都可能成为中心，由原来的中央集权变为多个中心协同合作。

第三，自组织颠覆了传统的强调自上而下进行控制的权威系统。传统的组织结构强调的是自上而下的权威传递，权威集中于金字塔的顶端，员工按照工作指令去做事情，因此信息的传递也同样是自上而下的。而自组织破除了这种固有的思维模式，员工根据工作需要来转换自身角色，因此企业内部由过去单一的、自上而下的行政命令权威系统转变为多元的、纵横交错的权威系统。

第四，自组织内部是以高度信任为基础的赋权式权力分配体系。传统的权力分配分为授权和分权，其中授权往往是有时间限制的，被授权者工作结束权力即被收回，且无需对执行结果负主要责任，所以授权通常出现在紧急或者临时发生变动时，发生在主要管理者分身乏术的前提下。而分权则是把部分权利分配给他人较长时间地独立行使，只要权力行使人不出问题，那么权力一般不会被收回，而且分权的幅度会随着双方信任感的增强或减弱而同步加大或减小，但是权力行使人需要对执行结果负主要责任，所以分权是一种经过长时间观察和考验，从而将权力下放给权力行使人的权力分配方式。所以，分权无疑比授权更进一步。而自组织内部成员的思维方式具有高度一致性，因此省略了分权过程中长时间的观察和考验，真正实现了高度信任基础之上的赋权式的权力分配体系。

第五，自组织是一种区别于传统的直线制或者矩阵制组织结构的不断衍生、变化的网状结构。传统的组织结构通过职责划分来构建工作边界，在分工和权限体系的制约下，组织内部成员只能承担有限的角色。而自组织是一种基于组织内部成员自身价值体现的非线性的网状结构形态，它没有层次分明的管理层级，也模糊了壁垒森严的工作边界，每个内部成员都是网状结构上的一个节点，除了扮演好自身节点的角色外，还能形成新的触角连通到其他节点，构建出以自己为中心的子网络。这种网络结构不仅可以及时将外部的细微变化传递到整个网状组织，更可以通过节点的自我衍生实现对于外部变化的快速反应。

随着经济的全球化、开放化、一体化，金融资源、人力资源、管理资源等均已经突破了空间限制，更为自由地流动，传统的强调集权和科层的组织理论已经难以适应时刻变化的外部环境，组织结构需要更多的弹性来适应瞬息万变的社会环境。尤其是以互联网企业为代表的新业态的蓬勃发展引出的团队工作模式、网络型组织等新的组织形态，也让传统组织结构理论备受挑战。因此，传统组织结构理论体系急需变革，而通过表 2-1 的对比，我们可以更清晰地理解变革势在必行。

表 2-1　不同时期组织结构体系的差异

20 世纪	21 世纪
组织是中央集权下的各种功能的集合体	组织是一整个系统
组织中的各种因素因果关系可以预料	复杂的关系网络
中央集权式的协调和控制是必须的	分散式的各种自我组织和自我调节的流程
等级制度和官僚机构	精简的层级网络
股东利益至上	平衡各利益相关方
追求短期利润	通过不断改进和变革，追求长期的成功
变革被动地受项目驱动	变革被视为长期的、顺势而为的行为

在管理学中，组织职能的内容十分丰富，其中结构问题往往是最显著和最基本的，它是一个组织的各种运营规则及其变动所依附的基础。正如德鲁克所指出的，不存在唯一的组织结构，与丰富、生动的组织现实相比，所有的组织结构类型的划分都是简化的、粗线条的，即便是被归于同一类型的不同组织在其具体结构上也存在这样那样的差异。组织形态的多样性本身表明了这样一个事实：不存在某个特定的最佳的组织结构形式。每一种组织结构都有其产生和存在的具体环境背景，因而必须随着环境的变化而做相应的调整。然而，许多新的组织结构往往是由一些基本结构转化、分拆或融合而来的，随着科学技术和管理的发展，新的组织结构不断涌现，并将在一些新的领域成为主导结构，但它们并不会完全取代其他已有的组织结构形式。特定组织的组织结构的构建是一个长期的动态过程，组织设计的根本目的在于创造和保持组织的有效性，衡量其有效性的根本标准是稳定性与创新性的结合。每一个组织都必须从实际出发，在综合分析各种因素的基础上，选择一种或几种形式，以形成适合自身特点的组织结构。

思维之二 从“自上而下”到“自下而上”

案例 卡特里娜飓风的天灾和人祸——答案永远在现场

2005年8月28–29日，卡特里娜飓风袭击了美国东南沿海地区，共有370万人直接受到这次飓风的影响，有170万人申请联邦补助。造成的经济损失超过960亿美元。

美国联邦应急管理署（Federal Emergency Management Agency，FEMA）代表政府对飓风事件进行全权负责。FEMA成立于1979年，当时是由许多包括防火道确保公民安全的政府机构合并而成的一个大型机构。这一机构在本次飓风之后就被归入了美国国土安全部。飓风发生时，FEMA是一个官僚政治的、等级森严的组织。在做任何决策时都必须遵守之前建立的规则和程序，许多决策都需要最高管理者的许可才能进行下一步的行动。需要到达飓风现场的紧急救援人员被耽搁了好几天的原因竟然是FEMA需要首先解决委托的某组织工作场所的性骚扰事件。

尽管早已有了应对飓风和洪水的预案，但现场的情况还是使FEMA措手不及，当环境的复杂性远远超过了他们的计划与规则时，FEMA的官僚机构似乎瘫痪了。临时性住房和供应品尽管储存在离灾区很近的地方，却在飓风发生数月之后还没送到，其原因仅是因为没有得到上级的批准。尽管电视台报道说上千灾民被困在新奥尔良会展中心，FEMA的负责人却说他是看了一篇报道后才了解到这一情况的。很显然，没有人报告FEMA的负责人，导致他没有做出任何决策。组织没有能力把最新的信息及时报告给最高决策者，中层、基层管理者因缺乏上级决策支持而无法采取任何行动。

美国海岸警卫队（United States Coast Guard），是负责沿海水域、航道的执法、水上安全、遇难船只及飞机的救助、污染控制等任务的组织。FEMA的负责人布朗最终被撤职，代替他的是海岸警卫队的海军上校。美国海岸警卫队以扁平化组织而著称，他们有一句非官方的口号是“先斩后奏”。警卫队授权前线队员在紧急情况下可以根据实际情况独立解决问题，而不用等待上级的批准和决策。

FEMA和美国海岸警卫队是两个职能非常相似的组织，它们有相似的使命、规则和法律、法规，但因为拥有不同的文化，导致截然不同的决策及其行为[①]。

一、管理简史

管理者需要学习管理的历史，放弃了过去，我们就会变成知识上的难民。我们需要尊重历史，从历史中找到我们的基因，吸取历史教给我们的经验和教训，从中发现在现有环境下改良和突破的点与面。

（一）奴隶制与管理的诞生

管理作为一种职业与奴隶制的兴起有直接关系。随着奴隶和为契约所约束的奴仆数量的增多，主人便从奴隶中挑选一个握有特权的监工来控制奴隶。伴随着奴隶种植园规模的扩大，地盘的扩展，监工成为越来越不可或缺的角色，他们代表不在现场的主人，通过约束和扩展劳动力来鼓励和促进奴隶制的发展。亚里士多德提到了男人成为管理者的必要性，他们不仅要在农业领域里控制奴隶，而且要在家庭里控制妇女和儿童。

奴隶制引发了对管理者的需求，而奴隶的自我动机和忠诚度的下降更突显了管理者的重要性。历史上，东西方的奴隶们都不会被管理者们成功地动

① 资料来源：惠特利．领导力与新科学 [M]. 简学，译．杭州：浙江人民出版社，2016：210.

员起来为其主人劳作。哪里有压迫，哪里就有反抗，他们会因残暴、向上爬的梦想或主人的认同而被动员起来，却很少认同自己的劳动产品或生产产品的过程，经常推卸保护主人财产的责任。在历史或文学作品中我们经常会看到，奴隶们通常被主人痛恨、贬低、恐吓，被认为是要被使用、被操纵、被束缚和被惩罚的不听话而又没有自主权的低下的人。从根源上说，管理与胁迫、不平等、因所有制和权力对生产率和技能的扩展都是不可分割的。

（二）从奴隶制到农奴制

随着罗马帝国的衰落，奴隶制开始演进成为农奴制。奴隶们被赋予了更大程度上的支配自己劳动的自由，农奴或者佃农需要在地主的土地上劳作，但被允许拥有一些交换产品和服务的独立性。地主们以骑士、家丁和武装力量作为后盾，以管家、总管的形式任命管理者，这些管理者监督并强制每项任务的完成。这些任务包括收税、管账，在人身上对农奴进行约束，并对其进行惩罚和罚款。

这一时期，由于常备军取代了民兵，人们不愿意服兵役，从亚洲到欧洲，军士——管理者被用来监督级别更低一层的人，强化军事服从。由于黑死病导致 1/3 以上的劳动力死亡，有几个欧洲国家的农奴在法律的强制下禁止离开自己的雇佣之所。英国的劳动法规定，农奴在没有地主许可的情况下离开土地是违法的，这样，管理者便充当了狱卒的角色。

（三）狄更斯时代的工厂

随着钱庄经济的兴起和贸易的拓展，商业中心在城市中兴起，工厂体系的资本主义模式得到了发展。这种经济模式对经营、协调和监督的需求大幅度增加，而雇佣关系、以市场为导向的市场规模、生产劳动规模的扩大，对通过管理来节省成本提出了更高的要求。管理者们对以下事情有着天然的兴趣：延长劳动时间、减少设备的投资、降低工资和原材料成本等。随之而来的是雇员生活恶化和为了最大限度地降低工资而产生的对管理者的需求。早期工厂里的个人没有权利支配自己的劳动，如果生病、怀孕或请假就不能保住工作。管理者执行工厂的纪律，根除潜在的麻烦制造者。阿莱西斯·德·托克维尔在19世纪初从法国到美国旅行的观察中写道：“当一个工人不停地专注于一个东西的制造时，他最终只会灵活地从事一种工作。但是，他同时失去了用心去思考工作指令的一般能力。”他会变得越来越灵巧，越来越懒惰，甚至我们可以说：他作为工人的方面得到了改进，而他作为人的方面却在退化。

（四）泰勒主义与科学管理

劳动纠纷不断升级与常态化，使生产常陷入停止，在这种情况下，强有力的工会被组织起来以阻止破坏罢工的活动。结果是管理者又有了个新角色，即工人的替代者和罢工的破坏者。在资本家找不到人可以取代技术工人的地方，或者管理者不能从事同业工会可以防备的复杂、综合的技术生产时，罢工往往能取得成功。这样的情况导致资本家将科学管理作为削弱有组织的劳工力量的方式。于是，泰勒主义和科学管理应运而生。

泰勒主张创造多层次的管理来监督劳动过程，以提升生产率。他坚信要对劳动者进行严格的控制，对工作过程进行细致的控制。泰勒主义是削弱工会，在不增加工作总额的情况下获取工人额外劳动的一种方式。泰勒说：“科学管理使集体谈判和工会成为不必要的事情。”他主张将工人个人与团队分割开，把对工作的控制权授予管理者，将每项任务分解为有一定次序的、精确定时的元素，按计件工资的方式支付工人工资。在这样的管理模式下，管理者要规定个人完成任务的动作和时间，并对工人进行严格的训练。管理者要包揽思考、计划和指导工作。由于效率的提升，在做大了蛋糕的基础上，工人的绝对收入有所提升，因此工会接受了泰勒的思想。

泰勒的理论使生产过程的管理控制合理化，把资方和雇员都排斥在了决策过程之外，于是管理者日益成为所有权和经营权分离情况下企业的决策者。

（五）科学管理之后的管理

从管理的历史中我们可以看到，管理诞生在“自上而下”的思维模式下，是为企业主（主人）服务的。随着组织所处的包括经济、政治、技术和社会文化环境的改变，人类的思维方式从牛顿思维转向了量子思维，管理也从

“自上而下”转向“自下而上”。但管理具有权变性的特点，它不同于技术，没有最优、最先进之类的标准，而是要结合不同组织自身的内外部环境，在“自上而下”与“自下而上”之间寻找到最合适的“平衡”。

二、美国、日本以及中国企业的实践

（一）美国企业的实践

自己动手、亲力亲为的清教徒精神，使美国社会一开始就不同于那些历史悠久、等级森严的欧洲国家，这点不仅体现在工人阶层，在企业主和管理者身上同样表现突出。第一次世界大战以后，随着美国经济的崛起和泰勒科学管理的影响，管理学的主要战场从欧洲移到了美国。按美国人自己的说法，1920—1970 年是美国管理的黄金时代，这期间诞生了一大批富有竞争力的国际化大企业，出版了一系列管理经典之作，包括钱德勒的《看得见的手》和德鲁克的《管理的实践》。其中有一本书被遗漏了，那就是闸瓦公司总裁吉文的《自下而上的管理》。吉文从军队退役后就应邀管理几家工厂，他很快意识到，以他的能力和经验难以胜任这个职位。他写道：“为了成功，我必须培养各厂厂长，尽量赋予他们自主管理权。这意味着，自下而上发起的事情越来越多，自上而下发起的事情越来越少……越来越多的管理者向下属施压，让下属赋予下属的下属更大权限，鼓励下属的下属充分发表意见、发挥主动性。”在公司里，吉文同意高层管理者的工作就是“让中基层管理者觉得自己能够放开手脚做事”，吉文认为，如果这一步成功了，就会带来全公司内的传播，涉及最底层的一般员工，连领班手下的蓝领工人也应参与决策。这就是“参与式管理”的最早实践。吉文“自下而上”的管理模式是美国一些大型公司成功的核心，他还坚信这一方法能够在政府机关和慈善机构运用。

吉文的文字几乎没有直接被保留下来，我们只能在德鲁克的著作里找到一些吉文的思想与实践。德鲁克在介绍吉文时提到，吉文的方法意味着决策必须“尽可能地贴近对应的行动”，他把责任的首要承担者叫作“火线管理者”——基层管理者。德鲁克认为：火线上的管理者从事基本的管理工作，其他一切都最终取决于他们的绩效。这样看来，上级管理层的工作是派生的，说到底是为了帮助火线管理者。从结构上看，所有权利和责任都集中在火线管理者；只有火线管理者独立完成不了的任务，才交给上级管理层。可以说，火线管理者是组织的基因，决定着所有高层机构的属性，所有高层机构的生长都以它为蓝图。任正非的“让资源更多地配置给前线能听到炮火的人”，说的也是这个意思。

在德鲁克的研究中，他把IBM、通用和惠普这样伟大公司的成功都归功为把管理者的角色定义为充当下属的“助手”。通用电气照明分部《管理宪章》的一条原则就是：没有明文规定归上级管理层的所有权限，都归下级管理层所有。惠普前总裁戴维·帕卡德说：“我们的成功在很大程度上要归结于决策权能下放到哪一级就尽可能下放到哪一级，通常是下放到组织中最低的，最靠近客户的那一层。”

随着量子思维对人类活动的影响，企业管理应该进行从“自上而下”到“自下而上”的改变。然而，与我们一般意义上理解的不同，美国的管理可能呈现出螺旋式的特征。如果说泰勒的专家主导的以控制为主“自上而下”的管理被吉文的管理思想和实践的“自下而上”替代，那么MBA教育的发展及其理念带来的是一种以管理专家为主的“自上而下”的模式。

肯尼斯·霍博在《清教徒的礼物》一书中，把这一模式称为“新泰勒主义”，他认为，随着商学院的影响力变得无处不在，股东利益至上的观念变得越来越严重。到了20世纪90年代，它发展成了一套正式的理论：股东价值学说。商学院反传统文化的胜利几乎导致整个企业界抛弃了优秀管理实务背后直接或间接的原理，高管团队共治退化为首席执行官专制，通才型管理者退场，财务人员登场。“自下而上”变成了“自上而下”。高层管理者不再是从基层做起，而是半路出家或者是扣个MBA的帽子直接上任，这些职业经理人既非全才型也非通才型，缺乏行业领域知识，主要从统计和财务角度看待商业乃至任何问题。

美国的商学院在20世纪60年代迎来了自己的黄金期，从70年代开始，一大批公司高管拥有了MBA学位，带来了美国大企业的一些变化，主要体现在以下四个方面：

第一，高管团队的人员结构发生了改变。传统的CEO一般来自中产阶级家庭，他们许多人是半工半读上完大学的。新一代管理者只分两类：有MBA学位和没有MBA学位，前者比后者更容易升到最高层，这使后者特别是后者中的工程师失宠后产生沮丧。这也许是20世纪的嬉皮士精神被工程师们接受的一个重要原因，这些工程师的反叛精神成为后来互联网精神的基因。

第二，通才型加全才型管理者大大减少。这样的管理者只有从底层做起，在很多部门历练过，获得领域内专业知识才行，新一代管理者们大多没有这样的经历。

第三，主导的管理模式从“自下而上”变成了“自上而下”。新一代管理者们不会认为只有大学文凭的中层管理者和连个大学文凭都没有的蓝领工人有值得自己学习的地方。

第四，管理者的视角变窄。传统通才型和全才型的管理者，管人、财、物，同时使用定量与定性的方法，从多个角度分析和看待问题。商学院培养出来的管理者，专注理财，主要使用定量方法，主要从盈利角度考虑和分析问题。

加拿大学者明茨伯格教授长期以来对以哈佛商学院为代表的美式MBA教育进行了猛烈的批判，他在《培养管理者，而非MBA》一书中说，作为哈佛商学院教学范式核心的案例研究法“训练学生用最肤浅的答案回答问题”，还“鼓励管理者脱离基层”。

（二）日本企业的实践

与美国企业的管理不同，日本商业文化中更加注重哲学层面的思考，自大化改新到明治维新，日本企业吸取中国儒家文化的精华，并把它融入企业管理之中。明治维新以后，日本从“和魂汉才”转向“和魂洋才”，在制度和技术上全面效仿欧美，但在伦理道德上仍推行儒学道德。第二次世界大战以后，日本企业虽然大力引进欧美先进的管理技术和方法，但是其价值观、道德规范仍然建立在传统儒学基础之上，对人的关照一直是日本企业非常重视的。

19 世纪晚期仿照英国工业建立起来的日本工业，具有两个特点：等级森严和管理者、员工缺乏技术资质。20 世纪初，日本企业转而学习德国，开始非常强调管理者的技术教育背景。然而，等级森严导致的沟通不畅、决策效率低下的问题一直没能得到有效解决。

“二战”后，美国派出经济、管理小分队去日本，在帮助日本建立起市场经济体制的同时，美国 CCS 工程师们还帮助日本建立起“自下而上”的管理体系。

1945 年 8 月 28 号，一支主要由美国陆军通信部队官兵组成的先遣分队到达日本。先遣分队的主要任务是在麦克·阿瑟的指挥部创建一个民用通信部门（Civil Communications Section，CCS）。1945 年 10 月 2 日，CCS 正式成立。其工作人员主要是从 AT&T（美国电话电报公司）的总公司及其制造中心西部电子以及该公司的数个地区子公司“贝尔宝宝”和 AT&T 的研究中心贝尔实验室招募来的工程师。

这使日本民用通信系统很快恢复了运作，但因为缺少可靠的设备，经常出现故障。美国国会拒绝出资购买美产设备运到日本，CCS 只能依靠日本本土的通信设备制造商，而这些制造商又没有能力生产质量合格的设备。结果，CCS 的工业分部（从美国招募而来的工程师就在那个分部工作）实际上变成了管理咨询公司，其主要工作就是把当代美国管理方法传授给日本通信设备制造商。日本的通信行业迅速采纳了美国优秀实务的原因大抵如下：首先，一方面因为 CCS 工程师的个人权威，另外一方面因为盟军的压倒性胜利，所以 CCS 工程师最小的意愿也被日本人奉为命令。其次，CCS 工程师还充当了日本通信公司事实上的采购代理。再次，日本管理者普遍认识到，要参与战后竞争只有进行现代化，而 CCS 的工程师掌握着现代化的钥匙。CCS 团队在日本开展管理培训，从撰写培训手册到课堂教育，再到现场实践指导。参加

CCS培训的日本学员把从美国老师这里学来的东西与自己的传统管理方法结合在一起，创造出一种别具一格的日美混合的模式。日本人在决策上也下放了权力，但没有直接下放给基层，而是下放给了中层课长一级，这种状态一直延续至今，课长系统成为日本管理的核心和灵魂，形成了独具特色的“自中而上”模式。

在美国和中国的公司里，都没有一个可以和课长对应的职位，只有一个类似的岗位——经理助理，但课长是直线职位，经理助理更多地属于参谋职位。本质上，课长负责一个领域内的所有事务。课长系统的优势在于：与一组产品有关的信息都集中在一个人手里，有利于快速决策和解决问题。缺点在于：课长责任太多，担子重，而他们的上司（部长）相对太闲。

近些年来，许多日本企业面对外部环境的变化，对课长体系进行了诸多改革，主要思路与做法是，让部长一级承担更多的责任，也有一些企业试图进行组织扁平化再造，去掉课长一级。

（三）“管理”在新中国

中华人民共和国成立初，我国逐步建立了计划经济体制的轨道，私人企业基本被取缔，国有企业组织基本没有也不需要独立的运作，只是国家计划中的一个执行单位，也基本按行政管理的理念和方式来管理企业。1949—1978年，从全球范围的影响力来看，“鞍钢宪法”是具有创新性的管理思想和方法。1960年3月，毛泽东在中共中央批转中共鞍山市委《鞍山市委关于工业战线上的技术革新和技术革命运动开展情况的报告》的批示中，以苏联经济为鉴戒，对我国的社会主义企业的管理工作做了科学的总结，强调要实行民主管理，实行干部参加劳动，工人参加管理，改革不合理的规章制度，工人群众、领导干部和技术员三结合，即“两参一改三结合”的制度。1961年制定的“工业七十条”，正式确认这个管理制度，并建立党委领导下的职工代表大会制度，使之成为扩大企业民主，吸引广大职工参加管理、监督行政，克服官僚主义的良好形式。当时，毛泽东把“两参一改三结合”的管理制度称为“鞍钢宪法”。

“鞍钢宪法”的核心内容是，坚持政治挂帅，加强党的领导，大搞群众运动，实现“两参一改三结合”，大搞技术革新和技术革命。这五条成了当时办好社会主义企业的基本原则，而最为核心的就是参与管理，这就是“三结合”的模式。这一管理模式既能发挥技术人员的才能，又能发挥领导干部的组织作用，还能保证工人当家作主，保证政权防腐。

对于毛泽东批示的“鞍钢宪法”，美国麻省理工学院管理学教授罗伯特·托马斯评价说：毛的主义是“全面质量管理”和“团队合作”理论的精髓，它弘扬的“经济民主”恰是增进企业效率的关键之一。到了20世纪70年代，日本的丰田管理方式以及全面质量管理和团队精神实际上就体现了毛泽东所倡导的充分发挥劳动者个人主观能动性、创造性的“鞍钢宪法”精神。欧美和日本管理学家认为，“鞍钢宪法”的精神实质是“后福特主义”，即对福特式的僵化、以垂直命令为核心的企业内分工理论的挑战。用眼下流行术语来说，“两参一改三结合”就是“团队合作”。

在传统的计划经济时代，在管理经济的宏观层面，我们是绝对“自上而下”的，但在微观的企业内部管理层面，在体现工人阶级是国家主人翁的政治主张下，在民主集中制的决策思维下，企业管理模式介于“自上而下”和“自下而上”之间。

在计划经济时代，我们基本不用“管理”一词，大学里也没有商科、管理学科。1978年10月22—29日，邓小平作为中国国家领导人，在“二战”后首次正式访问日本。在为期八天的访问中，邓小平怀着浓厚的兴趣先后参观了新日铁公司、日产汽车公司和松下电器公司三个大企业。乘坐新干线从东京去关西时，记者问他有何感想。他说：“快，真快！就像后边有鞭子赶着似的！这就是现在我们需要的速度。”“我们现在很需要跑。”他还说，“这次访日，我明白什么叫现代化了。”邓小平了解了当时世界上最先进的君津钢铁厂的连轧生产线和计算机控制技术，这家日本企业后来成为中国第一座现代化钢铁厂——宝钢的样板。邓小平说，为了管好宝钢，需要日本人帮助中国人学习管理技能。

邓小平离开日本后，一个由北京、天津和上海的主要经济官员组成的代表团，在日本考察一个月并提交了总结报告，报告的主题是“中国应该如何学习日本的经济管理”，并且成立了质量管理协会和企业管理协会，强调学习日本管理体系和制订培训计划。

从此，新中国拉开了学习西方管理的大幕，起点是学习日本的管理。一些大学开始恢复或组建管理学科，如复旦大学于1979年建立管理科学系与经济管理系。20世纪80年代初，复旦大学的教授到我生活的城市给兰州石化和兰州炼油厂开讲座介绍日本的科学管理，当时在场的国企干部们那种如饥似渴的学习劲头至今还清晰地浮现在我的脑海中。而当我坐在复旦大学经济管理系的课堂里学习的时候，“全面质量管理”和“全员培训”已基本上是企业宣传标语的标准配置了。我学习管理的第一堂课的内容就是“管理的两重性”——管理既有自然属性，也有社会属性，因此，社会主义也可以运用科学管理。当初大学里教授管理学的老师基本分三派：一是从政治经济学专业转过来的；二是去日本学习回来后介绍日本管理的（占主流）；三是年轻时有留美经历介绍美国管理的。日本管理带给我们的有三个关键词：全面质量管理、全员培训和企业文化。前两个进入20世纪90年代后就基本不多提了，企业文化倒是一直喊到现在。1980—1992年，这一时期的企业基本有两类：一类是传统的国企，在传承了工人当家作主的企业文化的基础上，学习日本的现代管理，特别重视技术专家和质量，更多地呈现出“自下而上”的特征；另一类是少量的私人企业，由于这类企业规模较小，且生产技术含量不高的产品，大多采用直线制的全能型管理者的模式。

1992年以后，随着MBA教育在中国兴起和快速发展，我们的管理基本上是追随美国，言必称哈佛或德鲁克，学习的方式和风格可以用追流行语来概括：学习型组织、流程再造、6西格玛、蓝海战略、长尾理论等。在学习西方管理的同时，我们自己也创造或实践出一些“管理思想和方法”，也有学者想尝试构建中国企业自己的管理思想和管理模式。

当前，“管理”一词似乎显得平淡，中共十八大提出“国家治理体系的现代化”后，“治理”成为一个社会各领域的“热词”。人们对“治理”的理解是高于“管理”的，认为管理是单向的，而治理是双向的，被管理者也可参与到管理中来。伟大的韦尔奇先生在任时，他就很反感被人称为伟大的管理者，代之以“领导者”。我们现在也大谈领导力与执行力。

中国企业性质多元化，包括国有企业、民营企业、外资企业、合资企业等。传统行业和新兴行业的企业在管理的“自上而下”还是“自下而上”上，呈现出因企业历史与文化的基因、企业领导人的价值观与偏好和行业特征等因素的影响而产生的差异。鉴于中国传统文化的“集权”基因，中国企业管理未来可能的路径是从“自上而下”到“自中而上”，再到“自下而上”。

思维之三　从“场”的角度看企业文化

小学一二年级的时候，我喜欢看男生用一小块吸铁石吸周围撒的大头针；到了四五年级在听评书《岳飞传》时，我好奇这声音从哪儿来的；前一阵，我一直在琢磨“百度云”到底是个什么样子的东西，我存在那的东西安全吗。我从大学的管理学院出来，进入了一个环境完全不同的组织，我开始想：到底是什么导致一个组织的风格不同于其他组织。如今我在探究：在什么样的环境中，到底是什么因素促成了不同组织的气质，我喜欢和适合什么样的气质。

场的理论告诉我们，“场”可以产生无形的影响力，那么，物理学中的“场”不就是我们管理学中的组织“文化”吗？以前，我们将愿景理解为“设计未来，为组织设定一个长远的目标”，我们以为，目标越清晰，未来对现在的指导作用就越大，这体现了典型的牛顿思维。如果我们改变一下思维方式，将组织的愿景当作“场”来看，结果发现文化就是那根把散落在组织内的各种独立的个体穿起来的无形但却无比柔韧的细线，文化就是那个能吸引住各种铁质东西的吸铁石。在一个企业中，企业文化就是那根细线、那块吸铁石。

一、量子世界的“场”与企业文化

物理学中的“场”是一种特殊的物质，不是由分子、原子组成的，没有大小，没有形状，没有质量，看不见、摸不着。之所以还称之为“物质”，是因为它的确是“客观存在”。牛顿首先提出了重力场，爱因斯坦的相对论对重力场提出了不同的见解。

在牛顿物理学中，空间就意味着空，物质毫不畏惧地在空无的世界里孤单地行走，很少与别人相遇。存在主义哲学认为，只有我们自己创造出来的东西才对我们有意义。在广袤、孤独的世界里，我们对外部的影响极其有限，除非你有足够的力量和耐心，碰到另外一个对象，并且还要让他“懂你”并引起对方的反应。物理学中的“场”是一种可以存在于真空的“张力”或“压力”，它借助产生“力”对该空间中所有的物质起作用。

在量子世界里，空间不再是“空”的，虽然量子力学也认为“场”是空间中一种不可见的力，但是我们能观察到它们产生的效应。物理学家威尔茨克描述了不可见的力量是怎样产生可见的影响的：在观察鱼的时候，一条鱼游过时，如果我们发现另一条鱼改变了一点方向时，我们可能会认为第一条鱼对第二条鱼施加了压力。但是，如果看到所有的鱼都很整齐地改变着方向，我们就会怀疑是其他的介质正在影响着鱼们的运动。即便我们看不到这种介质，我们也可以对这种介质做实验，比如在介质中制造干扰，再观察鱼的反应。

生物学家鲁伯特·谢德瑞克将“场”描述为“不可见，不可触摸，不可听，不可品尝，不可闻”，一般情况下五官无法感知。但是在量子理论中，它们像粒子一样是真实存在的。有工科背景的作家盖瑞·祖卡夫将它们称为“宇宙物质”。我们在试验中观察到的粒子是场与场相互作用的结果，是场的一种表现。两个场相互作用时，就可能有新的粒子产生，但这些粒子的寿命是很短的。粒子出现和消失的变化无常，是不同场之间相互作用的结果。

鲁伯特·谢德瑞克提出一个概念——形态场。他认为存在一个形态场，这种场影响着物种的行为，这种场本身几乎没什么能量，但是它能控制其他的能量，形态场是在同一物种学习过程中技能不断积累的基础上形成的。在某些成员（不是特定的）掌握了一种技能后，比如骑自行车，这种技能不断在形态场中积累，当某个成员的能量与其结合在一起时，形态场就会规范这个成员的行为，他们不必实际去学习这种技能，而是将其简单地从这个场中“拉”出来。按照专家的说法，他们是通过“形态共振”来掌握技能的。

谢德瑞克将这一过程描述为“个体受其他同类个体的影响”。玻姆说，这些场具有能被“接受者的能量接纳的形态”。

现在人们认为空间充满了场，场是不可见的、非物质的影响力，场是宇宙的基本组成部分，但是我们能观察到它们产生的效应，场已成为解释“超距作用”的一个非常好的工具。“超距作用”是指一个物体没有接触另一个物体的时候，就能引起另一个物体的变化。

近百年来，各种场的理论备受挑战，没有人能真正说清楚场到底是什么，但有一点是明确的：空间不“空”，无限的因素影响着我们的行为。比如，我们天天使用的互联网，有谁看见过它到底是什么样的？又有谁在黑夜里看到过支配我们行为的心灵地图——心智模式呢？

如今，我去企业做培训，走进课堂一小时左右，就可以基本上把握该企业的文化脉搏。因为企业的气氛和员工本身就是企业文化最外在的形式——气质与味道。当然，更重要的是了解和把握这些外在现象背后的意义，它们才是企业文化实质性的东西，这在很大程度上与“场”的力量有关。

多年前，我到一家合资公司为中层干部做管理培训，第一次走进培训教室，那是下午五点半，是在他们一天的工作之后，二十多名学员面部表情非常自然，并没有在许多地方常见的那种疲惫与无奈，课程开始后，大家非常踊跃地参与互动。课间休息时，我对他们中的几个人说：“看来你们对公司是比较满意的。”他们回答：“你怎么知道，一定是你认识我们公司的人。”我说：“你们的满意就写在了你们每个人的脸上。”

几年前的冬天，一位朋友介绍我为一家民营公司设计一个管理培训的方案，该公司的总经理对32位中层干部不满意，希望通过培训提升他们的工作意愿和能力。基本情况是该公司是外地企业，进入上海后，业务发展得特别快，在上海已有28家专卖店，随着规模的扩大，总经理精力不济，而让他着急的是店长们能力不足，更不愿意承担责任。那是一个夜晚，天很冷，我如往常一样提前半小时来到培训现场，32位中层干部陆陆续续地进来，各自坐在位子上，相互之间几乎没有打招呼的。我跟他们主动问好，他们也都低着头，不自在。后来我知道，他们下班后马不停蹄地从上海的各个角落赶来，大多数人没有吃晚饭。那是我近十多年的授课中课堂气氛最沉闷的一次。一个问题抛出后，所有人都低着头，当我请个别学员谈谈时，几乎个个声音低沉、犹豫，听者面无表情。我开玩笑说：“你们再不说话，我就走了。”这时，坐在前排的一位女士站起来转过身用手指着其他人喊道：“你们快说。”我赶紧跑过去拉住她。教室里死一般的静，那位女士是公司的副总经理。

接下来，我与其中一些人进行了沟通，他们说老板根本就不信任他们，甚至还设了各种陷阱使中层干部之间相互防范。平时在工作中更多的是批评和罚款，所以每次上课他们要从全市各个分店赶到浦东的总部却没有一个人敢迟到，那一百元的罚单让人害怕。他们几乎都是饿着肚子的，公司为什么就不能为他们备一点点心和热茶呢？听了这些，结合那位副总经理的行为，我也就不难理解学员的表现了。

如今，我们越来越重视人力资本，舒尔茨在《穷国的经济学》一文中说：“人的能力和素质是决定贫富的关键。”企业之间的竞争关键是人才的竞争。其实人才固然重要，文化才是关键。顶尖的人才，可以通过合作生产出世界上最好的产品，也可以上演最惨烈的争斗。如果组织缺乏富于凝聚力和团结合作精神的文化，这个组织不过是一盘散沙，就算人才再多，也无济于事。人力资本最奇特之处就在于，它与物质资本是不同的，不可能像按电钮那样输出预定功率或做预期的行为。优秀的人才能否发挥突出的作用在根本上取决于文化的软件作用，而不取决于硬件的作用。“人才 + 好的文化”才是生产力。

20 世纪 70 年代中后期，大量高品质、低能耗的日本产品涌进美国，日本人开始在美国设厂，买下美国的产业之时，面对这个突然冒出的“后来居上者”，美国管理学家对日本企业进行了全面研究后得出的结论是：日本的企业文化是他们制胜的法宝。如果说，全面质量管理是“术”的话，那么企业文化就是“道”，是“灵魂”。日本企业的成功说明，管理方法、工具等“术”的层面的东西可以从外部学习、引进，但“道”的层面的“精神”一定是组织内生的。

企业文化这一概念于20世纪80年代传入中国，早在20世纪80年代初期，企业文化就在国有企业界火了一阵子，虽然国有企业界对企业文化关注较多，但很多企业领导与员工对企业文化的概念却十分模糊，以致当时许多国有企业文化建设停留在低水平的封闭型企业文化阶段。最初企业文化归企业的宣传部门负责，现在同宣传部门一并归到党群办公室了。企业文化常被单纯地认为是企业的政治思想工作，或者用企业职工的文体活动代替“企业文化”。也有一些国有企业仅将“企业文化”体现在一些大同小异的口号和标语上，或规章制度及企业标志上，没有真正体现出企业员工所追求的价值观、经营理念和企业精神等深厚内涵，没有真正发掘出企业员工中蕴藏的推动企业持续健康发展的强大力量。

二、企业文化到底是什么

企业文化（Corporate Culture）又称公司文化、组织文化，是指企业面对其所处的社会和商业环境所形成的，为全体员工所接受和认同的，为争取组织事业成功的一套非正式的规则。企业文化由组织的传统和气氛等构成，体现着一个组织的价值观，而这些价值观则会成为组织成员活动和行为的规范。如此看来，企业文化就是把企业里的各种人串起来的那根无形而又坚韧的细线。

“企业的运作还是要靠制度来约束，这样企业成员必须有一个共同的规则。但同时，光靠规章制度又是不够的，因为规章制度不可能细化到每个角落、每个细节。在规章制度不能触及的地方，在一些非常规状况下，就需要企业文化来发挥作用。企业文化的意义在于，没有在规章制度中明确规定，但是遇到问题大家都知道该这么办。”①

一个企业定什么样的规章制度受其制订者自身的价值观影响，这样一来，

① 中国企业家调查系统．企业家与企业文化：2005中国企业家成长与发展报告[M].北京：机械工业出版社，2005.

规章制度背后的魅影依然是文化的东西。

（一）企业文化是一种商业价值观

中国的改革从“白猫黑猫抓住老鼠就是好猫”到“社会主义市场经济体制”的确立，都是从文化的中间层次——制度文化的改革入手，这样一些制度的改革极大地促进了当时社会生产力的发展。但由于我们没能深入地触及文化的最深层面——精神文化，导致原有的制度文化对经济发展的促进力下降，甚至一些制度已严重阻碍了经济的发展。为此，我们必须回到精神文化的层面来反思，推动这一层面的变革，以期推动制度文化的改进并在此基础上改变行为文化和物质文化。可以毫不夸张地说，价值观、道德观和思维方式等精神文化层面的东西是文化的精髓，是一个国家经济发展的内在力量，其中价值观决定并影响着一个特定社会的发展模式和发展进程。价值观是人们在认识具体事物价值的基础上形成的对行为具有指导性的有关事物效用的观念意识。更通俗地说，价值观是价值主体用以判断和衡量价值客体（事物、想象和行为）的基本标准与尺度，它是人们行为的终极源头。

价值观是影响个体行为的重要因素，而人的价值观是相对稳定和持久的。价值观决定着人们的行为方向和能达到的程度，即决定了人们向往什么、追求什么、喜欢什么、推崇什么。当前，商业社会价值观的来源主要包括五个方面。

1. 宗教

目前全世界的宗教种类繁多，尽管其信条不同，但很多宗教会传播这样的观念，即有必要建立一个秩序良好的社会系统，并且在他们的教条中强调要承担社会责任，必须按有助于促进全体福利的方式或至少不会损坏它的方式去行动。这样一来，宗教无疑会影响到信众的价值观。信众中的商人把指导自身日常行为的原则带入商业活动中，这些原则就成为商业价值的来源之一，进而对商业文化产生重大影响。

2. 哲学

古希腊先哲的思想是西方商业社会价值观的来源之一。苏格拉底曾说，美德与合乎道德的行为同智慧是相联系的，在生活中，学到了这种洞察力，自然就能引导正当的行为。新教徒们一直用它来指导现代公司中法律底线之上的行为。著名哲学家约翰·洛克、约翰·穆勒等的思想丰富了近现代商业价值观的内容。儒家哲学强调以自身的道德修养来获得智慧，并以此引导君子的行为，儒家的义利观也是指导中国商人行为的基本准则。

3. 文化背景

文化可理解为一代人接一代人传下来的一套传统的观念、规则、标准。在决定价值观时，这些规则和标准常常起着十分重要的作用，个人总是在大众文化背景中做出个人行为的。人类社会的伦理道德发展经历了三个不同的阶段：打猎谋生阶段、农业阶段和工业化阶段。社会文化背景是企业文化形成的基础，对其产生直接影响。

4. 法律

法律是全体国民意志的体现，是国家统治工具，用以指导和规范社会中的个人行为，是伦理期望的合法化，并随时间的推移而发生变化。但法律并不能覆盖社会全部的伦理要求，也不能指导所有领域的行为。法律规范所涉及的领域越来越宽，对违法行为的惩罚越来越严，引起了商业行为标准的不断提高。

5. 其他因素

包括历史背景和政治制度。每个企业在生存的过程中，都会形成自己的文化，中国企业生存与发展的外部环境具有这些特征：一是中国传统社会的“重农抑商”思想，不鼓励大规模的商业交换活动；二是农业社会的封闭、粗放式经营；三是计划经济体制带来的僵化；四是过于强调集中，个人利益绝对服从集体利益。这些也是曾经我国企业文化的典型特征。

总体来说，中国在历史上创造了辉煌的农耕文化和皇权（官本位）文化，而这两类文化在一定程度上抑制了市场经济所需的商业文化的培育与发展。在管理企业上，我们还要俯下身向先进的跨国公司学习。如果我们执意要用农耕文化和官本位文化下的价值观来指导我们的商业活动，那么就必然导致有事找市长而不是找市场，处理问题靠关系而不是靠规则。

由于当下资本、技术、品牌等商业活动的要素可以在全球范围内自由流动，故企业的竞争力一定是全球性的。为此，企业的管理可能就更加具有一定的普遍性。在市场经济环境中，有两个不容怀疑和讨论的商业价值观：一是顾客是企业最重要的利益相关人；二是企业赚钱必须遵循相应的伦理规则。

（二）中国企业文化的来源

谈到建设企业文化，十多年前，大唐电信科技产业集团前董事长周寰说，大唐电信成立之初就确立了“建光荣的国家队，做自豪的大唐人”的理念。在建设公司企业文化的过程中，他们坚持了四个特色：①中国有几十年的社会主义传统，这跟资本主义是不一样的。有些社会主义的价值观一定要融入企业文化中去，如为社会奉献的精神。②企业经过四十多年的发展形成了“严格、严厉、严肃”的工作作风和一丝不苟的工作态度。③中国有五千年的中华文化传统，要将仁者爱人和国家兴亡匹夫有责等纳入企业文化中。④要继承在国际经济交往中，在市场经济条件下已经形成的先进文化，如讲诚信、尊重人性、合作双赢等[①]。

从这位知识分子出身的企业家的归纳及其所在企业的实践中，我们可以梳理出中国企业文化来源的大致脉络。

1. 西方管理理念的影响

任何一个企业都有自己的企业文化，但是把企业文化当成一种理念、理论，作为企业管理的一部分，中国企业还是深受“西学东渐”的影响。从20世纪80年代初拉开学习西方管理经验的大幕之后，我们学习的西方管理就是全面质量管理和企业文化，从此我们开始模仿学习日本和美国的企业文化。20世纪80年代以日本为主，以实务为主；90年代后，随着MBA教育在中国的兴起和快速普及，我们的兴趣点转向了美国模式与经验，更加注重外在形式的企业文化建设，体现在对使命、价值观、企业形象设计等方面的表述和

① 中国企业家调查系统．企业家与企业文化：2005中国企业家成长与发展报告[M]．北京：机械工业出版社，2005.

渲染之上，从而也走向了企业文化建设与企业绩效两张皮的道路。各类在华外资企业也为中国企业文化建设提供了学习的真实样本。

2. 传统文化的印迹

企业是一个集体组织，我国企业的每一位成员，无论是管理者还是普通员工，都或多或少地受到中国传统文化的影响。有思想的企业家们总是借其中之力来为自己或为企业服务。平安保险公司在企业文化建设方面，强调以中国传统文化精髓为基础，以儒家文化之仁、义、礼、智、信为做人的基本准则，融合西方先进的科学技术和现代管理经验，以专业、价值为做事的基本准则。海南航空创始人陈锋本人就对传统文化非常感兴趣，他带头建设的海航企业文化的“同仁共勉”十条、“员工信条”等都包含着传统文化的印迹。

3. 社会主义企业管理实践的影响

我国改革开放之前30年的社会主义建设和企业管理实践，对后来的企业和企业家们产生了深远的影响。这主要表现在改革开放以后诞生的初创企业家们，一类本身就是从国有企业体制内出来创业的，另一类是以前没有企业管理经验的。而当时国有企业代表着先进，所以初创企业家们纷纷学习和实践传统国企的“三老四严”“爱厂如家”“革命加拼命”“有条件要上，没有条件也要上”的企业精神。由于改革开放前的许多国有企业有军工背景，再加上改革开放后的创业企业家许多都有军队生活的经历，因此我们的企业文化受到了军旅文化的影响。在这样的背景下，商场就是战场，生产就是打仗，解决技术问题或生产难题叫“攻关”，提高工作技能叫“岗位练兵”等。这一条中国企业文化来源的脉络带来的问题就是企业的“行政化”，比如有许多民营企业早期连内部的组织结构都是从国企照搬过来的，部门称为“处室”，管理者称为处长、科长等。

4. 企业文化就是领导文化

在一定程度上，企业领导的价值观和个人喜好决定了一个企业的文化特征。我国的一部分企业尚未建立起科学、完善的现代企业治理结构，集权文化依然比较常见，再加上中国企业赖以生存和发展的环境不确定性大，创业者个人的智慧和能力往往是企业成功的关键所在，因此这一特征更加明显。

5. 企业自身发展的需要

企业领导者希望通过企业文化来展现企业的目标和愿景，以此影响员工的行为。所以在企业文化建设的过程中，会把价值观的倡导与企业发展的阶段和所处的外部环境紧密结合起来。华为初创期倡导的是“狼性”文化，强调加班式的床垫文化。随着产品不断走出国门，在初级国际化阶段，任正非以“爱国奉献”的精神来凝聚人心，后来又适时地提出了新的核心价值观。华为新的核心价值观体系由三部分组成：愿景，丰富人们的沟通和生活；使命，聚焦客户关注的挑战和压力，提供有竞争力的通信解决方案和服务，持续为客户创造最大价值；战略，质量好、服务好、运作成本低，优先满足客户需求，持续变革，实现高效流程化运作，与利益相关人共同发展。

2012 年 11 月，百度公司董事长李彦宏在内部邮件上提出“鼓励狼性，淘汰小资”，这并不是他一时心血来潮。就当下而言，百度至少存有远、中、近三类危机：近有奇虎 360 在搜索领域的诡异突袭，中有淘宝在广告领域的赶超，远有移动互联网迟迟破不了局。这些危机虽非火烧眉毛，但如若不让管理阶层尽早引起重视，不让百度年轻才俊从“李彦宏跳华尔兹”“年会肚皮舞”等小资情调中清醒过来，“百度离破产永远只有 30 天”的警告不是妄言。为此，李彦宏适时提出“狼性之说”。在他看来，百度要勇于自我否定，主动引导用户尽早往移动业务迁移，而不是拼命维持现状，把用户留在 PC 上，同时要加大在新业务和创新方面的投资。执行上，要鼓励锐意进取、嗅觉敏锐的“狼性”，淘汰悠闲的“小资”，减少管理层级和会议，提升效率，让公司的使命和文化高于 KPI（关键绩效指标）。这些突出的企业文化特征都与企业自身发展的需要紧密相关。

（三）把理念转化为行为，企业文化就是企业做事的方式

企业文化是企业管理中最模糊的领域，也是迄今为止最具挑战性的一环。企业领导人所倡导和崇尚的价值观（大脑与哲学）要通过领导人的手腕（企业管理的制度和流程）固化在企业日常管理活动之中才能产生绩效。而企业行为带来的企业持续成长的驱动力才是企业文化的功能所在，因此，企业文化本身就是行为方式的选择。如果企业文化只是停留在理念的层面，而不是追求员工行为习惯的形成和行为模式以及明确的价值行为选择，那么企业文化就只能沦为企业的“口号”。

一般来讲，企业文化包括五大要素：①组织环境（软、硬件环境，工作环境）；②价值观（对顾客、员工、股东的重视和对管理人员管理水平的重视）；③英雄人物；④典礼仪式；⑤文化网络（文化传播的载体和渠道，一类是企业的文件、会议、培训、报刊等，另一类是文体活动、节日联欢等）。

我们可以从以上五个方面来努力把企业文化理念转化为员工统一的行为，其中，企业推崇和视为楷模的英雄人物、企业注重的典礼仪式、企业领导人与成员交流的方式以及与利益相关人的交流方式是非常直观的塑造企业文化的形式，也是外界评判企业文化最直接的方面。企业的英雄人物通过他们现在或以前的事迹为企业设定了道德标准与道德方向，他们是榜样。对于企业内外部的人而言，他们是企业的象征，他们维护着企业所倡导的价值观，他们的日常行为设定了优秀的标准，并激励人们朝此方向努力。英雄人物的设定一定要与企业所宣称的使命和价值观一致，否则会使内部员工无所适从，使外部对企业产生不信任感。近年来，一些组织选拔干部时，常喊的一句口号是“不让老实人吃亏，不让奸猾者得利”，可现实中也会出现敬业又专业的“老实人”通常忙于专业和工作而忽视了与领导沟通，而让那些愿意花更多的时间在人际关系上的人得利的情况。这也会影响员工对企业的信任。英雄人物指的是在组织各类考评中得优的人，是那些各类资源朝其集中以更好地完成组织目标的人，是最高领导者在各种场合赞赏的人。价值观比较抽象，但放到具体的故事中，会得到形象的说明。故事不仅容易记住，而且能给人们启迪。企业文化需要一个符号，也需要会讲故事的人。一些卓越的商界领导人往往也是讲故事的高手，如通用电气的韦尔奇、上汽集团的胡茂元等，诺德斯通零售公司的故事更是被人们津津乐道。该公司长期执行愉快接受顾客退货的政策，即使顾客没有购货发票。这个故事的英雄就是那位售货员，他接受了已经用旧的轮胎退货，而实际上诺德斯通零售公司从来没有出售过这种轮胎。他们把这个故事反复讲给新员工听，说明了一个人人都能够理解的原则：诺德斯通零售公司就是设法要让顾客满意。仪式和交流有助于确定企业文化及其道德本质。从文化和心理学建设角度来看，神圣的仪式能减轻压力，鼓舞道德行为，这些仪式可将员工引导到一起，培育开放精神，促进跨部门交流和跨等级交流，这些活动能塑造一种重视人和企业目标的文化。

前段时间，72 岁的华为总裁任正非夜里在机场排队等出租，没有助理，一个人拉着行李箱，在等候的队伍里打电话，这一幕被拍下后引起了大家的关注。他的这种低调、独立、朴实的处事分格从一个侧面也展现了华为的企业文化。商场上讲究“胜者为道”，华为已经形成的持续性的影响力，使华为成为本土具有信仰的标杆企业。华为做事的方式也成为高校商学院的研究案例和一些企业家们模仿的对象。

胖东来百货企业文化的核心是“爱”。其员工在接待一位拾荒的女性顾客时，明知道顾客递上的 50 元钱是假币，仍然快乐地收下，待顾客离开后，用自己的钱换下了这张假钞。因为，员工知道这位顾客长期用自己拾荒换来的钱抚养弃婴，员工说：“她那么有爱心，我们相信她一定不是故意的，我要用爱回报她对社会的爱。”这件看似微小的事情，却充分说明了胖东来的企业文化已融入员工的日常行为中。

2016 年中秋节，在月饼内销过程中，阿里巴巴发现四位工作人员“采用技术手段作弊，共计多刷了 124 盒月饼”，随即公司做出“请他们（涉事员工）离开公司的决定”。对于辞退原因，阿里巴巴回应中称，“安全部员工身为平台规则的捍卫者，违背岗位职责，使用工具作弊的行为触及了诚信红线”。阿里巴巴声明：“我们是一家以价值观进行管理的公司，这就是我们的做事方式。”对这件突发小事果断而又迅速的处理也很好地彰显了阿里巴巴的企业文化。

三、企业文化的重要性：用价值观来管理

企业文化就是企业全体员工共有的价值观。我们必须明确一点：除了一些普世的价值观外，价值观没有绝对的对错标准，但人们总以为自己的价值观是对的，并期望用自身的价值观去影响别人，甚至是强加给别人。需要指出的一点是，西方企业管理中的“企业价值观”概念被引进中国时，我们翻译成了“企业文化”。在日常的生活和工作中，中国文化环境里习惯用“共识”来替代“价值观”一词。企业文化的本质就是企业内部所有员工对问题的共识，企业文化建设就是企业上上下下达成共识的过程。如今，共识对企业如此重要的原因很大程度上在于对外部环境变化的反应速度决定了企业生存和发展的能力。企业员工通常具有不同的背景，可能有些来自公务员队伍，有些直接从各类学校毕业，还有些是转业军人。不同背景、不同年龄段的员工为人处世的原则、风格不同，处于不同部门的员工由于本位主义的立场也会对同一件事情做出不同的价值判断。于是，面对外部顾客的问题，每个人、每个部门都可能以本位主义的视角在那里争来争去，争论的焦点就是“重要不重要”“对不对”“该不该”“值不值”等，导致的结果就是失去了对外界不确定性的快速反应的机会。

（一）企业文化的作用

企业文化的作用突出表现在以下五个方面：①明确企业的目标，引导企业成员认同企业的目标。②减少内耗，增强企业的凝聚力。③形成企业的个性，塑造企业的形象，协调企业与社会的关系。④有利于柔性管理。⑤企业得以永续经营的根本保证。

一百多年来，对人的约束与激励问题始终贯穿于管理理论与实践中。最初的做法大致有两种：一是物质激励，即将员工的报酬与其贡献挂钩；二是制度约束，即制订组织的各种规章制度和行为规范，对违反规章制度和行为规范的成员进行纪律制裁。这两种方式就是我们通常说的“胡萝卜”加“大棒”的方式。20 世纪 20 年代，著名的“霍桑试验”表明人不仅是“经济人”，

也是“社会人”乃至是“道德人”，人的需要不仅包括物质的需要，还包括精神的需要。因此，“胡萝卜”加“大棒”的方式一旦使用不当，不仅会造成组织内人际关系的紧张，甚至会导致一些不道德的行为产生；规章制度只能对一些明显的错误行为起到一定的防治作用，基本起不到有效的正激励作用。于是在一些追求卓越的企业里开始出现了第三种激励员工的方式——精神激励约束机制。如今，我们把这种激励约束机制称为以价值观为核心的企业文化，也就是在企业中形成一种讲愿景和责任的文化氛围，利用企业文化的导向和协调功能来激励和约束全体员工的行为。

（二）价值观管理——通用电气百年经营的法宝

通用电气是美国证券市场上最初一批上市公司中唯一活到今天的企业。正如韦尔奇所说的，他们是靠价值观的传承来保证公司基业长青的。领导人倡导的价值观再好也必须通过制度和流程来保证其得以在企业被贯彻与实施，然后才能带来预期的绩效。在所有的管理制度中，考评制度是有效的，通用电气就是通过科学的管理人员绩效考评制度来保证企业所倡导的价值观得以有效贯彻的。

通用电气的考评有两个维度：一个是“任务”；另一个是“价值观”。见表 2–2。

表 2–2　通用电气的考评维度

完成任务	贯彻公司价值观
√	√
√	×
×	√
×	×

对于第一类：既完成任务，又贯彻公司价值观的员工，留用或晋升；

对于第二类：完成任务，但践踏公司价值观的员工，辞退；

对于第三类：没有完成任务，但能以公司价值观来指导自身行为的员工，予以留用并加以培训；

对于第四类：没有完成任务，也不践行公司价值观的员工，辞退。

通过这样的绩效评价机制，在通用电气留下来的人都是能贯彻公司价值观的人。如果说“完成任务”是目标、是结果，那么“贯彻公司的价值观”就是实现目标、达到结果的过程。这一点也恰恰反映出西方企业文化重过程的特点。还有一点是非常重要的，韦尔奇的接班候选人中最终取胜的是伊美尔特，按公司制度规定，被伊美尔特最终战胜的那个“对手”就必须离开公司。这样才能确保为伊美尔特接任后的工作铺平道路。

（三）为什么要用价值观来管理

价值观是主体（个人或组织）行为的终极源头，要想管理人的行为，对其价值观进行管理是最为有效的方法。当下，企业赖以生存和发展的内外部环境呈现出的多元复杂性和不确定性是用价值观来驱动管理的基本理由。

一是全球化。在多元化的文化中培养出来的个体面对各类问题和争议时会做出不同的反应。

二是员工的多元化。不同年龄、性别、宗教信仰的个人，面对同样的环境、事物采取表现出的行为方式源自他们的生活经历和视野。例如，中国企业中五十多岁和二十多岁的两位员工对于同一件事物的价值判断很可能不一样，甚至是截然相反的。为了提高工作效率，很有必要用企业的价值观来引导和约束他们各自的行为。

三是团队工作的要求。越来越多企业的科层结构被团队结构替代，领导地位也更多地来自非职位的影响力。在这样的环境中，决策标准应从“我要你这样做”变为“共同的价值观要求我们这样做”。

四是战略联盟。如今企业中的“人”不仅仅是内部的员工，还包括顾客、供应商、经销商、竞争者等，而各利益相关人有着不同的利益诉求，唯有在普遍商业价值观的平台上，才能达成共生共好的目标。

五是决策权的分散与下沉。许多公司鼓励基层员工创新，让他们拥有了更多的决策权和使用资源的权力，为了控制公司的成本，这就要求建立一套在统一价值观保证下的预防机制。

六是互联网时代的企业信誉。互联网时代没有一个企业在自身出现伦理问题时能通过掩盖而使公司和品牌免受不良影响。价值观管理一方面可以保障企业预防此类问题的出现；另一方面，当危机出现在公众视线时，企业能快速地做出较为符合伦理要求的应对。

欧洲企业健康网借鉴个体健康的角度，给健康组织的定义是：健康组织是指组织文化、管理、工作氛围和其他经营方式营造了一个促进员工健康、提高效率和业绩的环境。De Geus（1997）从企业角度引入了"长寿公司"的概念，并提出了健康组织的四个基本特征：①对环境变化非常敏感，而且总是在不断学习适应；②高度的凝聚力与认同感；③高度包容和对员工的分权；④在财务上是保守的。管理实践必须致力于创造与维系健康的组织，使人能够在其中找到存在的意义。德鲁克认为管理只能是行善的工具，管理者必须不仅能够解决有关效率和利润的问题，更重要的是能够解决道德、精神、情感健康和尊严之类更宏大、更具哲学意味的问题。

价值观一词，在中国传统文化环境中是个较为敏感的词汇，也是个形而上的较为空洞的词。说它敏感是因为一些人把它等同于上层建筑；说它空洞，在于很多人把它等同于道德。如"诚信"是个模糊、抽象的概念，难以表述与量化。阿里巴巴是国内唯一宣称用"价值观管理"的公司，马云把许多中国企业家喊的企业文化的"口号"，转化为可以描述、落地考核的具体的东西。

表 2-3 列出了阿里巴巴价值观的六项内容：客户第一、团队合作、拥抱变化、诚信、激情和敬业。难能可贵的是，阿里巴巴分别针对每项内容设计了具体的评价标准。

表 2-3　阿里巴巴价值观考核内容及评价标准

考核项目		评价标准				
价值观考核（总分30分）	客户第一	尊重他人，随时随地维护阿里巴巴形象	微笑面对投诉和受到的委屈，积极主动地在工作中为客户解决问题	与客户交流过程中，即使不是自己的责任，也不推诿	站在客户的立场思考问题，在坚持原则的基础上，最终达到客户和公司都满意	具有超前服务意识，防患于未然
	分值 5	1	2	3	4	5

续表

考核项目		评价标准				
	团队合作	积极融入团队，乐于接受同事的帮助，配合团队完成工作	决策前发表建设性意见，充分参与团队讨论；决策后无论个人是否有异议，必须从言行上完全予以支持	积极主动分享业务知识和经验；主动给予同事必要的帮助；善于利用团队的力量解决问题和困难	善于和不同类型的同事合作，不将个人喜好带入工作，充分体现“对事不对人”的原则	有主人翁意识，积极正面地影响团队，改善团队士气和氛围
	分值 5	1	2	3	4	5
	拥抱变化	适应公司的日常变化，不抱怨	面对变化，理性对待，充分沟通，诚意配合	对变化产生的困难和挫折能自我调整，并正面影响和带动同事	在工作中有前瞻意识，建立新方法、新思路	创造变化，并带来绩效突破性的提高
	分值 5	1	2	3	4	5
	诚信	诚实正直，言行一致，不受利益和压力的影响	通过正确的渠道和流程，准确表达自己的观点；表达批评意见的同时能提出相应的建议，直言有讳	不传播未经证实的消息，不背后不负责任地议论事和人，并能正面引导	勇于承认错误，敢于承担责任；客观反映问题，对损害公司利益的不诚信行为严厉制止	能持续一贯地执行以上标准
	分值 5	1	2	3	4	5
	激情	喜欢自己的工作，认同企业文化	顾全大局，不计较个人得失	以积极乐观的心态面对日常工作，不断自我激励，努力提升业绩	碰到困难和挫折的时候永不放弃，不断寻求突破，并获得成功	不断设定更高的目标，今天的最好表现是明天的最低要求
	分值 5	1	2	3	4	5
	敬业	上班时间只做与工作有关的事情；没有因工作失职而造成重复错误	今天的事不推到明天，遵循必要的工作流程	持续学习，自我完善，做事情充分体现以结果为导向	能根据轻重缓急来正确安排工作优先级，做正确的事	遵循但不拘泥于工作流程，化繁为简，用较小的投入获得较大的工作成果
	分值 5	1	2	3	4	5

资料来源：蒋虹．量子思维：如何实现人生逆袭、阶层跃迁 [M]. 北京：中国原子能出版社，2017.

思维之四 经营哲学：从股东利益最大化到生财系统中的共生共好

没有人是与世隔绝的，
每个人都是大地的一部分。
如果海流冲走一团泥土，
如同失去一个海岬，
如同朋友或自己失去家园。
任何人的死都让我受损，
因为我与人类息息相关。
因此，别去打听钟声为谁而鸣，
它为你而鸣。

——约翰·多恩

一、蜜蜂的寓言与公地的悲剧

1762年，荷兰人曼德维尔在其《蜜蜂的寓言》中把人类社会比喻为一个蜂巢，在这个“蜜蜂的国度”里，每只蜜蜂都在近乎疯狂地追求自己的利益，虚荣、伪善、欺诈、享乐、嫉妒、好色等恶德在蜜蜂身上表露无遗。令人惊异的是，当每只蜜蜂疯狂追逐自己的利益时，整个蜂巢呈现出一派繁荣的景象。后来，邪恶的蜜蜂突然觉悟了，向天神要求让它们变得善良、正直、诚实起来。天神终于愤怒地发出誓言：使那个蜂巢全无欺诈。接下来，在整个蜜蜂的王国中，一磅贬值为一文，昔日繁忙的酒店渺无人迹，不再有人订货，一片萧条。这就是著名的“曼德维尔悖论”，即私欲的“恶之花”

结出的是公共利益的善果。从道德的角度看，“曼德维尔悖论”说的是以自利驱动的行为是应该受到谴责的，但如果想以“公共精神”的道德情怀来建立一种充满美德的繁荣社会，那只是一种“浪漫的奇想”，因为私欲和私欲支配的个人行动恰恰是社会繁荣的动力源，离开了这个源头，公共利益将是无源之水，无本之木。

可以说，曼德维尔描述了一幅清晰而真实的近代社会的图像，如果把他所说的“私人恶德”换成亚当·斯密所说的“自利”，那么我们就可以从《蜜蜂的寓言》中获得斯密关于商业社会的根本概念：如果让每个人去合理地追求他自身的利益，将会增加整个社会的财富，促进社会的繁荣。曼德维尔的“蜜蜂的寓言”是现代自由主义经济学和经济伦理的基本隐喻，其理论主旨是弘扬私欲，相信市场对私人恶行具有神奇的转化和净化力量，认定出于道德情怀的行为不仅不可行而且可能危及公共利益。在《蜜蜂的寓言》中，曼德维尔比同时代的其他人都更明确地阐述了古典经济学家用于建构其体系的若干基本假设和信念。因此，哈耶克、布坎南等当代著名经济学家对他的贡献给予了极高的评价。

在力图理解自利的人们如何生活在一起的过程时，曼德维尔做出的贡献体现在以下四个方面：

第一，通过把自利观念、经验主义、劳动分工和人类发展的长期历史结合起来，曼德维尔解释了商业社会的运行和物质进步，并提出了把这些思想运用于国家事务上的指导。

第二，曼德维尔的观点引发了他同时代及后来学者的深入讨论、辩论，以休谟为代表的学者为了摆脱“私恶”即“公德”的理论困境，从重新定义“美德”概念开始，使自利与美德相一致，从而走向一种内在的沟通：在商业社会的某些行为范围内，追求自身经济利益的行为实际上是一种促进美德的力量。18 世纪道德哲学的主要贡献是建造了一座桥梁，一端搭在“自利的经济人”上，另一端搭在“社会福利”或“公共利益”上，并表明在强制性的行为限制中，个人追求自身利益的行为可能会推进整个社会的福利的发展。

第三，曼德维尔关于劳动分工的论述，构成了亚当·斯密分工理论的重要来源；斯密还是第一个为奢侈行为进行辩护的经济学家，也是自由主义经济学的哲学基石——个人主义的重要奠基者。

第四，从实践层次上看，《蜜蜂的寓言》有助于人们正视某些现实问题，思考如何改善谋利活动主体的道德形象。

美国加利福尼亚大学生物学家加勒特·哈丁教授1968年在《科学》上发表了题为《公地悲剧》的论文，为了说明在资源公有的情况下会产生过度利用的问题，他举了在公有的草地上放羊的例子。草地的饲养容量是一定的，只要羊的总数不超过这个许可量，放牧人可以自由地增加自己羊的数量，当总数超过了整个草地饲养量的时候，草地最终会荒芜，甚至成为不毛之地。产生这种情况的原因在于：对每一个牧羊人来说，每增加一头羊会给他个人带来利益，他个人可以享受这种利益；相对地，由于增加一头羊从而导致过度放牧的损失则是由全体放牧人来承担。防止这种“公地悲剧”的一个方法是把草地作为私有财产分给每一个牧羊人①。

古希腊哲人亚里士多德曾经断言：凡是属于最多数人的公共事务常常是最少受人照顾的事务，人们只关心自己的所有，而忽视公共的事务；对于公共的一切，他至多只留心到其中与他个人多少有些相关的事务。公地悲剧证明了亚里士多德的观点，私有财产权对促进稀有资源的有效利用起着非常重要的作用。公地悲剧在英国是和“圈地运动”联系在一起的。在15世纪至16世纪的英国，草地、森林、沼泽等都属于公共用地，耕地虽然有主人，但是庄稼收割完以后，也要把栅栏拆除，作为公共牧场。由于英国对外贸易的发展，养羊业飞速发展，于是大量羊群进入公共草场。不久，土地开始退化，于是一些贵族通过暴力手段非法获得土地，开始用围栏将公共用地圈起来，据为己有，这就是“圈地运动”。“圈地运动”使大批的农牧民失去了维持生计的土地，被称为血淋淋的“羊吃人”事件。“圈地运动”的阵痛过后，英国

① 哈丁．生活在极限之内：生态学、经济学和人口禁忌[M]．戴里翼，张真，译．上海：上海译文出版社，2007.

人惊奇地发现，草场变好了，英国人作为整体的收益提高了。由于土地产权的确立，土地由公地变为私人领地的同时，拥有者对土地的管理更高效了，为了长远利益，土地所有者会尽力保持草场的质量。同时，土地兼并后以户为单位的生产单元演化为大规模流水线生产，劳动效率大为提高。英国正是从“圈地运动”开始，逐渐发展为日不落帝国。

“公地悲剧”展现的是一幅私人利用免费午餐时的狼狈景象——无休止地掠夺。哈丁认为“公地悲剧”的发生机理是勤劳的人为个人的生机而算计，在一番忽视长期利益的算计后，开始为眼前利益而杀鸡取卵，没有规则，没有产权制度，没有强制，最后，导致公共财产——那个人们赖以生存的摇篮的崩溃。美国学者认为，当个人按自己的方式处置公共资源时，真正的公地悲剧才会发生。“公地悲剧”更准确的提法是：无节制的、开放式的、资源利用的灾难。

无论是曼德维尔的“蜜蜂”还是在公地上放牧的牧民，他们的共同特点是虽然与其他个体共同生活在一个地方，但他们都认为自己唯一的责任是让自己的利益最大化，而对他人和环境负不了也无须负责任。他们只把私人财产（可以自由支配的资源）当作自己的财富，把私人成本当作成本的全部。

“公地悲剧”发生的领域，正是现代人生死攸关的领域。哈丁教授认为“公地悲剧”没有技术解，为了避免悲剧，人类必须放弃通过技术手段解决的期望，应转向在社会道德和制度领域寻求解决办法，这就需要建立一套新的公共价值和制度评价系统，道德价值是决定整个人类行为系统的一个函数。从这个意义上说，制度（包括道德和习俗）高于技术。

二、新蜜蜂型企业——企业与其利益相关人的共生共好

在市场经济中，企业的使命是为社会创造财富，从微观意义上讲也就是赚钱。盈利对于企业而言，就像人活着就需要呼吸一样正常和必须。在商品社会里，企业要赚钱就必须与他人进行商品交换，在这一活动中，企业必然会与其他的个人和组织发生这样那样的关系。企业在整个运作过程中会与其

内外部环境中的各种主体发生利益关系，我们把这些主体称为企业的利益相关人（Stakeholder）。利益相关人是指能影响组织行为、决策、政策或目标的个人或团体，或是受组织行为、决策、政策、活动或目标影响的人或团体。企业的利益相关人或持有股票、有表决权，或从企业的日常运行中获得既定的利益。这种关系通常是互利互惠的，即企业与个人、群体也总是利害相关的，企业在运行中需要利用这些利益相关人的资源或影响力。

企业的利益相关人分为初级和次级两类，这样分类并不在于其重要性的高低，前者多建立于市场交易的资源分配机制上，而后者则建立于政府公共政策及社会公益团体资源分配机制上。借助于迈克尔·波特的竞争五力图可见，初级利益相关人是指企业内部环境和外部环境中具体环境涉及的利益相关人；次级利益相关人指的是涉及企业外部环境的一般环境中的利益相关人。如图 2-17 所示[①]。

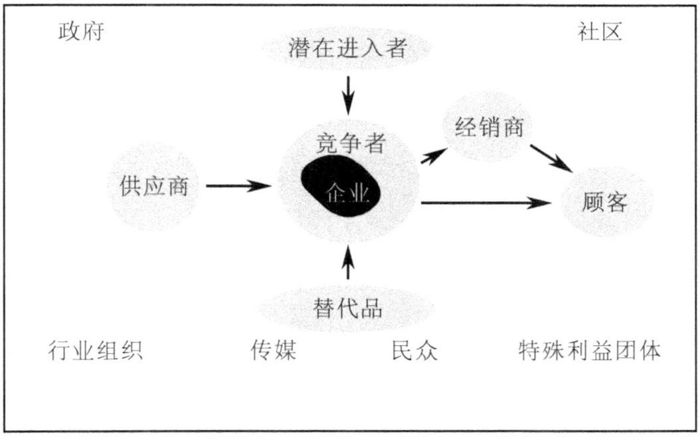

图 2-17　企业的利益相关人

注：企业内部环境中包括员工和股东。

企业的初级利益相关人包括员工、股东、消费者、债权人、供应商、经销商和竞争者等；企业的次级利益相关人包括社区、政府、外国政府、特殊利益团体、大众媒体、支持团体和大众等。

① 参考迈克尔·波特的竞争五力图所制。

企业运作的过程中与利益相关人形成了休戚与共的关系：一方面，企业的发展要借助于这些相关人的力量；另一方面，利益相关人要通过企业来谋求自身的利益。企业需要消费者购买产品和服务，消费者渴望以合理的价格获得满意的产品和服务；企业需要股东的投资，股东指望高的投资回报率；企业需要员工尽心尽力地工作，员工向往较好的工作保障、较高的工资福利待遇和个人成长的空间；企业需要供应商提供资源，供应商期望获得高的报酬；企业需要竞争者，否则就会因垄断而受到制裁，后者也是这样；企业需要政府的支持，政府要求企业纳税、保护环境、提供就业机会等；企业需要社区提供完善的基础设施和良好的工作和生活环境，社区希望企业为社区建设提供资源的支持；企业需要公众的理解、支持，公众希望企业成为一个“好公民”。

蜜蜂为了酿蜜，就必须从各种植物中采集花蜜，这可以看作对环境资源的索取。但它在采蜜的同时，翅膀上黏附的花粉会给花授粉，如果没有蜜蜂来采蜜，花也就成了不结果实之花，同时蜂蜜还可供人类使用。蜜蜂从环境中索取资源的同时回报环境，也就使自己的“盈利”空间获得了可持续性和成长性。蜜蜂这种不给环境和社会带来负面作用，同时又可持续生存和发展的模式，最能体现经济、社会和环境良性循环的综合效应。正是这种与社会和环境的互利共生模式使蜜蜂在地球上存在已达上亿年之久。

先共生，才可能追求双赢、多赢，每个利益相关人都是企业共生圈中的一分子。1997 年，国际可持续发展权威、英国学者约翰·埃尔金顿最早提出了三重底线的概念，他认为一个企业能持续发展的最重要原因不是仅想着如何实现盈利的最大化，而是始终坚持三重底线原则，或称三重盈余原则，即企业盈利、社会责任和环境责任三者的统一。企业经营者的真实身份是受托于这三个股东的公民 CEO，其经营行为是确保这三个股东同时受益，而不是为了追求一个股东利益最大化而牺牲其他两个股东的利益。

约翰·埃尔金顿根据不同的价值观和影响规模把全球的公司分为蝗虫、毛毛虫、蝴蝶和蜜蜂四种类型，如图 2-18 所示。对于处于变革期的公司来说，应该避免成为蝗虫和毛毛虫，力争成为蝴蝶和蜜蜂[①]。

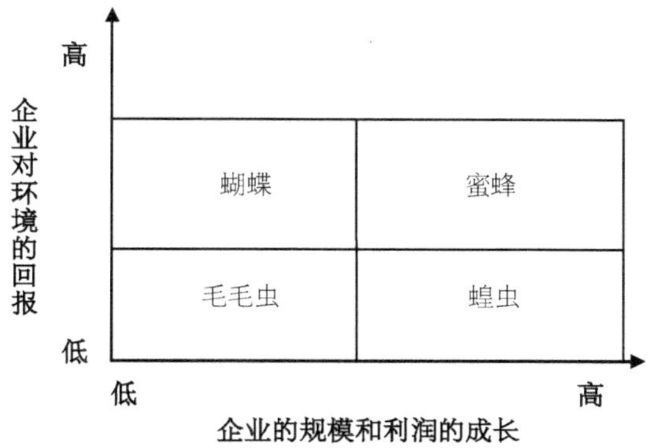

图 2-18　四种类型的企业

第一类是蜜蜂型企业：影响力高且对环境的回报率高的企业。

第二类是蝴蝶型企业：对环境有回报但自身的成长性和影响力小的企业。

第三类是毛毛虫型企业：对环境有损害但自身的成长性和影响力小的企业。

第四类是蝗虫型企业：破坏环境且由于其成长性和影响力大而对社会和环境有巨大破坏性的企业。

显而易见，只有蜜蜂型企业才是能做到三重盈余的企业公民。企业公民行为体现为六个“善待”：一是善待股东；二是善待员工；三是善待客户；四是善待环境和资源；五是善待合作伙伴（供应商）；六是善待整个社会。企业公民行为呈现为一个六边形，这正好是一个蜂巢的形状。这是一个与曼德维尔的“寓言”大异其趣的关于企业公民的“新的蜜蜂寓言”。

日本佳能公司是“共生”理念最早的实践者。1987 年，在公司成立 50 周年庆典上，佳能提出以“共生”为企业宗旨。后来，御手洗富士夫明确地阐释了“共生”理念的内涵：“真正的全球企业，不仅要与客户和地区社会，还要与国家、地球以及大自然建立良好关系，并承担起应负的社会责任。”具体地说，就是企业与全球合作伙伴的利益共享、对社会和自然环境的协调与保

① 埃尔金顿．茧经济：通向“企业公民”模式的企业转型 [M]. 庞海丽，译．上海：上海人民出版社，2005.

护、与企业间既竞争又联合的微妙关系等，都要以多方位的“共生”为前提。即“人与人共生”“人与机械共生”“人与自然共生”，目标是在“共生”文化背景下创造世界的繁荣与人类的幸福。

三、商业生态系统

美国学者詹姆士·穆尔1993年在《捕食者与被捕食者：一种新的竞争生态学》一文中首次引入了“商业生态系统”概念。1996年穆尔在《哈佛商业评论》发文提出了商业生态系统共同进化理论，该理论认为在产业界限日益融合的情况下，企业应把自己看作商业生态系统的一员，该系统的成员还包括供应商、生产者、竞争者和其他利益相关人。穆尔于1996年出版的《竞争的衰亡》一书标志着竞争战略理论的指导思想发生了重大突破，他提出的“商业生态系统”这一全新的概念打破了传统的以行业划分为前提的竞争战略理论的限制，力求“共同进化”。穆尔站在企业生态系统均衡演化的层面上，把商业活动分为开拓、扩展、领导和更新四个阶段，他建议高层经理人员要从顾客、市场、产品、过程、组织、风险承担者、政府与社会七个方面来考虑商业生态系统和自身所处的位置，系统内的公司通过竞争可以将毫不相关的贡献者联系起来，创造一种崭新的商业模式。

商业生态系统是由组织和个人所组成的经济联合体，其成员包括核心企业、消费者、市场中介、供应商、风险承担者等，在一定程度上还包括竞争者，这些成员之间构成了价值链，不同的链之间相互交织形成了价值网，物质、能量和信息等通过价值网在联合体成员间流动和循环。与自然生态系统的食物链不同的是，价值链上各环节之间不是“吃”与“被吃”的关系，而是价值或利益交换的关系，也就是说，他们更像是共生关系，多个共生关系形成了商业生态系统的价值网。战略制定的基本单位不再是企业或产业，而是共同进化的生态系统，竞争的重点不再是产品与产品、企业与企业之间的竞争，而转到了生态系统之间以及在系统内取得领导和中心地位的企业之间。因此，要想取得竞争优势，首先要求企业所在的商业生态系统成功，其次要求企业能够在这一成功的商业生态系统中取得领导地位。Peltoniemi 和 Vuori（2004）把生物系统、机械系统、复杂适应系统的特点都集中在商业生态系概念中，认为商业生态系统是由具有一定关联的组织组成的一个动态结构系统，这些组织可能是企业、政府、科研机构、大学、社会公众及其他各类与系统有关的组织[①]。Corallo 、Passiante 和 Precipe（2007）认为商业生态系统是一种非均质的社会实体，由大量不同的利益相关人组成，他们为了共同的效率和生存而相互依赖，从而作为一个共同体捆绑在一起[②]。

国内学者中，陆玲（1996）是较早提出“企业（商业）生态系统”概念的，她认为商业生态系统是企业与企业的生存环境构成的统一体，而商业生态学就是研究企业与其生存环境之间关系的科学[③]。韩福荣和徐艳梅（2002）把商业生态系统分成生物成分和非生物成分两个部分。生物部分包括企业个体及群体、消费者、市场中介、供应商和投资者等；非生物部分包括政治形势、经济环境、政策法令、技术、劳动力和自然资源等[④]。杨忠直（2003）指出商业生态系统是在一定时期和一定的空间内由企业、消费者、市场与其所在的自然环境、经济环境和社会环境组成的整体系统[⑤]。目前，认同度比较高的商业生态系统典型结构模型如图 2–19 所示。

任何组织形态设立的目标都是为了回答一个问题：怎么取得组织绩效？在全球化竞争的加剧、跨界带来的行业边界模糊等一系列挑战下，我们必须认清一个本质问题：组织的绩效不再由组织内部的因素决定，而是由围绕在组织外部的因素决定，例如环境的不确定性、全新的技术、合作伙伴和跨界的对手等。这些外部因素对于组织的影响已经远远大于组织内部的因素。然而，一个更为本质的问题是没有改变的，即企业的使命是为顾客创造价值。在当下，任

① PELTONIEMI M， VUORI E.Business ecosystem as the new approach to complex adaptive business environments [C].Conference Proceeding sofe BRF，Tampere Finland，2004.

② CORALLO A，PASSIANTE G，PRECIPE A.The digital business ecosystem [M].Cheltenham:Edward Elgar Publishing Limited，2007.

③ 陆玲 . 略论企业生态学原理 [J]. 世界科学，1996（3）.

④ 韩福荣，徐艳梅 . 企业仿生学 [M]. 北京：企业管理出版社，2002.

⑤ 杨忠直 . 企业生态学引论 [M]. 北京：科学出版社，2003.

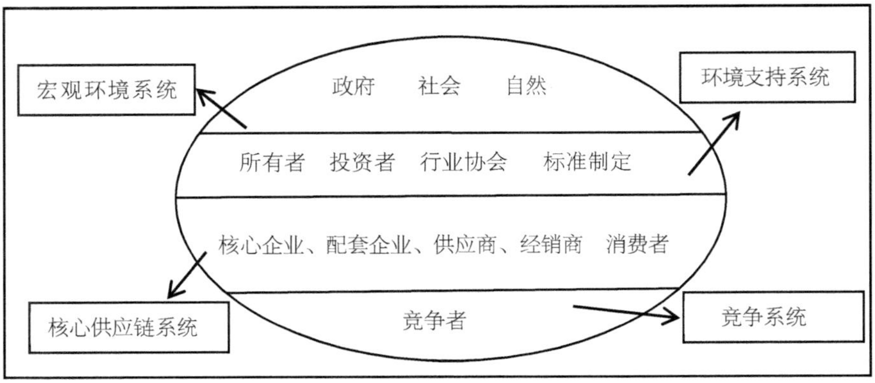

图 2-19 商业生态系统典型结构模型

资料来源：潘剑英，王重鸣．商业生态系统理论模型回顾与展望研究 [J]. 外国经济与管理，2012（9）：51.

何一个人、一个组织都无法独立完成为顾客创造价值的活动，必须跟别人一起构建一个具有共生关系的价值网络。商业生态系统理论倡导这样三个价值观，第一个体现为客户价值优先，先让渡客户价值，然后才有自我价值；第二个是强调竞合关系，而非零和博弈关系；第三个是成就他人，成就客户，成就员工。其中最为核心的就是“顾客至上”。不研究顾客的商业系统，不为顾客创造价值的企业在互联网时代是没有发展机会的。唯有以“为顾客创造价值”为企业的起点与终点，整个商业生态系统才能有效持久地运行。

美国学者诺萨贝斯·穆丝·坎特曾经提出“协作优势”的观点，在她看来，具备卓越的建立并保持广泛协作关系的能力，对提高公司的竞争实力有着重要的作用。的确如此，离开协作，任何组织都无法独立生存，因为任何组织都处在复杂的产业网络中，不同的组织联合起来，才能共同为顾客创造价值。商业生态系统中的组织之间存在一种共生的关系，这种共生关系具备以下几个特征[①]。

一是互为主体。商业生态系统中的成员间，不再有主客体关系，而是彼此互为主体，这需要每一个成员做出根本性的改变。成员间是一种基于合作

① 陈春花，赵海然．共生：未来企业组织进化路径 [M]. 北京：中信出版集团，2018.

和价值共创所形成的组织资源共享、利润共赢的群体性有机系统，它打破了组织传统竞争模式体现的单向线性思维，形成了一种双向或者多向的思维模式，使得有机系统中的组织个体实现基于自身优势且能为成员贡献价值、融合共生伙伴资源的网状发展。

二是整体多利下的共赢。合作是商业生态系统的本质特征之一，合作并不否定竞争的存在，但是与传统意义上的你死我活的竞争不同，商业生态系统内的组织更加强调合作组织之间的相互吸引、相互补充和相互激发。高效互动会产出更多的价值创造，这些价值创造不仅帮助合作伙伴，更重要的是也会给自身带来超出组织原有能力所能创造的价值。

三是柔韧性。商业生态系统内的组织展示出更强大的连接与互动，让基于顾客价值创造的组合更高效、更快捷地响应需求变化。这样建立起的组织灵活而敏捷，富有柔性和创造性，能够根据环境的变化迅速做出调整。

四是效率协同性。在组织绩效由内部转向外部的今天，组织需要解决的是整体效率，既包括组织内部效率，也包括组织外部效率，整体效率的实现更大程度地转向了组织间的合作协同程度。系统中的组织个体保留了各自的独立性和自主性，基于彼此之间对资源的获取、分享以及使用能力，组织获得了更好地融入环境的方式。

商业生态系统中的共生首先要解决经营哲学层面的“信仰共生”问题。量子思维认定万物是密切相关的，若个人从私利出发，不对环境和社会负责，最终是没有出路的。每个人都是世界的创造者，助他人者必得人相助。所以，他人的成功并非与己无关，“无关”的结果便是自身的不方便。量子管理学提出组织要成为生命共同体，组织和个人、个人和个人之间不是单纯的利益关系，而是共担、共创、共享的互补共赢关系。在这个意义上，量子理念与强调“利他”“达人利己”“厚德载物”的东方智慧是非常接近的。

思维之五 从管理到自我管理

范式是感性、概念、情感和精神框架的整合，囊括我们深层次潜意识中的假设和价值，这是在大多数情况下我们认为理所当然的东西。范式就像我们佩戴的眼镜将我们的视野聚焦在我们认为的全部的现实上，它决定了我们的预期，为我们提出问题设立框架，并框范我们做事的方法。

——美国哲学家托马斯·库恩

人类的管理活动从来都会受到意识、价值观、思维方式等文化精神层面的因素影响。商业组织从本质上说是一种动态的能量系统，塑造这种能量系统的动力就是决定我们决策、行动的思维方式和动机。回顾现代企业管理近一百年的历史，我们发现其本身也受到企业所处的社会文化环境的影响，经济、技术、法律等是有形的，而价值观、思维方式等这些更为重要的因素，因为它们“看不见、摸不着”而容易被一些人忽略。价值观和思维方式既是人类活动方式的源头，也最终会把我们引向其逻辑指引的地方。

从对牛顿思维与量子思维的对比和量子思维对管理的影响中，我们归纳出传统的机械式管理与量子管理的不同范式。如表 2-4 所示。

表 2-4 机械式管理与量子管理[①]

机械式管理	量子管理
确定性	不确定性
可预测	快速变化、不可预测
层级制	打破层级
基于功能模块的个体分工	多功能的集成
权力集中于上层或核心层	权力分散化
员工是被动的	员工是合伙人
单一的最佳方案、路径	多视角的各种路径
竞争	合作
不灵活，注重管控	灵活响应，放权
注重成本与效益	关系管理与价值驱动
自上而下（被动）	自下而上（“实验”）

以泰勒的科学管理为代表的机械式管理是我们熟悉的一种管理范式，它是建立在牛顿思维基础之上的。在实行机械式管理的组织中，人是被动的生产单元，秩序将我们划分在不同的劳动环节、流程上，在严格的指挥链和控制系统下，在强调物竞天择适者生存的竞争环境中，我们就会全力以赴地机械式地达到指令的要求。量子思维使我们认识到人类生活在一个参与式的宇宙之中，观察者自身的参与会改变事物发展的轨迹。员工有自身的想法、感情和才能，这些要素一旦被激发，都将为企业的发展添加动力。

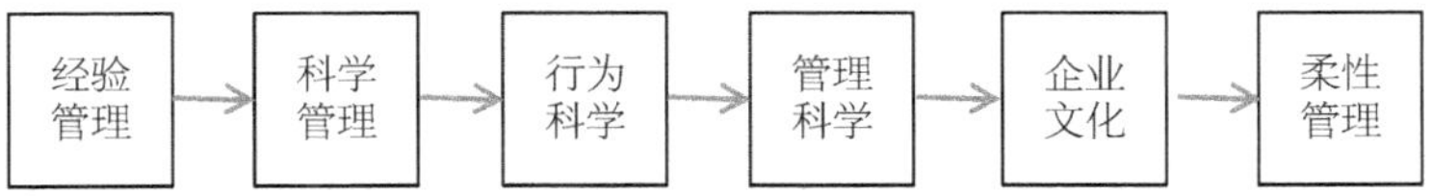

图 2-20 企业管理发展过程

图 2-20 简单地标注了企业管理的发展历程。我们把泰勒以前建立在手工业为主的工场时代的管理称为“经验管理时代”；1911 年泰勒的《科学管理原理》一书的出版标志着人类社会从经验管理走进了“科学管理时代”，它是建

① 左哈尔．量子领导者：商业思维和实践的革命 [M]. 杨壮，施诺，译．北京：机械工业出版社，2013.

立在机器体系之上的大工业生产及其管理；梅奥的霍桑实验带来的人际关系学说拉开了在组织中研究和重视人的心理因素对劳动生产率影响的大幕，这一学说在“二战”后统称为“行为科学”；“管理科学”学派，也称计量管理学派、数量学派，也有人把计量管理学派与运筹学看成是统一语，“二战”时期，为解决国防需要产生的运筹学发展了新的数学分析和计算技术，例如，统计判断、线性规划、排队论、博弈论、统筹法、模拟法、系统分析等，这些成果应用于管理工作就产生了“管理科学理论”；1981 年威廉姆·大内的《Z 理论》一书的出版标志着企业管理进入了“企业文化时代”；有些学者提出 21 世纪初开始，企业管理进入了“柔性管理时代”，柔性管理是以人为本的管理范式，而以人为本的核心精髓是“自我管理”。

一、1.0 版的量子管理——柔性管理与以人为本

21 世纪初，互联网技术掀起的新经济浪潮的泡沫在资本市场破灭后，IT 技术努力寻找在传统的制造业、服务、金融等各行各业的切入点，在 2010 年左右又一次掀起了互联网的全球风暴，这次是实实在在的技术对社会生活全方位的影响。2015 年，中国几个最热的词里一定有“互联网”，除了“互联网 +”，就是互联网思维。“互联网 +”好理解，但互联网思维是什么呢？美国《时代周刊》上曾有篇文章认为，今天的计算机革命和互联网之所以这样，是继承了 1960 年末的以性解放和摇滚乐为主题的嬉皮士精神，口号是“不要告诉我世界是怎样，告诉我如何创造世界”。这场嬉皮士运动随着 1970 年初经济危机的到来而画上了句号，然而这种精神长久地在音乐、电影及各种艺术中徘徊。而那些深受这种精神影响的工程师们将它带进了信息革命的世界，他们渴望用新的，更自由的技术打碎福特们所铸造的机器王国。自互联网诞生以来，网络世界里一直崇尚“自由平等，随心所欲”的网络文化和精神，从乔布斯、杨致远、贝佐斯到扎克伯格无不流淌着嬉皮士的血液——辍学、叛逆、崇尚自由和“不作恶”。

如果说科学管理是管理者“手中有剑，心中无剑”，这把“剑”指的是通

过胡萝卜加大棒来促使员工努力工作；行为科学是管理者“手中无剑，心中有剑”，通过研究与揣摩、满足员工的心理来引导他们努力工作；柔性管理就是管理者采取“手中无剑，心中也无剑”的方式来管理组织，这不正是金庸武侠中武功的最高境界吗！

柔性管理从本质上看是一种“以人为本”的人性化管理，它在研究人的心理和行为规律的基础上，采用非强制性方式在员工心目中形成一种潜在说服力，从而把组织意志变为个人的自觉行动。如果我们把刚性管理归为传统的牛顿式管理的话，那么柔性管理就具备了量子管理新范式的要求，它具有以下三个特征：

1. 组织结构的扁平化和网络化

组织结构是从事管理活动的人们为了实现一定的目标而进行协作的机构体系。刚性管理下的组织结构大多采取的是直线式、集权式、职能部门式的管理机构体系，强调统一指挥和明确分工。这些组织结构的弊端是信息传递慢，适应外部环境变化的能力差。柔性管理提倡组织结构扁平化，下放决策权，让每个组织成员或下属单位获得独立处理问题的权力，发挥组织成员的创造性，提供人尽其才的组织机制。与此同时，通过组织结构的扁平化，使得纵向管理压缩，横向管理向全方位信息化沟通进一步扩展，从而形成网络型组织，团队或工作小组就是网络上的节点，大多数的节点相互之间是平等的、非刚性的，节点之间信息沟通方便、快捷、灵活。

2. 管理决策的柔性化

在传统的刚性组织中，决策层是领导层和指挥层，决策是自上而下推行，组织成员是决策的执行者，因此决策往往带有强烈的高层主观色彩。柔性决策中决策层包括专家层和协调层，决策是在信任和尊重组织成员的基础上，经过广泛讨论而形成的，与此同时，大量的管理权限下放到基层，许多管理问题都由基层组织自己解决。管理决策柔性化的第二个表现是决策目标选择的柔性化。刚性管理中决策目标的选择遵循最优化原则，寻求在一定条件下做出最优方案；柔性管理认为，由于决策前提的不确定性，不可能按最优化准则进行决策，提出以满意准则代替最优化准则，使决策有更大的弹性。

3. 激励的柔性化

为了充分调动组织成员的积极性、主动性和创造性，实行柔性化的激励方法是柔性管理的重要组成部分。柔性管理认为激励是对组织成员的尊重、信任、关心和奖励的全面综合管理，物质激励属于基础性的激励办法，能满足组织成员的低层次需求，却无法发挥更大的作用。精神激励方法则能满足组织成员对尊重和实现自我价值的高层次需求，它力求为成员创造宽松、平等、相互尊重和信任的工作环境，提供发展机遇，实行自主管理、参与管理等新的管理方法。

“柔性管理”是相对于“刚性管理”而言的，刚性管理是以“规章制度为中心”，凭借制度约束、纪律监督、奖惩规则等手段对员工进行管理。柔性管理是依据组织的共同价值和文化氛围进行的人格化管理。柔性管理的最大特点在于它主要不是依靠行政命令，而是依赖于每个员工发自内心的主动性、积极性和创造性，从而在员工心理上产生内在驱动。柔性管理要求员工把外在规定转变为内心的承诺，并最终转变为自觉的行动。

如何使组织中的人在资源配置过程中发挥出其内在的潜力以实现组织目标，组织又如何在此过程中创造良好的环境以利于成员全面、自由发展是组织中最难解决的问题。人本管理正是解决这一问题最重要的管理方式。从梅奥把人当作“社会人”、巴纳德把人当作“独立的个体”开始，研究人的行为，尊重人、重视人的发展成为管理理论研究中的一个主题。兴起于20世纪80年代初的企业文化理论揭示出管理的核心是人，而管理人的则应通过文化的微妙暗示和非正式的规则，使人们对自己所做的事感到满意并愿意为此努力工作。人本管理是指以人的全面的、自在的发展为核心，创造相应的环境条件，以个人的自我管理为基础，以组织的共同目标为引导的一整套管理模式。在人本管理的环境中，个人的潜能得到激发，组织也因此达到最大的绩效。

二、“以人为本”的实质——自我管理

柔性管理的核心是“以人为本”，我们这里说的“以人为本”是指员工的自我管理。简单地说，自我管理就是管理者不用采取胡萝卜加大棒的方式，而是以自身的影响力激发员工自觉自愿地努力工作。这听起来很悬，但其背后的逻辑是组织通过使员工认同的愿景为员工的自我价值实现搭建良好的平台，组织的文化建设使员工把个人的价值观纳入组织共有的价值观中。当然，这还要求管理者不只是通过法定的职位权力影响员工，更要依靠自身的专长与魅力来影响员工。同时，一支高水平的职业化的（敬业和专业）员工队伍也是柔性管理基本的要求。要保证“自我管理”式组织的高效运转，一是要在组织中强调以价值观来管理的范式，建立起一个具有吸引力的无形的“场”；二是要求管理人员从管理者向领导者转变；三是需要一支成熟度较高的员工队伍。

自我管理不是管理者的专利，而是每一位员工应该掌握的能力。这种能力的修炼可以极大地提升我们的成熟度。德鲁克在《21世纪的管理挑战》一书中写道：“有伟大成就的人，向来善于自我管理。”

员工自我管理的范畴大致包括以下三个方面：

一是员工对组织“引导方式”的认同程度，对文化价值体系的理解和感兴趣程度，自律感、羞耻感、自我约束力以及自我激励能力。

二是工作中的主动性和能动性，对所承担的工作以及达到组织所设定的目标的自信心，克服困难和战胜挫折的勇气。

三是对同事的尊重和在工作中的协作精神。

强调自我管理的组织更侧重于动员，以期通过动员和鼓励创造一个更加完美的环境，让员工发展成为更优秀、更快乐的人。只有个人发挥出了最大的潜能，组织才能获得持久的巅峰表现。在这样的组织中，管理者、领导者与一般员工之间是相互信任和支持的，所有人不断提升自己的工作意愿和技能，以超然的态度和心态投入到工作和生活中，员工的工作效率提高了，生命质量也得以提升，最终可成为一个成功和快乐的人。

自我管理包括两个层面：认识层面和技能层面，如图 2-21 所示[①]。

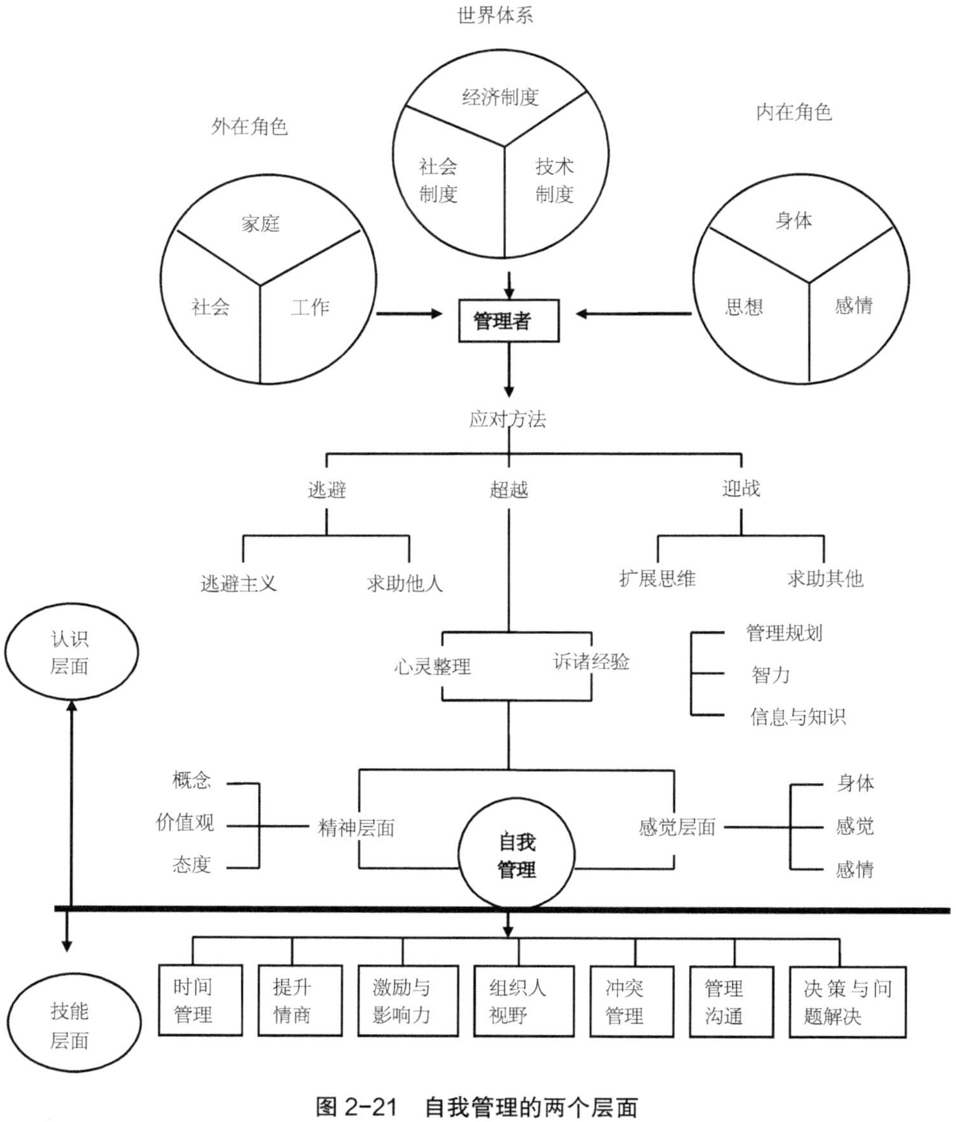

图 2-21　自我管理的两个层面

在掌握图 2-21 所示知识的基础上，我们介绍“量子自我”的概念。左哈尔在《量子自我》一书中认为，人类同样也是物理系统，在量子力学的思维

① 部分参考帕瑞克．管理者的自我管理：超然投入的生活与工作 [M]. 许思悦，冯征，译．上海：上海人民出版社，2004.

下，“我”根本上也是一个量子系统，于是有了“量子自我”这个概念。在量子系统里，“我”具有以下特征[①]：

第一，量子自我是兼容并蓄的。“我”有我的基因、历史、独特的经历，但同时也是与生活、工作中的一切方式联系的人。私人的、个体的我和公开的、关联的自我，这两部分是个有机的整体，分不出那个更为重要和更为本质。一个量子态的社会或组织应该能够既支持私人的自我和公共的自我，同时又允许两者相互支持。

第二，量子自我是整体的、关联的。自我与存在的外物相互交织，并被其定义。我身在自然之中，自然于我身之内。自我是完整的、动态的，每个部分、每个次自我或次人格，都是相互影响的。“我”就是完整和谐的对话的产物。

第三，量子自我是自组织的。“我”处在边缘，微妙但有创造性地在有序与混沌之中到达平衡。量子自我没有硬性的限制，没有明确的边界，它有如习惯性的力量导致的限制条件，但并不是决定性的。它有基因序列，但是会选择性表达。量子自我往往会再造自身，重构大脑。

第四，量子自我是自由的。它虽然受限，但任何遗传物质、过去的经历、环境条件，已存在于脑内的神经都不能决定它。量子自我的边界是灵活的，处于不断变化之中，受制于创新的不确定性。量子自我是世界上的一个活性剂，会对自我和所处的环境进行选择。

第五，量子自我是负责的。它是其连接世界的一部分，并蕴含其中。量子自我生活在一个参与式的宇宙之中，它是自己所处世界的共同创造者。

第六，量子自我是一个爱发问的自我。我们问的问题能解释问题的最终答案。量子自我向边界发问、向自身固有的思维模式发问。这种对自身思维过程的发问是其创造性、变革性优势的秘密所在。

第七，量子自我是心灵的。它充满了意义、愿景和价值观的色彩。量子

① 左哈尔．量子领导者：商业思维和实践的革命 [M]. 杨壮，施诺，译．北京：机械工业出版社，2013.

自我是一个潜在的量子真空的激发系统，它会经常对自己要走的路进行自问：为什么？有何目的？并去探索、去创造。

在“量子组织”中，各个部分不再像机器一样按照确定的规则运行，它没有稳定的管理阶层，而是成为一个“自组织系统”，即组织中的每一个人都通过自己的行为与组织中的其他人产生互动，相互影响，并带动发展，因此，每一个人都是领导者。由量子自我构成的量子组织，也就不再需要胡萝卜加大棒的管理方式，这使自我管理成为可能。

量子领导者

他们所需要的只是一位精明能干的领袖把他们的力量组织起来，并告诉他们怎样使用自己的力量，那样他们就可以成为主人

——马克·吐温

管理就是用生命影响生命

——彼得·德鲁克

案例 80后女孩成为"史上最牛小秘书"

2006年4月，很多知名外企疯狂转发一封来自美资知名网络信息存储商北京总部的电子邮件：该公司大中华区总裁和他的高级女秘书瑞贝卡（80后中国女孩）因工作琐事发生激烈争吵，导致后者被迫离职。

1. 下班锁门引总裁不满

2006年4月7日晚，总裁回办公室取东西，到门口才发现自己没带钥匙。此时他的私人秘书瑞贝卡已经下班。总裁试图联系后者未果。数小时后，他还是难抑怒火，于是在8日凌晨1时13分通过内部电子邮件系统给瑞贝卡发了一封措辞严厉且语气生硬的"谴责信"："我曾告诉过你，想事情、做事情不要想当然！结果今天晚上你就把我锁在门外，我要取的东西都还在办公室里。问题在于你自以为是地认为我随身带了钥匙。从现在起，无论是午餐时段还是晚上下班后，你要跟你服务的每一名经理都确认无事后才能离开办公室，明白了吗？"

2. 女秘书回邮件咄咄逼人

面对大中华区总裁的责备，秘书瑞贝卡的做法大大超出了中国传统的做法。两天后，她在邮件中回复说：

首先，我做这件事是完全正确的，我锁门是从安全角度考虑的，公司这里不是没有丢过东西，一旦丢了东西，我无法承担这个责任。

其次，你有钥匙，你自己忘了带，还要说别人不对。造成这件事的主要原因都是你自己，不要把自己的错误转移到别人的身上。

第三，你无权干涉和控制我的私人时间，我一天就8小时工作时间，请你记住中午和晚上下班后的时间都是我的私人时间。

第四，从到公司的第一天到现在为止，我工作尽职尽责，也加过很多次班，我也没有任何怨言，但是如果你们要求我加班是为了工作以外的事情，我无法做到。

第五，虽然咱们是上下级关系，也请你注意一下你说话的语气，这是做人最基本的礼貌问题。

第六，我要在这强调一下，我并没有猜想或者假定什么，因为我没有这个时间也没有这个必要。

本来，这封咄咄逼人的回信已经够令人吃惊了，瑞贝卡还选择了更加过火的做法。她回信的对象选择了该公司北京、上海、成都、广东分公司的全体员工。很快，女秘书从公司辞职，不久总裁也以其他理由离开了公司。

3. 网友反应

在事件发生当月底的网易新闻对网友的调查中，面对“显然总裁将自己的愤怒延伸到了秘书身上，尊重他人是起码的规则。总裁不够礼貌，秘书的说法是合理的。尽管她失去了工作，她值得尊重”这一陈述，595人支持，没有人反对。对于中国人来说，“公家的事再小也是大事，自家的事再大也是小事”，为什么今天中国年轻一代的员工会对领导的要求有如此的反应？在传统的理念中，中国员工往往在领导面前低声下气、无比听话，何以冒出了个敢如此忤逆的小秘书？

资料来源：根据网易新闻2006年4月25日的报道文章改编。

案例 一个90后的辞职，令我们反思曾经的深信不疑

小雯是公司年龄最小的员工，1992年出生，到公司上班半年，这是她第一份工作。然而今天，她走进办公室，递给我一封辞职信。

“发生什么事情了？”

“没什么，只是我觉得这里不是我想要的工作环境。”

“能说具体一些吗？”

“比如考勤打卡，太不人性化了，我总把工作带回家做，也没和公司要求过加班费，但早上迟到5分钟，就要扣钱，不合理。”

“唔，就因为这个事吗？”我的表情开始轻松起来，心想，真是孩子气。

“还有，公司在使用钉钉，但不要每次发通知，都搞个催促好不好。我有的时候虽然没有立即看到，但后面都会看的，结果钉钉跟催电话过来了，里面那个机器女声又实在太难听，把我逼得太紧了，我反而挺反感。”

“哦，这个和行政部说一下，可以调整。”

“但有的事情，您调整不了的。我的头儿，璐璐，很多时候想法和见解太保守了，我们做的是互联网传播，就是要创新和与众不同，璐璐在这方面的经验明显不足，但又总是摆出一副‘我来教你做’的架子。实际上我有自己的想法，做出来效果也比她的方法好，但她总觉得我是新人，什么都不懂，听话照做就对了，很难给我什么肯定和机会。”

“嗯”，提到璐璐，小雯的描述我也比较认同，璐璐是86年的，自己干活很卖力，但管理经验是缺了些，刚被提成经理不久。“还有吗？”

“公司的文化我不太认同。公司总在提奋斗、拼搏、付出，但我不需要这些啊。我对工作的要求第一是快乐，第二有成长。首先这得是一个我喜欢的环境，我在这儿有好朋友，我每天上班很开心，同时我在做喜欢做的事情，有进步和提高。我干活不怕加班，项目过来了，只要是有趣的，我通宵都干过，但不要让我重复做一些枯燥的事情啊，好乏味的。

公司讲奋斗，有时候还讲狼性文化，说真的，我不太接受。我为什么要那么苦哈哈地奋斗啊，我不需要那么多钱，够我日常花的就可以了，我也不想把工作变成我的全部，我还有更多丰富的生活呢。我就希望工作和生活的其他部分一样，都是开开心心的，能交到谈得来的好朋友，快乐地干活，每一天都很好玩儿。”

听着小雯的话，我陷入了深深的沉思，我们都在说市场变了，互联网时代来了。但却往往忽视了，员工也在变化，公司内部的企业文化是不是也需要改变了？

资料来源：节选自陈恳发表于搜狐网的《一个90后的辞职，令我们反思曾经的深信不疑》一文。

案例 累死累活干不过写 PPT 的，年会上 95 后员工当场吐槽老板！

2019 年 1 月 24 晚，在新东方的年会上六位 95 后的员工改编自《沙漠骆驼》的《释放自我》共 76 句歌词，写得非常大胆，我们节选几段：

什么独立人格 什么诚信负责 只会为老板的朋友圈高歌 领导随口一说 立刻讨好跟着 什么节操品格 什么职业道德 只会为人民币疯狂的高歌	烂摊子从没管过 吹牛(滴—）从没停过 一个简单问题需要答案 董事长问总裁，总裁问校长 校长问总监，而总监问经理 经理问主管，主管问专员 专员还要问兼职	什么全球视野 什么志高行远 说好的三年规划每年都在变 业绩好功劳在你 业绩差不能怪你 或许是职能部门不够给力

俞敏洪第一时间的回应为：“网上 diss 老板的节目，我其实之前并不知情，年会现场第一次看到，觉得员工敢于当面 diss 老板，暴露新东方的问题，值得鼓励。所以今天决定给予参与创作和演出的员工奖励 12 万元，鼓励企业中敢于直言的精神和文化。当然，最重要的是要直面问题，并迅速解决问题。”

视频在网上很快热播，网友的评论可以归纳为三个方面：一是说出我们的心里话；二是这六位员工太有勇气；三是为他们担忧，怕他们会遭遇“秋后算账”。

资料来源：节选自搜狐新闻 2019 年 1 月 25 日的同名文章。

以上三个有代表性的案例给我们带来的思考是：领导意味着什么？使新一代员工认同组织、追随领导者的原因有哪些？

引子 影响新一代员工组织满意度的因素

富士康员工的“13 跳”及其太原工厂 2000 多名年轻员工群殴事件等，这一切不能说明务工人员的工资有多么低，更不代表郭台铭严苛地“剥削工人”，问题的实质是传统半军事化的员工管理模式对新生代员工是多么不合适。在富士康的厂区工作的基本上是 85 后和 90 后青年人，对于他们来说，富士康是一份工作，但也许也是他们第一次真正去认识社会、接触社会的机会，他们与父辈相比有更高的追求，希望能够平等地享受城市生活，最终在城市生根。这些年轻的员工希望厂区的管理能不那么简单、粗暴，多一些“人文关怀”，但具体怎么做，他们自己也说不清楚。虽然郭台铭为自己的公司设计了种种完美的制度，甚至教会管理层怎样提升员工的满意度、怎样与员工交流等众多技能，但还是因为年龄、阅历、生活方式的巨大差异而造成了不可逾越的鸿沟。在富士康大的厂区，人数虽然与一个城市类似，但城市里最基本的元素是家庭，而这里是单个的个人；城市里人口年龄多层次，而这里的人集中于一个年龄段（而且是 20 ~ 35 岁），富士康只是个企业，自身无法也不应该承担一个城市的职能。

2010 年，一位国企 70 后管理者向我抱怨他难管的 80 后下属，我给他的回应是：两年后 90 后青年人大量进入职场，他们才难管呢！我的描述是，你要只靠职权压他，他会说：看你那样，不就是个芝麻官吗？老子不干了！几年前，企业里已出现了这样的情况。而这次新东方的 95 后员工们在另一种层面挑战了传统管理，这件事注定会在中国企业管理史上留下浓重的一笔。

如今，我们不怎么提“劳动生产率”一词，但这个词却是很有意义的。

我们大谈特谈的劳动力成本的提升，更可能是因为在经济体量增大的过程中，劳动生产率没有得到应有的提升；工资收入翻两番不难，但如果没有劳动生产率的同步提升，那么带来的只会是“钱不值钱”。新的内外部环境和员工队伍的多元化，也促使我们的各类组织思考：除了收入和职位，还有什么能促进工作业绩的提升？

笔者多年来在针对企业管理者的培训课堂里开展“影响80后员工组织满意度的因素有哪些”的小组讨论，综合归纳后有如下八类答案：

（1）自由与制度约束之间的平衡；

（2）个人职业发展前景；

（3）单位的文化理念；

（4）单位对员工个人与生活的尊重；

（5）薪酬福利待遇；

（6）直接领导的个人能力与魅力；

（7）单位的整体工作氛围（办公室生态）；

（8）与同龄人的横向对比。

没有满意的员工就不可能有满意的顾客，这一理念已深入人心，德国和日本的高品质产品和服务源于“造物先造人”的信念。无论是哪个行业，无论怎样的转型、创新计划，没有一支既有意愿又有能力的职业化员工队伍的参与，都是无法落地并成功的。在物质生活相对丰富的80后、物质条件相对优越的90后和00后们成为职场主力军的环境下，我们必须思考和研究一个现实且有意义的问题：撇去表面物质的东西，到底什么是影响他们的组织满意度的因素？为此，企业管理的理念、模式、对人的管理等该做怎样的变革？研究这些问题是企业创新的第一步。

一、从管理转向领导

在传统管理职能学派中，组织中的领导行为仍然属于管理活动的范畴，它是管理的一个职能。简单地说，领导就是指引和影响个体、群体或组织来实现其目标的各种活动过程。

1. 管理者与领导者

虽然领导与管理密切相关，但它们之间的功能和作用是有明显区别的，如表 3-1 所示。

表 3-1　管理者与领导者的区别

	管理	领导
确立目标进程	编制计划和预算 ● 为达成目标，制订出详细的计划及其进度 ● 进行资源分配	指明方向和确定战略 ● 展现未来的愿景与目标 ● 确定达到愿景目标的战略
开发完成目标所需的人力和网络结构	组织和配备人员 ● 组建完成计划所需的组织结构并为之配备相应的人员 ● 根据完成计划的需要，规定人们的责权关系 ● 制订具体政策和规程以指导人们的行动 ● 控制和解决问题	指导人们 ● 与下属沟通，为他们指明方向、路线 ● 让人们更好地理解目标管理战略以及实现后的效益。 ● 指引人们根据需要建立工作组织和合作伙伴关系 ● 鼓励和激励
执行	● 通过具体详细的计划监督进程和结果	● 动员人们克服组织变革中的种种障碍 ● 实现变革目标
结果	● 建立良好的秩序 ● 得到各利益相关人所期望的成果	● 变革取得较大的进展 ● 具备进一步变革的潜力

资料来源：柯林斯，德文娜 . 工商管理新论 [M]. 张宇宏，译 . 上海：上海译文出版社，1997.

管理和领导构成同一过程中既相互区别又相互补充的两个体系，它们各自有自身的功能和特点，同时又是组织取得成功必不可缺的组成部分。管理是用于应付复杂事务的，领导则是与变革相对的。领导补充了管理，但绝不能替代管理。如果缺乏良好的管理，复杂的组织必将是一团糟，进而直接威胁到它的生存。有序的管理会赋予组织诸如产品质量、收益等许多重要方面相应的秩序和连续性。

沃伦·本尼斯将领导与管理分开，并以此为自我管理理论做出了重要的贡献。在其经典著作《做领导》中，本尼斯巧妙地对领导和管理的功能进行了比较：

管理者经营，领导者创新

管理者是复制品，领导者是原创者

管理者维持，领导者发展

管理者接受现实，领导者考察现实

管理者关注系统和结构，领导者关注人

管理者依赖控制，领导者鼓励信任

管理者短视，领导者高瞻远瞩

管理者询问“如何”“何时”，领导者询问“什么”“为什么”

管理者总是将眼睛盯在底线上，领导者总是将眼睛落在地平线上

管理者模仿，领导者创造

管理者接受现状，领导者挑战现状

管理者是经典意义上的好战士，领导者则是他/她自己

管理者矫正事物，领导者做正确的事情

可以这样归纳，领导者是管理者，而管理者不一定是领导者。在今天这样的环境下，一个好的管理者应该把自己修炼成领导者。有一点需要指出的是，领导者在更大程度上受自身条件影响，而管理者更多地可以通过商业学院流水线训练出来。

当我们引入量子思维和术语后，可以把图 3-1 中的横标归为传统的牛顿思维，而纵标就是量子思维。

从现实来看，管理在应对内外部环境挑战的过程中经历了不同的发展阶段。随着管理变得更加成熟和自觉，它开始自动地逐渐向领导演化。在这一过程中，进步与倒退并行。之后，明确的演化模式形成了，它推动以权威原

则为基础的管理向以民主标准为基础的领导转变。

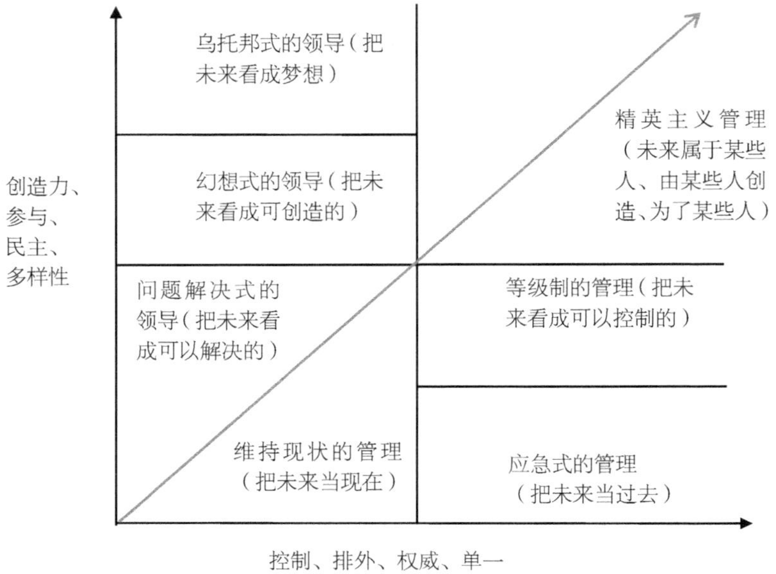

图 3-1　管理者与领导者对未来不同的态度

2. 领导者的特质

领导者在中国常被“干部”一词替代，我们也常讨论“管理者与领导者的区别”，最常见的答案是“管理者正确地做事，领导者做正确的事”。在笔者的培训课堂上，即使是来自上海的企业管理者们的基本认识也是“领导者负责战略决策，管理者负责执行”“比一般管理者职级高的是领导者”等。如今，我们可以从自身影响力的来源区分管理者与领导者。当你的影响力有60% ~ 70% 来自所占据的职位，那么你就是个管理者；如你的影响力有 50% 以上来自于非职权，那么你就是个领导者。前者更多的是谈论“效率、成本、流程”，后者更多地谈论“愿景、使命、价值观、员工满意度”。

近些年来，领导之所以变得更为重要，其主要原因在于当今的组织所处的环境更加突显出多元复杂性和不确定性。更多的变化总是要求强有力的领导，每一位管理者都应努力把自己塑造成为一个有效的领导者。从个人影响力的来源看，管理者主要依靠其职位授予的权威来控制；而领导者主要依靠自身的影响力，来保证组织目标的科学性，来激发下属的潜能。

德鲁克认为，管理者的一些能力是可以通过系统学习获得的，但有一种素质难以通过学习获得，这种素质就是品格。上海保集学院院长李亚中把领导者的特质分为五大类，分别用人的五个手指头表示[①]。

（1）大拇指：与人为善。与人为善（信任）是做人的基础，没有这项品质，其他一切免谈。

（2）食指：追求卓越。追求卓越是做事的标准和要求，它能指引我们以高标准要求自己，做事全力以赴、精益求精，而不是敷衍了事、得过且过。

（3）中指：自信果敢。自信果敢又叫作人际勇气，处于五指居中之位，左右逢源，如果强大就能形成合力和张力，剑锋所指，所向披靡。但如果它过分强大，其破坏力也随之加剧。

（4）无名指：战略思维。战略思维是目标与成果的完美结合。简而言之，目标与手段要一致，既要懂得目标取舍，也要懂得区分长短期目标及其相应的措施。

（5）小拇指：知人之智。知人之智（识人、用人的智慧）如果强大，就能耳聪目明，四两拨千斤。小指排在最后，表示团队在前，个人在后，容人所短，用人所长。

五大特质中有两个是后天很难改变的，即“与人为善”和“追求卓越”，几乎都是在儿童时期“修炼而成”的。就“与人为善”而言，信奉 X 理论的人认为“人之初，性本恶”，很难相信别人，也很难得到别人的信任；反之，信奉 Y 理论的人认为“人之初，性本善”，比较容易相信别人，也容易得到别人的信任。追求卓越也是儿童时代养成的，后天较难改变。一个人的天性是懒散，还是勤奋，对待工作是高标准、严要求，还是马马虎虎完成就好，在成年之后几乎无法再做出明显改变。所以，判断一个人是否能够追求卓越，主要考量两个方面，即意志力与自我挑战。

---

① 春眠不觉晓．人才的选择比培养更重要 [EB/OL]. 中人网，2016-07-18.

对于“人际勇气”的培养，先天与后天同等重要，“战略思维”和“知人之智”更多地靠后天学习。在人才管理上，后天部分可以积极发展，先天部分主要靠甄选，而非培养。所以，从这个意义上说，人才的选择比培养更重要。

管理学是一门“科学 + 艺术 + 技巧”的学科，管理更具备其中理性的“科学性”，而领导更具备其中感性的“艺术性”和“技巧性”。长期以来，受传统教育和观念的影响，使得从管理向领导的转型对管理者来说是一项艰巨的任务。

二、到底什么是领导力

领导力一直是组织管理理论与实践关注的一个重点与难点，在组织所处的环境相对稳定的情况下，机器、产品、技术的投入与产出均可以有效控制；而“人”有思想、感情和情绪，无法像非人力资源那样事先计划、安排，只要按下按钮就会得到标准化的预期产出。为此，了解人、理解人、激发人就成为领导者工作的出发点和目标。

1. 领导力就是影响力

约翰·麦克斯维尔对领导力的定义是最简洁的：“领导力就是影响力。”下面我们给出一些有代表意义的概念或定义：

沃伦·本尼斯的定义是：认识自己，有愿景并能把这种愿景传达出去，在同事间建立信任，通过采取有效的行为实现这种愿景。

罗马教区的定义为：在尊重他人自由的前提下，影响他人向一个群体目标努力的过程。这个定义非常难能可贵地强调了尊重他人自由的前提，所以，暴君、专制统治者是不能归为这个定义的领导力之列的。我们之所以选择这个定义是因为世界上存活最久的组织是教会。

美国前国务卿基辛格博士说：“领导就是要让他的人们，从他们现在的地方，带领他们去还没有去过的地方。”

通用汽车前副总裁马克·赫根对领导者的描述为：“记住，是人使事情发生，世界上最好的计划，如果没有人去执行，那它就没有任何意义。我努力让最聪明、最有创造性的人们在我周围。我的目标是永远为那些最优秀，最有天才的人们创造他们想要的工作环境。如果你尊敬人们并且永远保持你的诺言，你将会是一个领导者，不管你在公司的位置高低。”

以上列出了管理学家、政治家、宗教界和企业家对“领导力”的定义，我们可以体会到其中的相同之处。笔者在本书中采用约翰·麦克斯维尔的“领导力就是影响力”。说到“权力”一词，我们可能还会羞答答，说到对“影响力”的向往却是每个人都可以坦诚地来谈论的。无论我们多么地位卑下，我们都希望获得一定的影响力，这表现在，我们说出的话有人倾听，给出的方案有人在意，“消失”期间有人在乎我们。在互联网时代，把手机和电脑关掉，“失联”一周后打开机和电脑，看看有多少人联系你六次以上，这是最简单的测试“影响力指数”的方法。

“领导”一词可以是名词（Leader）也可以是动词（Leading），前者形成了管理学上的领导理论，后者就是我们说的“领导力”。以前我们更多地谈名词，说到领导一词，我们更多想到处在高、中层职权位置上的人。我们以为只有“领导”或“干部”才需要修炼“领导力”，如果你提出企业基层员工也需要领导力的时候，会引发反对或不解的声音的。

2. 影响力的来源

20 世纪 50 年代末，约翰·佛伦齐和柏特伦·雷文提出了权力架构模型，并经受了时间的检验。该模型将权力分为五种不同的形式，如图 3-2 所示。

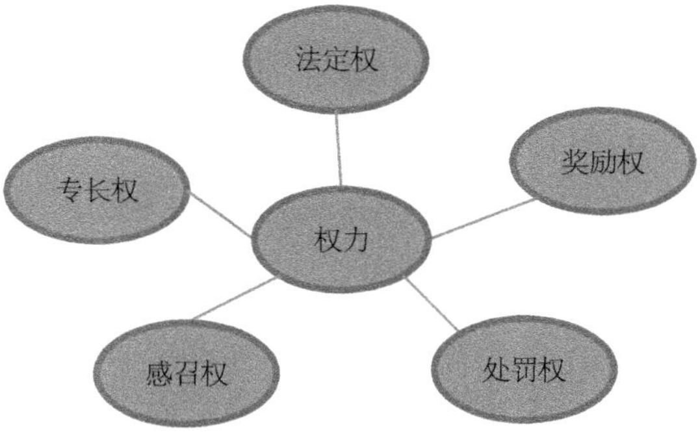

图 3-2　权力架构模型

（1）法定权。这种权力来自管理者在组织中的职位，来自职位赋予的法定的权力。

（2）奖励权。管理者有权分发奖励，如奖金发放、股权激励、工作表现评定、职位提升等。这一权力是由法定权力派生出来的。

（3）处罚权。使用处罚权的管理者会对下属表明，他们有可能受到惩罚，比如指责、降级、扣工资等。对于使用这一权力的管理者的下属们来说，他们工作的推动力不是理想或是对工作的热爱，而是惧怕。处罚权是由法定权力派生出来的。

（4）专长权。管理者热心与他人分享自己的经验、技巧，他会毫无保留地向任何需要的人提供专业和技术上的建议，或者对他们提供额外的指导和培训。这是一种基于知识、技术和经验的权力。

（5）感召权。也称为个人魅力或个人影响力。这种权力来自个人创建的人际关系和培养的感情。拥有这种权力的人能意识到自己对他人产生的影响，能注意到别人的感受和反应。

在西方的组织中，管理者们觉得自己对下属的影响力不足的原因可能更多地来自于自己缺乏个人魅力，不够热情洋溢、不够个性。在中国的环境里，管理者们把自己对下属影响力不够的原因更多地归于自身拥有的职位权力不够大。权力是人人都渴望的东西，对于大多数中国人来说，“权力”一词更多的是指一个人拥有的正式职位的高低，也就是官有多大，掌握的组织资源有多少。传统观念认为，权力是对行为的控制力，是指上级对下属有权威。现代管理学将权力定义为一个人影响他人行为的潜力，这是对传统定义的一个修正。

归纳起来，影响力有两大来源：一个是职位（权力性），另一个是个人自身（非权力性）。权力性影响力又称为强制性影响力，这种影响力对人的影响带有强迫性、不可抗拒性，它是通过外推力的方式发挥作用的。在这种作用方式下，影响力对人的心理和行为的激励是有限的。构成权力性影响力的因素主要有法律、职位、习惯、暴力。与权力性影响力相反的另一种影响力是非权力性影响力，非权力性影响力也称为非强制性影响力，它主要来源于领导者个人的专长与魅力，以及领导者与被领导者之间的相互感召和相互信赖。构成非权力性影响力的因素主要有品格、才能、知识、情感。如图 3–3 所示。

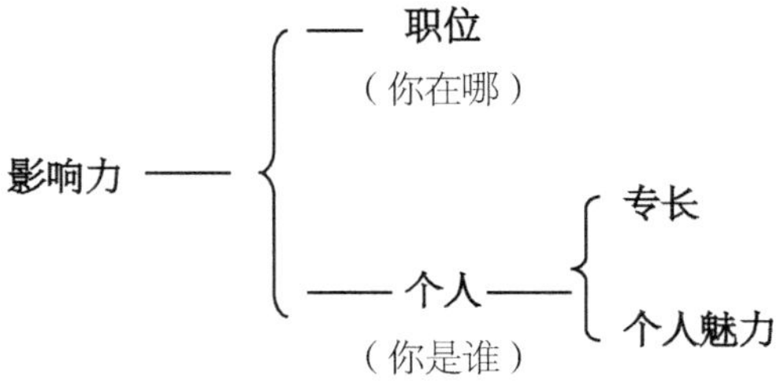

图 3–3　影响力的来源

影响力来自职位和个人自身。人力资本和社会资本这两个概念有利于我们理解这两个来源。人力资本指的是个人的能力和胜任力，社会资本指的是个人在组织内外的社会关系。来自职位的权力是组织授予的，并由法律、制度明文规定，并随职务的变动而变动，包括法定权力、奖惩权和控制权。组织成员往往出于压力和习惯而不得不服从于这种权力。来自领导者自身的权力包括专长权和个人影响权。这种权力不会随职位的消失而消失，它会带来组织成员发自内心的、长期的尊重与服从。一个领导者若没有任何影响力是没有办法完成任务的，但影响力过大也是危险的，正如那句名言所说：权力导致腐败，绝对的权力导致绝对的腐败。个人拥有的权力大到一定程度，也会成为个人和组织绩效的绊脚石。

（1）职位影响力的来源。领导者之所以能够实现对下属的领导，其基础是职位权。在正式组织中，领导者担任某一职务，享受相应的权力和承担相应的责任，并以自身的素质来引导和影响别人，从而完成组织目标。个人的职位和任务分工的特点决定了组织内部职位权力的来源。产生职位影响力的四个重要的职位特征如下：

1）中心性。该职位在组织任务和人际关系网中占据中心性。

2）灵活性。在此职位上拥有一定的决策权力。

3）可见性。任务绩效能够被组织中有影响的人看到。

4）相关性。所分配的任务与组织优先目标相关。

（2）个人影响力的来源。对于任何一个领导者来说，职位权力无论何时都是必要的，但仅拥有职位权力的领导者只可能是一位指挥官，而不能成为令人信赖和敬佩的领导者。作为一名现代的领导者，应注重自身素质的修炼，更加自觉地培养来自自身的影响力。产生个人影响力的四个重要的职位特征：

1）专业技术。掌握相关的知识和经验。

2）个人吸引力。与友谊相关的理想特征。

3）努力。高于期望的时间与精力保证。

4）合理性。同组织核心价值观一致的行为。

（3）有效的结合。即使在追求分权化的今天，权力仍然是大多数组织运转的基础，那些懂得运用权力的领导者往往比蔑视、不会用权的人更容易获得成功。对权力的来源按照从公开到隐蔽的顺序进行排列，结果如图 3-4 所示。

图 3-4　权力的来源

资料来源：格拉斯 . 卓越管理的新思维：理念、工具和人 [M]. 徐玮，魏立源，译 . 北京：中国标准出版社，2000.

在集权组织中，主要依靠左边的权力来源运转。在这些来源中，领导者往往求助于职位权力，通过取得信息的途径、规则和程序来获得对他人的影响力。在开放、扁平化的组织中，领导者更多地利用隐蔽的方法，如自身的能力、专长和良好的沟通等来影响他人。

我们每个人都希望自己对他人有影响力，以求自我实现。有影响力的人拥有权力，但拥有权力的人不一定都有影响力。影响力确保我们真正获得与自己共同实现目标的其他人的赞赏、认同、服从与追随。把权力转变为影响力的关键在于以激发支持和承诺的方式获得他人的赞同。当目标个体同意根据权力持有人的愿望行动的时候，权力就转变为影响力。

软权力（Soft Power）的提出者约瑟夫·奈认为，权力分为两种：硬权力和软权力。硬权力指的是使用胁迫、逼迫、制裁等手段来达到控制他人的目标；而软权力指的是通过吸引力而不是胁迫手段达到目的。约瑟夫·奈指出，在21世纪，无论何种组织，管理者对软权力的运用将成为成功的关键性因素。

“领导”的英文“lead”来自印欧语系词根“leith”，意思是“跨越界限”。在这个意义上，领导是向前迈进的一种行为，而且这种行为方式能够鼓舞他人。由于深受传统官本位文化的影响，我们倾向于把职务权威混同为领导权，在组织中只要职位比我们高一级以上的人都是我们的“领导者”。然而，在我们身处的时代，不管职位权力多么大，对很多问题也是无法解决的。最理想的状态是，把具有领导能力的那些人放在应有的职位上，赋予他们相应的职位权力。从另一个角度讲，那些处在管理职位上的管理者要修炼自身的非职位影响力。

3. 人际吸引——领导力的心理学视角

人是社会动物，周围一定要有人，我们才会觉得有意义。“活着”的拉丁文是“inter hominem esse”，直译就是“在人群当中”；“死亡”的拉丁文是“inter hominem esse desinere”，直译为“不在人群当中”。对于古罗马公民而言，被放逐城外是仅次于直接处死的重刑，无论拥有多么庞大的资产，一旦被放逐，就不许再与同侪接触。人类演化的过程证明，在同类中保持能相互照应的距离，存活的机会就会大增。人类越是依赖知识，那么共同分享一些知识对人类就越有利。英文中的“白痴”即“idiot”一词源自希腊文，原来的意思是“独处的人”。

人与人之间的依赖源于我们是社会动物，源于我们有一种强烈的归属需要——与他人建立持续而亲密关系的需要，当我们有所归属时，当我们感到被一种亲密关系支持时，我们会更加健康和快乐。

到底是什么让我们彼此喜欢与吸引呢？也就是说，产生人际吸引的因素是什么呢？社会心理学家埃里奥特·阿伦森将其总结为回报理论。阿伦森提出，通过查看社会成本和收益，我们通常能够明白为什么人们会彼此吸引。简言之，回报理论认为我们最喜欢的人是那些给予我们最大回报，而只需要我们付出最少成本的人。社会心理学家发现了四个可以预测人际吸引力的因素，即接近性、外貌吸引、相似性以及自我表露。

（1）接近性。研究显示，经常见面能够增进关系。原因有两个：一是在得到相同回报的情况下，我们需要付出的成本（时间和便利）最少；二是每个人心中都有寻求安全感的倾向，接触交往得越多，彼此之间的熟悉程度就越高，信任感就会增强，从而带来内心的安全感和舒适感。因此，人们之间交流互动得越多，吸引和喜欢上对方的概率就越大。

管理者要想建立与员工的亲密关系，最好的办法就是多与下属交流互动。应减少组织结构层级、组建团队结构，拉近大家之间的空间和心理距离，面对面地沟通互动。

（2）外貌吸引。即使人们总是说“不能以貌取人”“人不可貌相”，但事实上，“爱美之心，人皆有之”，迷人的外表的确会影响我们的人际交往。脑科学研究表明，我们的大脑有一个特定的区域会对迷人的面孔做出反应。当我们看到迷人的面孔时，大脑的特定区域就会变得非常活跃，并引发我们的积极情绪；而当我们看到那些不怎么好看的面孔时，这部分区域就会与消极情绪（如厌恶）相联系。同样地，研究进一步表明，漂亮的人还具有其他方面好的品质，如聪明、机灵、开朗、活泼等，于是我们就把好的个性品质与美貌相互对应起来，形成一种习惯性的漂亮的晕轮效应。迷人的外表不单单是指一个人的容貌，还包括一个人的体态、衣着打扮、风度、气质等，这些都是可以通过后天的努力来培养和修饰的。

管理者要时刻注意自己的外在形象，更为重要的是提升自己的情商和沟通水平，以良好的精神面貌示人，营造正能量的气场，提升自身的人际吸引力。

（3）相似性。亚里士多德认为，朋友就是这样的一些人，他们与我们关于善恶的观点一致，他们与我们关于敌友的观点也一致。我们喜欢那些与我们相似的人，以及那些与我们有着共同追求的人。物以类聚，人以群分，人们通常觉得与有共同兴趣、价值观及经历的人交朋友会收获更大。当一个人和你有相似的兴趣、态度或者价值观时，你和他（她）之间会拥有更多的“共同话题”，而他（她）也能更加理解和认同你的想法与决定。

因此，企业高层管理者要倡导和践行统一的价值观，使全体员工在企业文化层面达到“相似”，同时也要倡导尊重、包容的文化，以一颗包容的心去接纳对方和我们不一样的地方。

（4）自我表露。在刚认识新朋友时，人们一般会谈论一些相对“安全”的话题，如天气、爱好、运动、新闻、共同的经历等，一般情况下很少会分享个人和隐私的话题。而当两个人的关系越来越亲密的时候，所分享的个人信息和真实想法就会越来越多，我们称之为“自我表露”。这种自我表露是双向的，是建立在彼此信任和亲密关系的基础上的。因为此时我们更相信对方，更愿意、也更希望用这种“信息交换”来维持双方之间沟通的平衡和满足各自的情感需要。 自我表露是一个强有力的“信任”表征，具有很强的象征性，可以增加他人对自己的好感。自我表露具有扩散效应，可以引发对方也做自我表露，从而增进相互间的了解、信任以及感情上的接近。但在人际交往中，如果一方过早地自我表露，而另一方却没有准备好以同样的方式进行回应时，双方的对话和交流就会很容易陷入一个尴尬的局面，以致交往无法顺利地进行下去。

因此，管理者要积极、主动地向员工敞开心扉，倡导和践行开放的文化，同时也要掌握一些心理学知识，科学地把握和满足员工不同的心理需要。

除以上四个因素外，还有两个因素会影响人际吸引：

一是才能。研究表明，在其他条件都相同的情况下，有才能的人容易得到人们的喜爱。可能的解释是人们与有才能的人在一起，可以得到更多的指导，少犯错误，觉得更安全一些。但是，才能这一吸引力是相当复杂的。

二是需求、气质的互补性。当双方的需求或气质能互补时，就能形成强烈的吸引力。例如，一个有支配性格的人容易和被动型的人相处，这是因为彼此之间可以取长补短，互相满足对方的需求。一般而言，人际吸引中的互补作用多发生在交情较深的朋友、恋人、夫妻间。

三、量子领导力

领导是一种行为，而非一个角色，我们永远需要领导。但是，究竟需要什么样的领导者，要看组织的环境。如今，牛顿式领导者的思维方式与行为应转变为量子领导者的思维方式与行为。量子领导者的三个关键词是：责任、激励和服务。对于量子领导者来说，首先要明确两个大问题：一是我要把我的组织带到哪里去；二是人在组织中的地位和作用是什么。

1. 把组织带往何处

左哈尔的《量子领导者：商业思维和实践的革命》一书的最后一段是量子领导者的誓言："我相信，全球商业有财力和有能力，在我们如今糟糕的世界中做出卓越的成就，帮助自己，也帮助他人做出成就。我希望看到商业将视野提升至'社会底线/短期财务指标'之上。我希望看到商业发展成为一种职业，就如同高等职业一般。这就需要在商业中增加道德层面的东西，以价值和服务为导向，逐步消除私企与公众服务机构的天然界线。我希望看到商业对这个世界负有责任，因为商业在这个世界中运行，也从中受益。我希望看到自己成为服务型的商业领袖，不仅为股东、同事、员工、商品和客户服务，也为集体、地球、人性、未来和生活本身服务。"①

在今天这样一个一切皆有关联，充满不确定性的环境中，唯有哲学层面上的东西才能在心智模式与思维上给予我们有效指导，为此领导者首要的责任是明确自己要把组织带到哪儿去，大到国家、民族层面的"中国梦"，小到一个组织的愿景。

① 左哈尔. 量子领导者：商业思维和实践的革命 [M]. 杨壮，施诺，译. 北京：机械工业出版社，2013.

（1）马斯洛需求层次理论还有第六层次。马斯洛、赫茨伯格等心理学家将心理学的理论、思想、方法、手段与管理学结合，对组织中人的心理、动机进行了大量的研究，促进了人的发展和完善。1954 年，身为人本心理学中流砥柱的马斯洛（1908—1970 年）出版了影响深远的巨著《动机与人格》，书中提出了著名的需求五层次论。

1959 年以后，马斯洛越来越多地考察了东方的观点，对东方文化的研究促使其反思自己已经创建的人性观。通过对自我实现的人的精神生活与行为方式进行深入研究，他发现人类天性中还有一种固有的精神维度，那就是作为最高需要层次的精神的自我实现或超越的自我实现。于是，马斯洛将人本心理学视为心理学发展的一个过渡性阶段，认为它应该被一种更高阶段的心理学代替，并将这种新心理学称为“超人本心理学”（Trans-humanistic Psychology）。马斯洛感到五层需求的层次架构不够完整，自我实现并不能成为人的终极目标。他越来越意识到，一味强调自我实现的层次会导向不健康的个人主义，甚至自我中心的倾向。

马斯洛去世前发表了一篇重要的文章《Z 理论》（Theory Z），在文中重新反省了他多年来发展出的需求理论，并增加了第六个需求层次，进而归纳为三个次理论，即“X 理论”“Y 理论”“Z 理论”，构成了下面的体系（见图 3-5）。

马斯洛用不同的字眼来描述新增加的最高需求，如超个人、超越、灵性、超人性、超越自我、神秘的、有道的、超人本（不再以人类为中心，而以宇宙为中心）、天人合一等。直到 2019 年，我们的心理学和管理学教科书所呈现出来的，始终限于马斯洛早期的需求五层次理论，基本上不提后期的修正。

具有荣格心理学派背景的精神医学家和专职心理治疗师马歇尔在对无数患者的行为和反应进行长期观察的基础上，于 1997 年发表了“动机量表”，这项量表源自马斯洛的需求层次理论，把 6 项动机扩大到 16 项动机，其中 8 项为正面动机，8 项为负面动机。每一项动机实际都代表了一整套“思维定

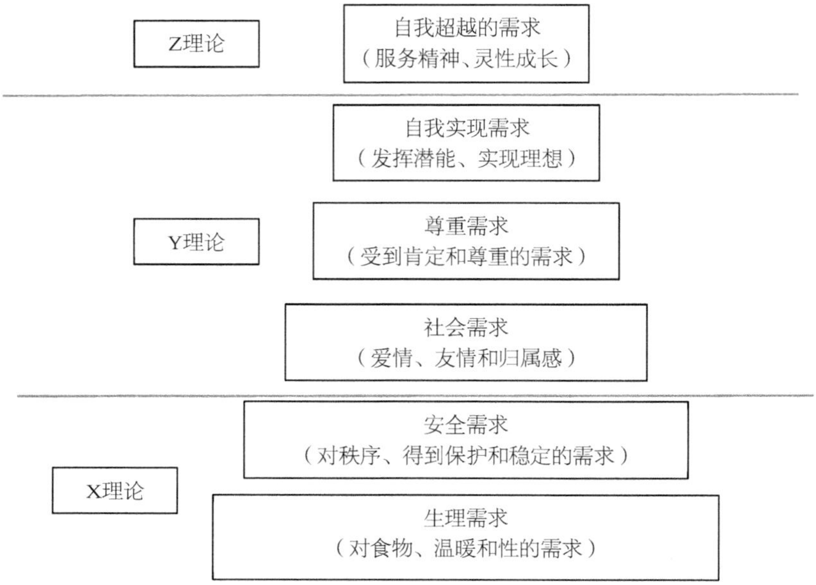

图 3-5　马斯洛需求六层次

式”，包括价值观、假设、向往、策略、关系、情绪与行为。其中，与马斯洛需求层次第六层次“自我超越的需求”对应的三个动机是“启蒙教化”“世界灵魂”“服务精神”。

左哈尔提出的“灵商”建立在马斯洛需求层次第六层次的基础上。灵商（Spiritual Intelligence Quotient，SQ）是心灵智力，即灵感智商，就是对事物本质的灵感、顿悟能力和直觉思维能力。实际上，灵商是一种智力潜能，属于潜意识的能量范畴。在对智商、情商强化的同时，我们必须站在灵商这个制高点上，发挥高度的觉悟性，以促进成功。在组织管理中，开发与运用灵商，就是要更多地谈论与实践企业的使命、价值观，通过企业文化的管理来促进企业更好地承担社会责任，更好地为员工的全面成长提供平台。

量子领导者将自身和员工的动机转向更具有积极意义的探索、合作、服务和创新，使企业能从更高层次的“自我超越”的动机出发，拥有在清晰价值观基础上更深刻的使命，对企业的愿景有更广泛的理解，从而超越短期的财务指标。

（2）量子动力学视角的需求层次。一般地，我们认为，根据马斯洛需求层次理论的逻辑，人的首要需求是基于物质的需求，而且只有低一级的需求得到满足后，才会产生更高一级的需求，对高一级需求的追求未果后会转而求其次。中国古语云“仓廪实而知礼节”，但难道“知礼节而仓廪实”就没有道理吗？其实这只是两种思维方式和价值观的不同认识。在《心理资本：灵商创造完美的资本》一书中，左哈尔提出需要将马斯洛的金字塔翻转过来的观点。有无数的例子证明人们牺牲安逸、食品、亲人的陪伴甚至是生命，来追求更有意义的、更高境界的道德或更高远的理想。当然，高层次的追求并不能与较低层次的物质满足、安全、自尊心等割裂开来，每个层次的需求都是相互影响、相互渗透的。在公司里，我们无法将企业的逐利性与其深层次的价值观和愿景分离开，也不能把股东的需求与员工自我实现的满足绝对地对立起来。左哈尔提出，应从量子动力学的角度来替代马斯洛的需求层次理论（见图 3-6）。

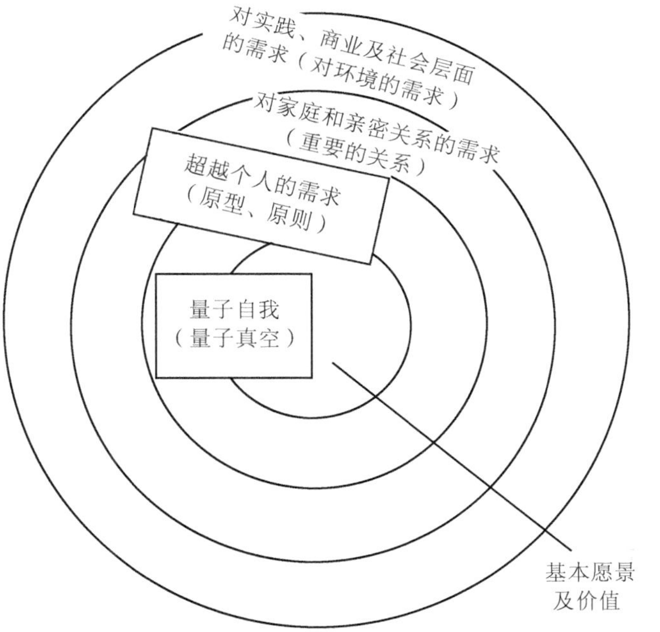

图 3-6 量子动力学视角的需求层次

资料来源：左哈尔．量子领导者：商业思维和实践的革命 [M]. 杨壮，施诺，译．北京：机械工业出版社，2013.

左哈尔把人的需求分为四个层次，即量子自我、超越个人的需求、对家庭和亲密关系的需求和对环境的需求。这四种需求不是相互割裂的，而是在一个大系统中相互纠缠和作用。

在企业管理的语境里，“量子自我”层次指的是企业的基本愿景和核心价值观。“愿景”就是站在今天的“此岸”上，领导者要把公司带入的那个“彼岸”。愿景绝非公司的下一个五年计划之类的，它是一个全方位的概念，指的是在无意识状态下所体现的一种认同感，包括更深入、能激励人心的核心价值观和长期的战略目标及定位。这是唯一能改变现存的思维模式和价值观、领导模式以及公司组织结构的层次。

（3）企业社会责任的层次。“面临关键时刻决策的价值观”是企业伦理的又一个名称，而企业的社会责任就是认真地思考企业的一举一动对社会的影响。也就是说，企业在决策的时候必须考虑到其行为对社会的影响，其中的“社会”，是指企业的利益相关者。企业承担社会责任的哲学逻辑是：企业与其利益相关者是一种共生共存的关系，企业赚取利润不应建立在损害利益相关者的基础之上。

观念决定行为，我们可以把企业的社会责任分为两个层面：一是理念；二是行为。从理念层面，企业在做决策的时候就应考虑到方案是否会给各利益相关者造成损害，利益相关者的利益应该是企业决策的约束条件；从行为层面，企业在追求自身利益的同时，是否能采取一些行动将对利益相关者的损害降到最低，或是给他们也带来利益。

社会学家亚奇·卡洛将企业社会责任的内涵归纳为四个层次：

1）经济层面的责任：企业需要有效地使用资源为股东创造利润。

2）法律层面的责任：企业与其利益相关者为了维持顺利的运作，必须遵守法律所规定的权利与义务。

3）伦理层面的责任：虽然法律系统没有明文规定，但伦理是企业与社会持续运作所需遵守的规范。

4）道德层面的责任：企业出于自愿对他人或团体提供协助或照顾。

我们把亚奇·卡洛提出的企业社会责任的四个层次列为如图 3-7 所示的金字塔形状，这样的表达对于中国的管理者们来说是比较容易接受的。在市场经济环境中，企业占用了社会的资源，就应该使资源增值。也就是说，企业必须是有能力盈利的，只有这样才能给予股东合理的回报、给政府提供税收、吸纳劳动力就业、为员工发放工资和提供良好的工作环境。一个占着资源不增值的企业是市场伦理中最大的不道德，这就是企业社会责任的第一个层面，也是最基础的经济层面的责任。“君子爱财，取之有道”，企业赚钱了，有没有守法？这是企业社会责任的第二个层面。法律明确规定了行为主体该做与不该做的事项，企业在赚钱的过程中必须严格遵循法律的要求。虽然法律具有前瞻性的特征，但人类对事物的认识带有一定的滞后性，法律也只能是一张网，大风吹过的时候总有空的地方，这些空的地方就需要伦理来保障。例如，在竞争激烈的交易活动中，企业为了拿到对方的订单，常常会拍着胸脯给出一些超越法律、法规要求的额外承诺，这就涉及企业社会责任的第三个层面——伦理层面。对于企业来说，法律可以被践踏，承诺也可以违背，最终靠得住的只有人的良心，这是企业社会责任的最高层面——道德层面。因此，一旦人心坏了，其他的东西都是靠不住的。

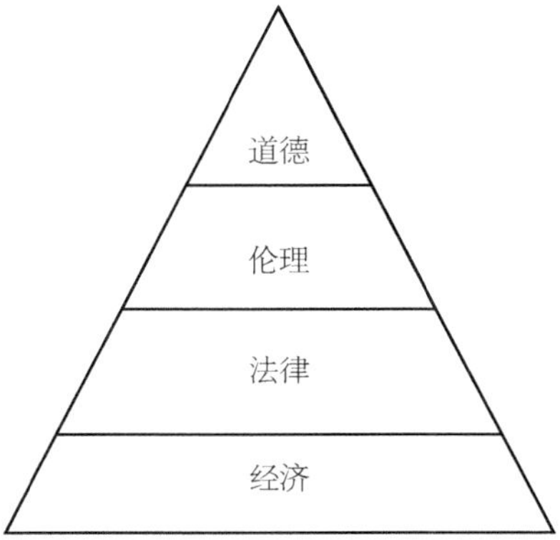

图 3-7　企业社会责任的四个层次

在中国的现实中，许多管理者认为，只要依法经营就是承担了社会责任，就符合了伦理的要求。从企业社会责任的四个层次来看，仅仅以合法来衡量是不够的。夏普·佩因认为：“法律不能激发人们追求卓越，它不是榜样行为的准则，甚至不是良好行为的准则。那些把伦理定义为遵守法律的管理者隐含着用平庸的道德规范来指导企业。”[①] 管理人员特别是高层管理者有

① PAINE L S.Managing for organizational integrity[J].Harvard business review，1994（3/4）.

责任创造一种组织环境，并在这一环境中以实现伦理的制度化方式来促成伦理性决策。管理者应运用伦理概念，并把它们同日常的管理工作结合起来。企业的社会责任政策通常可以分为三个层次，如图 3–8 所示。

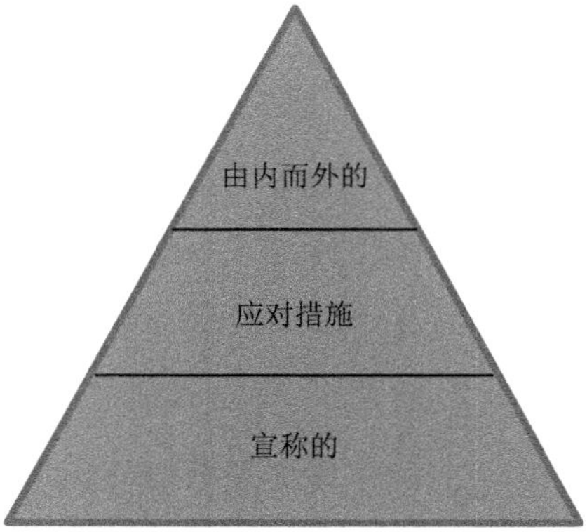

图 3–8 企业社会责任政策的三个层次

最低的层次：宣称的责任。也就是企业作为口号的宣传语，用于装点门面的公共策略。例如，有些企业的“企业文化就是贴在墙上，写在纸上的高大上的口号、标语”。

第二层次：将企业的社会责任看成是被动的应对措施。很多公司制订的社会责任政策，其出发点是为了在企业声誉受损时进行补救。还有一些企业是在外部环境对企业经营提出了更高要求后，被动进行改善。例如，迫于政府最低工资标准、环保标准的提升而做出改变。这种被动的政策仅是企业的权宜之计，不会转化成可以引导企业持续性改善的精神层面的文化。

第三层次：企业对待社会责任的最高层次，就是源自企业内部的根本的价值认同和目标追求。这样的企业一开始就将谋求自身发展与造福人类作为最基本的目标与理想。这属于马斯洛需求层次的第六层次。在这个层次上，企业遵循并坚守为整个人类谋求福祉的核心目标，从而获得可持续发展。

2. 领导就是服务：量子领导力的核心

在量子思维下，整个组织的驱动机制、能量源于信念，而不是源于权威；组织的动力不是来自领导，而是来自基层；组织的智慧不再是自上而下流动，而是自下而上、上下联动；管理的驱动机制也不再来自指挥命令系统，而是来自使命的驱动，来自自我驱动；领导不是发号施令者，而是服务者、支持者。因此，服务型领导就是量子领导力的核心。

（1）倒金字塔与仆人式领导。谈到组织结构，我们的脑海里马上会浮现出从上到下由高层管理者、中层管理者、基层管理者和操作者构成的正金字塔。但是，我们提出这样一个倒金字塔，如图 3-9 所示。

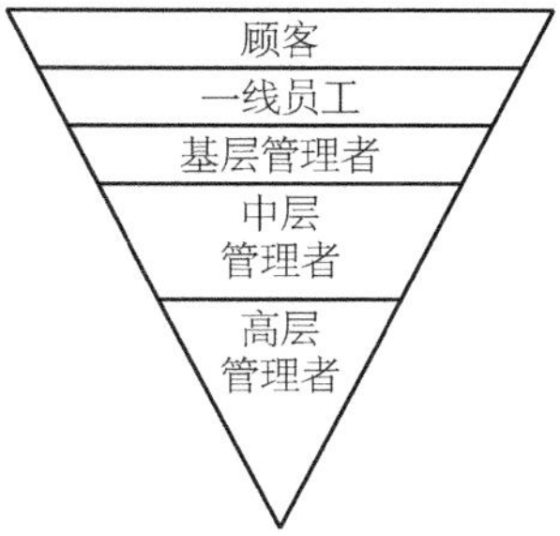

图 3-9　倒金字塔

贾恩・卡尔松在《把金字塔倒转过来》一书中，对倒转金字塔的概念和领导的服务性提出了新的认识。他还通过自己的行为，实践了这一认识。有一次，当他被安排乘坐其公司的一趟班机时，被通知现在是他登机的时刻，他惊讶地大声说道："真的吗？所有的事情都就绪了吗？我怎么没有听到任何通知。"员工回答道："不，我们是让您先登机，以便您能选择您想要的座位，然后我们再让其他的乘客登机。"卡尔松拒绝了这种做法，"我反而让每一位乘客先登机，然后我坐上最后剩下的座位。对我而言，取得高于顾客的待遇是完全不能予以考虑的。"

在欧洲管理实务界流行"倒金字塔"的同时，美国领导科学理论界正流行"仆人式领导"（Servant-Leader），也就是我们所说的服务型领导。仆人式领导最早是由美国管理顾问罗伯特・K. 格林里夫于 1970 年提出的，"谁愿为首，就必做众人的仆人"，格林里夫据此发展出的仆人领导学引领了一场管理领域的革命。在《仆人式领导》一书中，格林里夫精辟地归纳了"仆人式领导"的特征，主要包括倾听、接纳和同理心、省察、说服、医治、管家意识、预见等特征。格林里夫认为，仆人式领导首先是仆人，他怀有服务为先的美好情操。他用威信与希望来鼓舞人们，确立领导地位。他与那些为领导而领导者截然不同，他所渴求的恰是缓和那种不同寻常的领导力、削弱对资源的占有。对于那些以领导为先的领导者来说，在领导地位、威信以及影响力确立之后，或许才能够谈到服务。领导为先和服务为先是领导哲学的两个极端，处于它们之间的，则是混杂着的其他各式人类特性。格林里夫认为，领导产生于服务，即领导者首先是一个服务者，他必须为整个团队服务，才会取得团队的信任，团队的成员才愿意永久地跟随组织。服务型领导的目标是和大家共同成长，而不是控制他人，他们从事任何事务的首要动机是为大多数人谋取利益。

服务型领导理论被提出后，在相当长的时间里处于研究的空白期，因为大多数学者仍然认为领导应该是高高在上的，他们代表权力，应该属于被服务者，而不是服务他人。到了 20 世纪 90 年代，服务型领导才开始受到更多学者的关注和研究。

西方仆人式领导的理念来自圣经故事。在耶稣那个时代，耶路撒冷的人们回到家中，总是由仆人或家中地位最低的人为他们洗去脚上的尘土。一天，耶稣端着一盆洗脚水，走到他的门徒跟前说："让我来为你洗脚吧。"他的门徒急忙说："哪能让您给我洗脚，这样的事应该是由我们为您做的！"耶稣蹲下来，微笑着把门徒的脚放入盆中，认真地洗了起来。门徒在耶稣的脸上看到的是平和与慈祥，耶稣在为门徒洗脚的整个过程中就像是一位敬业、专业、心甘情愿的仆人。他对门徒说："我今天这样为你洗脚，是希望你今后也能这样对待你的门徒。"耶稣洗完了门徒们的脚，穿上外衣坐到桌前，他进一步谈到洗脚的意义。"你们真的想做我的门徒吗？"他说，"那么，你们就要以我为榜样。你们称呼我为夫子，称呼我为主，你们说的没错，因为我本来就是。但我是你们的主，你们的夫子，尚且甘愿做最小的事，尚且洗你们的脚，所以你们也当彼此洗脚。"

1871 年，巴黎公社明确提出公社的干部是为人民服务的公仆，把人民置于主体和主人的地位。"为人民服务，是人民的公仆"这句话对我们来说也是非常熟悉的。1939 年，毛泽东同志最早提出"为人民服务"这一重要命题。1944 年 9 月 8 日，在为中央警备团战士张思德举行的追悼会上，毛泽东同志以《为人民服务》为题做了重要讲话，并第一次全面、系统地阐述了为人民服务的思想。

2014 年 5 月，中共中央办公厅印发《关于加强基层服务型党组织建设的意见》，指出服务型党组织就是以上级党组织服务下级党组织，党组织服务党员，党的各级组织和党员共同服务人民群众及科学发展的党组织。具体措施是通过建立上下连贯的服务体系，整合党务政务资源，为群众提供一系列利民、便民活动。它与管理型、权力型、命令型党组织不同，其对象是广大人民群众，其主题是服务，其方法是简化办事程序和提供贴近群众要求的一站式服务。服务型党组织体现了党的性质和宗旨，反映了广大党员和群众的要求，符合当前形势和任务对党组织建设的要求。

领导就是服务的哲学逻辑是：在今天的组织中，顾客是组织最重要的资源，组织一切活动的根本在于了解顾客的需要，满足顾客的需求和提高顾客对组织的产品和服务的满意度。为此，组织与顾客的关系不再是一次性的，而是追求与其建立起终身的合作伙伴关系，顾客也是组织的一员，并且是组织中所有资源服务的对象。不断提高顾客满意度是组织生存与发展的根本保证，而先有满意的员工才会有满意的顾客。在组织中，领导者必须找出并且满足员工的基本需要，为他们扫除工作中的障碍，让员工得以全身心地服务于顾客。也就是说，领导始于服务。

（2）服务型领导的量子态。了解了服务型领导的概念后，我们就会发现服务型领导包含着量子思维实践的精髓，服务型领导改变了组织的运作方式。肯·布兰佳是享誉全球的领导力大师，他在《共好》一书中讲述了一位女厂长的故事。这位女厂长在第一天上班的时候，决定出来走一走。她发现这个工厂里只有一个部门是让她满意的，而这个部门是在整个工厂里处于最后一个环节的部门。这位女厂长询问这个部门的经理："能否告诉我，为什么你的部门工作得这样好？"部门经理解释说，他的领导秘密就是共好的原则。女厂长问什么是共好，部门经理回答说，这是他的爷爷曾经教给他的一个办法，他的爷爷虽然只是一个艺术家，并不是企业管理者，但是他的爷爷知道如何理解人类或者理解人的需求，所谓共好的精神实际上就是松鼠的精神、海狸的行为方式和大雁的天赋。

他的爷爷曾把他带到一个地方，让他观察松鼠。过了一会儿，爷爷问他观察到了什么，他说："这些松鼠工作非常努力，如果我们也如此努力工作的话，就会达成非常伟大的目标。"爷爷问他为什么松鼠工作得这么努力，他说："因为它们觉得自己的工作很重要。"爷爷回答说："这不光是重要与否的问题，还在于它们有很明确的愿景和目标，它们不光是要做很重要的工作，同时它们不是为自己工作，而是为所有其他松鼠工作，一个共同的愿景在激励着它们。”

还有一次是在一场大雨过后。第二天早晨池塘的水都满上来，这个时候，海狸开始出来工作了。一般情况下海狸只在晚上工作，但是由于雨水的原因，它们白天就开始工作。他的爷爷又把他带出来，要他观察它们谁是领导者。在经过一段时间的观察之后，他回答说：“它们实际上没有领导，看不出谁是海狸的头儿，它们都在埋头工作。”所以，他的爷爷告诉他，另外一个管理原则就是像海狸这样，实际上不需要在背后有一个领导者监控它们，它们了解自己工作的意义，并且为此努力工作。

最后一个关于领导力的秘密就是处于最底层的领导者要有大雁的指挥天赋。一天早晨，一群大雁飞过来，他的爷爷让他观察一下大雁。他告诉爷爷说：“大雁是 V 字形飞翔，如果领头雁飞行一段时间后累了，后面的大雁会飞上来，这样，每一只大雁都变成了潜在的领导者。”他的爷爷说：“对，这是事实，但是这不是我想让你观察的。我想让你观察的是大雁在飞行的过程中会制造出这样一个叫声，听起来有一点像噪声，但是你知道它们为什么要发出这样的叫声吗？是因为它们害怕还是要发出某种警告？实际上都不是，它们是在彼此鼓励、互相加油！”

服务型领导充分体现出了量子思维的领导力：

1）告诉下属要把大家带到哪儿去。服务型领导会有一个清晰的目标和愿景，更为重要的是，这一目标和愿景包含有马斯洛需求层次理论的第六层次——“自我超越”，他们在努力追求利润的同时，为商业发展和人类福祉增添一些新的维度。在谈论服务型领导者这一概念时，东西方的商人都认为领导者应该有深层次的价值观，并且要能够有意识地把它融入公司的目标、愿景和自身的领导风格之中。

2）为员工提供成就自我的平台。在团队成员清楚了所有情况之后，领导就应该走开，把位置留给团队成员，让他们承担责任，做出决策，此时领导要做的就是在旁边为他们提供服务，为他们加油，这就是服务型领导的精髓。实际上，领导是为团队成员服务的，要帮助他们实现自己的目标。而领导力决定了领导能够给团队成员什么样的支持，以使他们得到自己所需要的一些经验，获得能力的发展和达成目标。在传统的等级制度中，我们要了解每个级别的团队成员的责任，同时要意识到我们工作的重大意义。在这个基础上，我们要把等级制度颠倒一下，使领导层处于最底层，为其他团队成员提供服务，帮助他们实现目标。

3）服务型领导是做出来的。在全球化、信息化社会和以顾客为导向的全新环境里，领导们碰到了前所未有的来自观念与行为的挑战，其所作所为必须符合自己在组织中所倡导的理念，并把这些行为变成自己的习惯与肢体语言。“说到做到，以身作则”是理解和实践“领导就是服务”最核心的八个字。学习型组织的创始人彼得·圣吉谈到学习的含义时说：“学习就是提升创新的能力，这也需要愿景。更重要的是，当我们尝试做一些真正想做的事，我们才会开始学习。我们迫切需要创新，去做一切从未做过的事情，这就是学习，学习永远来自‘真正去做’。”

中国最有量子态的大企业非海尔与华为莫属。张瑞敏这些年一直尝试把公司从“正金字塔”结构转为“倒金字塔”结构，让接触客户的员工在上面，领导在下面，领导从原来的指挥者变成了资源的提供者。张瑞敏说：“在互联网时代，企业要变成员工听客户的，领导听员工的。”海尔正在发生一场“中间层”革命，7万多人一下子变成了近2000个自主经营体，组织扁平化了，原来很多层级不存在了，领导原来是对员工做指示，现在倒过来要对员工满足顾客需求提供支持。

华为的价值观是把资源更多地配置到一线能听到炮火的人手中。2009年开年，任正非向华为全体员工发出了振聋发聩的呐喊：“让听到炮声的人呼唤炮火！让一线直接决策！”华为要通过打造“少将连长”，让具有少将能力的人去做连长，按项目的价值与难度、产生的价值与贡献，合理配置管理团队及专家团队，而支持少将连长存在的基础是必须有营利。可见，不是简单地组个团队，上前线后就能随意呼唤炮火。这句话中，“听到炮声的人”是与客户紧密接触的团队，可以是销售人员、售前技术人员、售后技术人员；“炮声”是市场竞争中客户的需求、对方的情报和资源、市场环境等；“炮火”是公司赋予的各类资源，包括团队人员、支撑人员、成本、物流、设备等。所以，对这句话的理解应该是“让听到炮声的人有权呼唤炮火，在资源有限的情况下，优先、科学、快速地发射炮火，以获得最大收益”。

量子领导力有一个颠覆性的观点，就是要打造服务型领导，这有别于强调控制的牛顿式领导理念。服务型领导不是靠管理来控制企业，而是靠愿景来引导企业，靠与员工建立信任关系来领导企业，这是量子领导力的核心内容之一。量子领导力更像中国传统道家的智慧，更加关注人与人、人与世界的关系，领导就是引导员工去找到正确的“道”，帮助他们寻找到更好的方式去实现自我成长。

3. 修炼量子领导力

用量子思维来重新认知管理时，领导者的角色自然就发生了转变。在传统的管理模式下，领导者像是大海中的灯塔，站在远处高高的地方引导和决定着员工的方向和行为。而在混沌的环境中，领导这个“灯塔”本身可能也会看不清方向，也不能承担独自决策带来的组织风险，那怎么办？答案就是做一个量子领导者，发挥量子领导力——不忘初心地坚持正确的“道”（愿景），激励员工用更好的方式实现自我成长，在这个过程中成就组织的事业。这就要求领导者摒弃传统意义上来自职权的影响力，不断学习，修炼自身的整体素养，以应对外部环境的不确定性和新一代员工的个性化需求，提升量子领导力。领导力与物理学有共同之处，物理学解释能量、物质，说明宇宙如何运行；领导力是一种激发人的能量并将其转化为行动的能力，那么领导力也可以看成是人体物理过程的实践。

量子领导力用量子思维来定义领导力，并发展出了更多可信赖的和更有启发性的提升领导能力的途径和方法。

（1）积累领导力的三大资本。小时候，我们经常会对家长、哥哥、姐姐不服气地说："我凭什么要听你的！"如今，作为领导者，我们也该问问自己："员工凭什么要听我的？凭什么让别人来追随我？"

有追随者的人才能称得上是真正的领导者，那么我们就不再专注于影响力的职位来源，而是从非职位权的角度来谈领导力建设。对于来源于职位的影响力，相关的研究和经验已经非常丰富了，并且在一定程度上强大到成为适应新环境和变革的阻力。如今，领导者是凭借三种资本来提升自身影响力的，如图 3-10 所示。

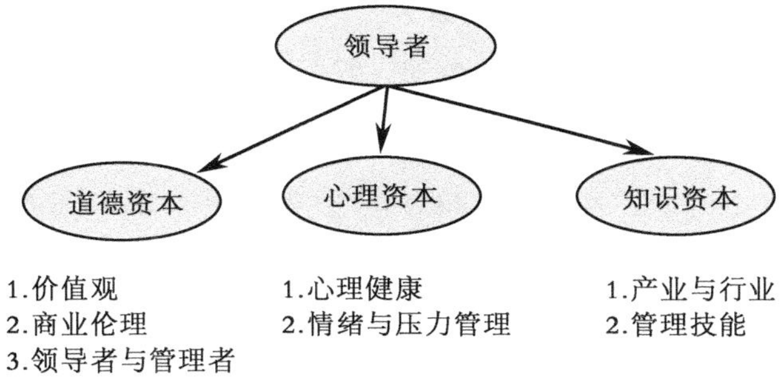

图 3-10 领导力资本

1）道德资本。近年来有人主张以道德为资本，并提出了"道德资本"的概念。道德资本概念提出者的本意是反对经济活动中的巧取豪夺、欺诈诓骗，主张在市场经济活动中以合乎道德的方式、手段追求企业利润，以诚信经营和承担企业社会责任的方式树立企业自身的信誉和品牌价值，从而获得长期利润。我们这里借用"道德资本"一词主要是说领导者要为下属展示"诚信"，其核心就是我们一贯倡导的"以身作则""知行合一"等。

可以从以下几个方面来培育领导者以诚信为导向的"道德资本"。

①目标：热情。要对目标充满热情，只有相信工作本身的价值，我们才可能全身心地去投入，实现效用最大化。

②价值观：行为。要忠于自己的价值观。领导者经常面临重大的决策问

题，面对一些不确定的环境，必须在不违背公司价值观和领导者本人内心价值观的前提下做出抉择。对于下属来说，他们更多的是以领导者的日常行为而非公司宣称的价值观来指导自身行为。为此，领导者必须言行一致。

③用心：同情。一个内心冷酷的人是无法获得员工的信任的。如果能够经常与员工交流，把领导与员工的关系建立在用心沟通的基础之上，那么员工就会倍感鼓舞，自然会信任并追随领导者。

④关系：联结。只有领导者与员工坦诚相待、频繁交流，为了一个共同的目标而奋斗时，这样建立起来的关系才会持久。

⑤自我约束：一致。领导者注定要被经常放在放大镜下来审视，员工会有意或无意地关注领导者的日常行为。领导者必须言行一致，举止有修养，把自己修炼成管理情绪和压力的高手。

2）心理资本。美国著名学者 Luthans 于 2004 年提出心理资本概念并将其延伸到人力资源管理领域。心理资本是指个体在成长和发展过程中表现出来的一种积极心理状态，是超越人力资本和社会资本的一种核心心理要素，是促进个人成长和绩效提升的心理资源。心理资本是借用商业名词来寓意人的心理状况，如同人的物质资本存在盈利和亏损一样，人的心理资本同样存在盈亏，即正面情绪是收入，负面情绪是支出，如果正面情绪多于负面情绪便是盈利，反之则是亏损。

心理资本至少包含以下几个方面的内容：

①希望：一个没有希望、自暴自弃的人不可能创造什么价值。

②乐观：乐观者把不好的事归结为暂时的原因，而把好事归结为持久的原因，如自己的能力等。

③韧性：从逆境、冲突、失败、责任和压力中迅速恢复的心理能力。

④主观幸福感：自己心里觉得幸福，才是真正的幸福。

⑤情商：感觉自己和他人的感受、进行自我激励、有效地管理自己情绪的能力。

3）知识资本。Thomas Stewart 在 1991 年对知识资本提出了较具体的定义：

知识资本是每个人能为公司带来竞争优势的一切知识、能力的总和。凡是能够用来创造财富的知识、信息、技术、智能财产、经验、组织学习能力、团队沟通机制、顾客关系、品牌地位等，都是知识资本的材料组合，这和一般企业所熟知的土地、工厂、机器、现金等有形资产，在根本上是完全不同的。知识资本应该发挥两项功能：①将可转化的知识整合起来，保存原本易流失的知识；②及时连接人与资料、专家等知识体系。

我们这里借用“知识资本”，是因为领导者拥有的在日常工作中决策、用人、激励员工等方面的技能，可以帮助领导者更好地发现问题和解决问题，更好地激发员工的积极性和创造性，更好地协调组织内各部门的合作。这些技能包括：发现问题与解决问题、决策方法、沟通、团队建设、冲突管理等。近年来，在面向企业中高层的培训中，越来越多这样的课程在替代各类职能管理类课程（战略管理、市场营销、财务管理等），这些课程本身也包括属于领导力建设方面的内容。

（2）重启大脑，重构框架。目前，商业领导人面临着自工业文明以来最大的一次以互联网技术为代表的颠覆性变革。追求短期利润最大化、股东价值、高管奖金、公司市值的商业价值观导致了整个商业生态系统的不可持续，世界各国仍然陷在自2008年开始的全球经济危机的泥潭里。未来不可预测，一只只黑天鹅频现，政治、经济、文化、军事等各类因素纠缠不清。中国的一部分企业管理者对去组织、去中心化、互联互通、分享经济等词汇是非常熟悉的，但对它们背后的思维和价值观却是不了解、不理解的。我们赖以生存和发展的环境的复杂性、不确定和混沌，要求我们以不同于以往的行为去应对，而行为改变的基础是世界观和思维方式的改变。世界观是我们对世界的理解，绝非一些人理解的政治上的立场，它涵盖了我们所理解的宇宙观范畴以及日常生活每一天的所有事情。精神文化层面的新的世界观和思维方式要求我们重新定义一个新的领导范式，以便创造性地去适应快速和复杂的变化、环境的不确定性、全球范围内的关联性、去中性化，以及员工、顾客、公民对道德和人生意义的新需求。这样的话，我们不仅需要一个新的思维模式，更需要一种新的价值观。

在20世纪末21世纪初，我们进入了一个全新的基于互联网技术的社会，而这种技术所需要的思维模式和价值观在中国还远未形成。中国社会的文化环境决定了我们的思维方式和价值观的变革离不开自上而下的力量，那么，处于高层的领导者的“大脑重启”将是构建新框架的第一步。这里的重启是指放弃传统的因子，植入一些新的因子，而非在原有的机械性思维模式中小修小补。重新思考过去和想象未来都是重构行为的体现，其中最基础也是最重要的就是改变自身的思维定式。“大脑重启”下的领导力框架如图3-11所示。

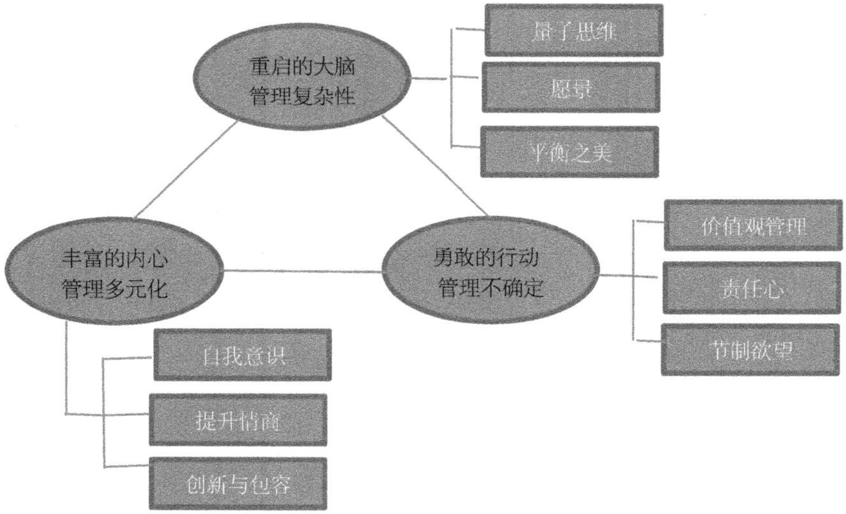

图3-11 “大脑重启”下的领导力框架

结合领导力资本理论，我们提出在新的全球环境下领导力建设的模式，即今天的领导者必须拥有足够的智慧来应对这个不确定性加大、日益复杂、多元化的世界带来的各项挑战；有足够的情商智慧来应对消费者、员工、股东等各类利益相关者的多元化需求，做出及时的响应；有基本的道德智慧，使自己能够依赖更崇高的愿景和目标，在变幻莫测的选择中找到出路，在混沌中找到前进路上的启明灯。

（3）成为“能量球”。在量子组织中，各个部分不是像机器一样按照确定的规则运行的，它没有稳定的官僚阶层，而是成为一个自组织系统，即组织中的每一个人都通过自己的行为与组织中的其他人产生互动，相互影响，并带动组织发展。因此，在量子组织中每一个人都是领导者。

在强调规则、秩序和结构的牛顿思维下，整个组织的运行崇尚权威，是自上而下的，管理和被管理者之间是控制、指挥、命令与服从的关系。每个人在组织中是固化的角色，分工明确，被动工作。这在一定的条件下固然能产生效率，但同时也产生了约束，相当于给每个人画了一个圈子，谁也不能跳出这个圈子。在量子管理思维看来，每一个个体都是一个量子，都是一个“能量球”。量子力学主张世界是由能量球组成的，能量球碰撞时不会弹开，反而会融合为一，不同的能量也因此产生难以预测的组合变化，衍生出各式各样的新事物，蕴含着碰撞出更强大能量的潜在力量。个体与个体之间的充分连接和交互，会产生难以预测的创造力和灵感级的群体智慧。

在量子理论中，人的价值不可估量，人的沟通、交互价值不可估量，可以产生倍加效应、聚变效应。这要求组织首先给员工充分的“自由度”。每个人都希望得到别人的尊重，领导者的任务就是创造一个环境，让大家充分发挥出个体的力量，自由组合，自由连接。量子管理首先要求把权力下放，下放给每一个员工，放手让员工集体发挥创意，自下而上为公司注入源源不断的动力。其次是注重关联和互动，将个体蕴于关联之中，在互动和碰撞中升级智慧和创造力。个体在相互连接中孕育观点，在交互中产生价值网，在互动交流中产生聚合效应和群体创新。

量子管理不是权力驱动而是自我驱动、使命驱动。量子管理思维要求放弃威权，打破官兵边界，领导者与被领导者之间的关系转变为支持和服务的关系。个人不再是组织的一枚棋子，而是一个生命体，个人精神内在的正念所产生的能量、所激发的人的创造潜能是无穷的。过去强调物质力量大于一切，而世界既是由物质构成的，也是建构在想象之上的。在物质极大丰裕的今天，就个体激活层面来说，某种意义上精神力量大于一切。在牛顿力学思维条件下，组织中的每个个体只是一个分子、一个螺丝钉、一个工具，孤立而渺小，价值有限，必须和其他的分子组合起来，借助组织才能产生能量。在量子世界中，只要用正好的能量将量子踢一下，它就会立马从一个能级跳到另一个能级，这叫作量子跃迁。将这种思维运用到管理中，就是要尊重个体的力量，尊重群体智慧的力量。渺小的个体也可能会产生无穷的力量，形成高能量个体，个体力量的聚合和爆发可能会带来整个体系的量变和质变。因此，量子管理思维提倡尊重每个微小个体的话语权和参与权，强调群策群力，这与工业文明思维下强调企业家个人智慧、个人驱动的观念有所不同。企业里除了企业家，员工也是主角，是价值创造源泉。这种观点与知识经济时代人力资本越来越成为企业价值创造的主导要素的趋势相适应。

量子领导者在为组织指明了愿景后，第二步就要倡导和践行“以人为本”的组织文化。具体内容包括：承认个体力量，尊重个体的独特性与独创性，承认人力资本在组织价值创造中的主导作用，赋予人才更多的参与机会和话语权；运用“灰度”管理思维，不求全责备，允许犯错误和失败；建立内部试错机制，进行迭代创新、颠覆式创新；组织内要有包容文化，善用“歪瓜裂枣”，创新人才评价机制，不用一套标准、一个模具去评价人才；释放人性，让个体自由发挥、自由碰撞，实现价值创造最大化。

上篇

中篇

下篇

实践篇

中国企业的量子态

写给张瑞敏先生，本人对他的量子视野及实践勇气深表敬佩。

——量子管理学思想的提出者　丹娜·左哈尔

中国的高级干部和企业家要改变“中国农民”的头脑，多喝咖啡，与人碰撞。不知道什么时候就会碰出火花，点燃熊熊大火。

——华为技术有限公司主要创始人兼总裁　任正非

2013年8月11日，美国管理学会（AOM）第73届年会开幕，本届年会首次邀请了一位中国企业家——海尔集团首席执行官张瑞敏做管理模式创新的主题演讲。本届年会主题“质疑中的资本主义”的实际要义是现有管理理论与管理现实不匹配，管理理论与实践相互促进的循环出现了阶段性的中断。从宏观来看，人类的经济史实际上是解决供需矛盾的历史，供方或供方联盟一直占据主导位置，需求作为面目模糊的粒子群一直是被控制与引导的对象。而今天，需求开始最大限度地主导供应。面对这一全新的环境，管理学该怎么办？这正是海尔的人单合一模式在探索的东西，它既是微观的管理形态，更是宏观的管理要求。美国是全球管理理论研究最重要的阵地，目前虽然网络经济迅猛发展，但我们仍然没有找到网络经济时代的组织形态及与此类组织形态相适应的运行方式和管理方式。德鲁克是工业经济时代管理学领域研究的高峰，他的贡献不是创造了众多管理工具，而是定义了那个时代管理学的终极目的，但他的理论在今天显现出了缺陷：组织与组织服务的对象仍然处在两个阵营之中。网络时代的组织形态已经发生巨变，组织与市场、管理者与被管理者的界限已经非常模糊，管理学出现了前所未有的疲态。目前，美国诞生了全球最多、规模最大的网络公司群，然而，它们仍然在用工业经济时代的管理理念和工具进行管理。先进技术的出现并不会自然而然地引发的管理革命，如电话的出现并没有把世界带入一个新的管理时代，互联网技术也不会这样。因此，我们需要开展前瞻性的管理探索实践。张瑞敏正在做的不是修补德鲁克理论的缺陷，而是勇敢地走向了量子管理学的未知大陆。近10年来，中国企业的规模不断扩大，虽然总体上我们的企业仍然处于“大而不强”的状态，但由于中国商业生态环境的多元化特征、“走出去”的国际化战略，以及一些商业领袖自身的学习和对管理的领悟能力，我们已经拥有了像海尔、华为等具有量子态的大企业代表。第二代成为本土管理标杆的企业来自服务业，如德胜、胖东来、海底捞、顺丰等。这些大、小企业的实践，为中国经济从规模向质量转型，为中国企业建立品牌和提升国际影响力树立了榜样，更为可贵的是，它们的实践是基于西方科学管理理念和本土社会文化环境。

一、第一代本土管理标杆企业的量子态

中国本土第一代成为管理标杆的企业来自高科技行业，如海尔、华为和联想等，这些成功的企业有着共同的特征：科技含量高，市场化程度高，积极参与全球竞争，拥有强有力的具有量子领导者气质的企业领导人，企业领导人能够俯下身来学习和实践西方先进的管理技术并与中国本土文化有效结合。

（一）海尔 30 年的实践：管理主要讲人——外部是顾客，内部是员工

一个人的阅读史就是他的成长史，阅读对个人价值观的形成非常重要。张瑞敏基本上长期保持一周读两本书的习惯，他的阅读习惯的养成最早可以追溯到高中时代。有一次，学校的图书馆窗户被砸了，张瑞敏和几个同学钻进去捡了些书，其中范文澜的《中国通史简编》这本书，张瑞敏反复读了很多遍。张瑞敏说，在“文革”那种混乱中，读书使他对许多事情有了一定的认识。谈到阅读，张瑞敏的经验与体会是读书一定要把自己放进去。20 世纪 80 年代中期，德鲁克的一些书籍进入中国，张瑞敏就开始被德鲁克的思想和理论吸引。德鲁克从来不直接谈管理应该怎么管，而是主要讲“人”——外部的是顾客，内部就是员工。

1. 质量意识的觉醒

1984 年，张瑞敏看见人们排着长长的队伍等着购买质量并不怎么样的电冰箱时，深有感触，并主动请缨去担任背负巨额债务的青岛电冰箱厂（海尔集团的前身）的厂长。当其他地方生产厂家纷纷推出越来越廉价的低质产品，以应对极大的供不应求的缺口时，张瑞敏认识到价格战是两败俱伤的战略，他决定采取完全不同的路线，即依靠产品质量和可靠的市场信誉使企业脱颖而出。张瑞敏说服了他在政府部门的原同事杨绵绵女士和他一起加入新企业，着手改革这个濒临破产的工厂。改革的第一步就是从德国白色家电生

产厂商——Liebherr Hausgerate公司引进先进的电冰箱生产技术。张瑞敏当时的目标是使工厂成为中国最大的电冰箱生产厂家，他知道要实现这个目标，只有通过改变当时十分盛行的价值系统，并建立新的指导原则。

1985年12月的一天，张瑞敏收到一封用户来信，反映工厂生产的电冰箱有质量问题。张瑞敏带领管理人员检查了仓库，发现仓库里的400多台冰箱中有76台不合格。张瑞敏随即召集全体员工到仓库开现场会，问大家怎么办。当时多数人提出，这些冰箱只是外观划伤，并不影响使用，建议作为福利便宜点卖给内部职工。当时一台冰箱的价格为800多元，相当于一名职工两年的收入。而张瑞敏却说："我要是允许把这76台冰箱卖了，就等于允许明天再生产760台、7600台这样的不合格冰箱。放行这些有缺陷的产品，就谈不上质量意识。"他宣布，把这些不合格的冰箱全部砸掉，谁干的谁来砸，并抡起大锤亲手砸了第一锤①。砸冰箱砸醒了海尔人的质量意识，砸出了海尔"要么不干，要干就要争第一"的精神。在1988年的全国冰箱评比中，海尔冰箱以最高分获得中国电冰箱史上的第一枚金牌。

张瑞敏砸冰箱的那个时候，家电产品严重供不应求，冰箱作为城里人结婚的必备四大件之一需要凭票供应。"黄牛"手中一张冰箱票的价格超出冰箱本身价格的20%~50%，而且大家往往排队都买不到产品。当时的基本情况是，企业都在加班加点地生产，根本不顾质量。海尔曾被地方政府的领导在大会上点名责问：市场这么紧俏，你们为什么不加班生产。此时，张瑞敏基本形成了自己的管理价值观：为顾客负责——他们花了约两年的工资买回去的冰箱，一定要是合格的产品！在企业史的意义上，张瑞敏砸冰箱的举动表明，身处商品短缺时期的第一代企业家的自我蜕变正是从质量意识的觉醒开始的。

20世纪90年代初、中期，包括冰箱在内的家电产品的生产规模得到了极大的提升，基本进入了供大于求的状态。这是一个完全市场化的产业，由于初期只顾产量的扩大，难免忽视产品品质，带来的后果就是产品售后维修量

① 张瑞敏使用的这把大锤于2009年4月23日被中国国家博物馆收藏为国家文物，文物收藏编号为：国博收藏092号。

大增和新产品的安装任务量巨大。这样，售后安装、产品使用中出现问题后处理的及时性和高质量，就成为“最稀缺的”。为了能及时安装和处理问题，顾客不得不为厂家的上门服务人员送礼。在这种商业环境中，海尔第一个提出“四不准”：不喝用户的水，不抽用户的烟，不吃用户的饭，不要用户的礼品。“五个一”：递上一张名片，穿上一副鞋套，配备一块垫布，自带一块抹布，提供一站式产品通检服务。

正是张瑞敏砸了不合格冰箱的“质量宣言”及20世纪90年代初的“四不准”和“五个一”，使海尔成为国内同行中的佼佼者。在“四不准”和“五个一”的基础上，海尔进一步提出了“12345”服务规范。

一证件：服务人员上门服务时出示“星级服务资格证”；

二公开：公开出示海尔“统一收费标准”，公开一票到底的服务记录单，服务完毕后请用户签署意见；

三到位：服务前“安全测电并提醒讲解”到位，服务后清理现场到位，服务后通电试机及向用户讲解使用知识到位；

四不准：不喝用户的水，不抽用户的烟，不吃用户的饭，不要用户的礼品；

五个一：递上一张名片，穿上一副鞋套，配备一块垫布，自带一块抹布，提供一站式产品通检服务。

20世纪90年代，正值国有企业推行“抓大放小”的改革，海尔也承担了相应的社会责任，兼并了一些被政府放下的“小”企业。从1991年到1998年，海尔先后接收了10多家小企业，其中有很多企业的经营状况比张瑞敏开始创业时的电冰箱厂还要糟糕。1994年，张瑞敏提出了“日清日高”的管理名词，“日清”指完成当日目标，但“日清”之后还要有更高的目标，这就是“日高”。它的内涵是要求每一个工人和管理者学会管理自己的时间和目标。研究者们将“日清日高”称为“OEC管理法”（Overall Every Control and Clear），意为全方位地对每天、每人、每事进行清理控制。在人才管理上，张瑞敏提出“人人是人才，赛马不相马”。经过不懈的努力，海尔成为当时国内管理水平最高的制造工厂之一。也是在这一年，张瑞敏写出了著名的《海尔是海》，这是中国制造业的一篇雄壮宣言。

2. 海尔如何激活“休克鱼”

1994年，在梳理和总结海尔创业十年来的发展经验时，张瑞敏认识到改变企业文化的重要性，开始着手将海尔的价值观念和企业文化制度化，这些价值观就是个人责任感、工作努力、创新精神、一流的质量、可靠性以及全心全意为客户服务。除了强调形而上的精神层面的目标外，海尔还强调提供给客户优质的售后服务，并且用一系列的制度与流程来保证落实，这在当时的中国是很超前的。为了推动企业朝着希望的方向发展，张瑞敏建立了“文化中心”，其目的就是用海尔的价值观和行为准则教育员工。该中心组织员工开展小范围讨论，并通过新闻简报、影像资料、公告板以及其他一些交流渠道提高行为标准。每次兼并新公司时，张瑞敏都会和高管们通过个人事例、管理系统以及工作流程，将海尔的价值理念灌输到新的公司中。

1995年7月，青岛市政府决定把红星电器公司整体划归海尔集团。红星电器原本和海尔一样是青岛市的重点企业，后来由于经营不善，在海尔成为中国家电第一品牌时，红星电器却亏损1亿多元，资不抵债。张瑞敏认为，红星的失败，不是少技术，也不是少资金，更不是员工不好，关键是管理不到位，职工凝聚力差，缺乏将现有生产要素有效组合的灵魂。当前的紧迫工作就是将海尔文化输入到红星，只要思想认识一致了、统一了，一切都好办。文化是企业的灵魂，无形资产可以盘活有形资产，红星必然重生。在划归的第二天，杨绵绵就率领企业文化、资产管理等五大中心的管理人员进驻红星，实施“文化先行”的管理变革。随后，张瑞敏在红星全体中层以上干部会上推心置腹地讲述了自己的管理心得，要求大家从我做起，从现在做起，目标是2~3年争创中国洗衣机第一品牌，最终成为国际名牌。三个月之后，企业扭亏为盈，现在已成为具有全球竞争力的海尔洗衣机本部。1998年3月，海尔文化“激活休克鱼”被写入哈佛商学院案例，张瑞敏亲自去哈佛讲授这一课。“海尔如何激活休克鱼”的案例是哈佛采用的第一个中国企业案例，这标志着海尔的管理开始在全球商业管理学界得到初步的认同。

3. 中国企业“为订单而生产”最早的实践者

2015 年以来，一个很热的词汇就是“供给侧改革”，供给侧改革的价值诉求是市场是配置资源的决定性力量，企业是推动经济增长的主体，有效供给而非 GDP 是企业生产什么、生产多少的价值导向，而有效供给是由顾客的需求决定的。本次供给侧改革的实质是要在适度扩大总需求的同时，去产能、去库存、去杠杆、降成本、补短板，在生产领域加强优质供给，减少无效供给，扩大有效供给，提高供给结构的适应性和灵活性，提高全要素生产率，使供给体系更好地适应需求结构的变化。

20 世纪 90 年代，中国大多数产品的市场处于供不应求的状态，很多企业将竞争重点放在了拼命扩大产量规模上。家电这样一个基本完全市场化竞争的产业，是最早出现“供过于求”的行业，但由于政府最为看重的是 GDP，而库存是计入 GDP 的，所以即使是卖不出去的过剩产品，企业仍然在生产。整个商业生态系统的最大特点就是进行你死我活的“价格战”，企业采取各种各样正当或不正当的手段，把产品“推给”顾客。正值这个当口，张瑞敏提出：我们有什么就生产什么，形成的是无效供给，导致的是库存；顾客需要什么，我们就生产什么，形成的有效供给，带来的是订单。从此，海尔在以往重视质量的基础上，走上了“为订单而生产”的经营之路。

20 多年前，笔者在大学管理学院本科生的课堂里给学生们介绍张瑞敏“为订单而生产”的理念时，有学生问：“那如果顾客要三角形的冰箱，海尔也生产吗？！”我们就此展开了较为深入的讨论，结论是依靠柔性制造系统技术，今后一条生产线上出来的冰箱就有可能既有白色的也有黑色的，既有长方形的也有三角形的。不需要增加另外的生产线，只需要在现有的生产线上增加几个电脑指令就能达到与大批量生产一样的规模效益，这正是如今流行的“定制”。

10 多年前，在关于市场营销的培训课堂里，笔者总是爱问学员这样一个问题：“影响你们公司进一步生存与发展的那个最重要的因素是什么？”国企管理者的回答多是“资金、技术、人才、机制”，而民企管理者的回答多为“订单”。

20多年前，如果参与财富创造的主体都能从“为GDP而生产”转变到“为订单而生产”，那么，今天我们就不会有这么庞大的“产能过剩”和“僵尸企业”存在。

4.“人单合一”的“倒金字塔”下的自组织

20世纪八九十年代，张瑞敏读了很多有关日本、美国先进公司管理方法的书籍，他意识到国外的许多公司将中国传统思想家孔子、老子、孙子的思想融入公司管理中，国外公司的员工拥有很强的自我管理与自我驱动水平。张瑞敏认为，通过员工的自我管理，员工的动力能够得到释放，他们会逐渐找到自我价值。要将这些价值理念付诸实践，摆在张瑞敏面前的困难主要有两个：①在计划经济体制下，企业管理者的职责就是完成政府部门下达的生产任务，而不是满足客户的需要，也不是尝试改进生产工艺或提高办事效率。个人责任和创造性不仅没有得到鼓励，反而受到压制。根据计划，对于所有已经完成或是拟议中要做的事项，人们关注的重点是数量而不是质量。②中国工人已经习惯于工资的平均分配及终身雇佣，不管曾经做出多少贡献，这种体制导致的结果就是被动和平庸蔓延泛滥。有些工人们喝着茶水，看看报纸，度过上班的大好时光。他们不是通过为企业做出自己的贡献来追求发展，而是花费时间精力与上级领导套近乎，搞好关系，希望借此获得好处。企业管理者将合同给予自己的朋友和关系户，以构建个人的关系网络，而不是满足企业的需要。不少财务账目和生产记录常常与实际情况不相符，存货更是经常丢失，而且无人负责，应收账款也无人过问。职责分工界限模糊，互相扯皮，没人承担具体责任。

张瑞敏意识到彻底调整组织架构是改变员工被管理的惯性的首要手段，要让员工位于组织中“合伙人”或“管理者”的位置，从组织结构、岗位设置上赋予其“主人翁”的地位。从1998年开始，海尔就开始思考如何将市场机制引入科层。在过去20年的时间里，海尔起码经历了四次以上的大型组织变革，其中最典型的思想与实践是“人单合一”下的“倒金字塔”和“自组织”。在国内企业中，敢于宣称要彻底打破科层制的，恐怕也只有海尔了。海尔一次又一次地向科层制发起进攻，每次都高举高打，让人惊叹其改革力度与决心。结果是海尔7万人，2000个自主经营体，摇身转变成另外一个形态的组织，所有“干部”重新竞聘上岗，员工可以选官，薪水高低完全取决于服务用户的水平。凯文·凯利、克里斯·安德森、杰里米·里夫金等趋势大师，加里·哈默、罗伯特·卡普兰、野中郁次郎等学术巨匠都来到了青岛，探寻这个“改革的勇者”。

2005年，海尔提出“人单合一”的概念，“人”即员工，“单”即用户需求，“人单合一”即让员工与用户融为一体。而“双赢”则体现为员工在为用户创造价值的同时体现出自身的价值。海尔用了10年时间，在“人单合一双赢”模式的探索上取得了较大的进展，2005—2014年海尔年营收复合增长率达6%，年利润复合增长率达30%，在竞争激烈的家电行业闯出了一条适合自身发展的道路。

企业组织结构的演化一直是一个正三角形的组织，所有的企业都是按照这种模式运作的。即使法约尔后来提出将管理活动分为计划、组织、指挥、协调和控制五大管理职能，其强调的也只是企业组织内部的平衡。企业从高层、中层到基层的这种正三角形架构具有天然的稳定性，但正因为太稳定了，对外界变化的反应速度极慢，导致了许多大企业病。变成倒三角形后，这个结构要想稳定就必须转变，即员工感受到市场变化后，会要求下面的中层、高层提供资源来满足市场变化的需求。在互联网经济时代，企业不应该只是内部平衡，更应该建立与外部联系的平台。由此，基于互联网经济中用户掌握信息主动权的特点，张瑞敏这些年一直尝试把公司从“正金字塔”结构转为“倒金字塔”结构，即接触客户的员工在第一线，领导在下面，领导从原来的指挥者变成了资源的提供者。

海尔的系统被设计成了能在不确定、快速变化和不可预计的环境中发展，系统里包含着许多自组织和非层级的网络，取消了KPI，取消了中间管理层，权力来源于许多相互作用的中心，也来源于外围，具有自下而上的实验性。如果有一群工人每天都要等着管理者发出外部指令后才按确定方式行动，这就是“组织”。如果没有外部指令，而是靠相互默契协同工作，各尽其责来生产产品，就成为“自组织”。2013年，张瑞敏在海尔创新年会上做了关于“三无境界”（企业无边界、管理无领导、供应链无尺度）的主题演讲，提出要打造共创共赢的商业生态网，形成海尔商业生态的多样性，使海尔成为“自主、自治、自推动”的利益共同体，即企业内部自主经营体、外部供应商资源与相关合作方之间形成利益共同体，全面解决共同面向用户的“同一目标”问题。海尔大胆地自我颠覆，打破了组织刚性与科层束缚，这是一个组织进化与演化的过程。海尔探索出了“按单聚散”“先散后聚”“高单聚高人”等驱动利益共同体的运行机制，形成了一个“全流程、开放、动态、竞争”的商业生态圈。海尔还推出了“企业平台化、员工创客化、用户个性化”的组织新图景，让一个科层组织转向社会化倒金字塔组织，激发了企业活力，释放了员工的创业精神。

5. 首创“三生”体系，引领物联网时代商业管理新范式

面对复杂的商业环境和个性化的用户需求，海尔选择主动“失控”。海尔生态圈涌现出大量的新物种小微企业，它们不是设计出来的，而是自然演化和自然选择出来的。这种“官兵互选”的机制，实现了自学习、自提升和自组织，不断优化着海尔的商业生态圈。在市场化的机制引入海尔内部后，以前的在册员工变为在线员工。不少海尔员工成为“小微业主”，通过“官兵互选”机制搭建起“小微团队”，不同的小微团队按照市场化的方式在海尔品牌覆盖下形成交互价值。

海尔的小微团队分为两类：一类是由员工注册为独立公司，无缝嵌入海尔；另一类仍留在海尔体制内，有的会与劳务公司签合同，这类的典型是只拿底薪，绝大多数收入要通过“用户付费”获得，彻底地实现“从企业付薪到用户付薪”。

2018年9月20日，由加里·哈默管理实验室和海尔集团联合主办的“第二届人单合一模式国际论坛”召开，来自全球学术界、企业界、媒体界的众多专业人员齐聚青岛，共同分享、讨论、见证物联网时代管理范式的最新

理论和实践成果——“三生”体系，引起了全球瞩目。与会专家认为，海尔人单合一模式是解锁未来价值增长的关键。此次会议也被业内认为是全球引爆物联网范式的重要标志。在论坛开幕式上，张瑞敏发表了题为《首创“三生”体系，率先引爆物联网范式》的主题演讲。张瑞敏在演讲中向全球发布了由他首创的“三生”体系，即生态圈、生态收入、生态品牌，这是作为物联网时代管理范式的人单合一模式的理论成果，契合物联网发展的特点。

生态圈不同于产业链，生态圈的中心是用户，所有资源方都是并联在一起并不断自我优化与扩展的，除产品收入之外还能够产生生态增值收入，创造源源不断的创业机会，在此基础上形成用户终身信赖的生态品牌。通过不断迭代、不断增值，“三生”体系成为一个能够实现持续增值的模式，最终目标是围绕用户这颗“恒星”打造无边界无限增值的“星际生态”。

自 20 世纪末凯文·阿什顿提出物联网这一概念以来，物联网技术不断革新，但就是没有引爆，原因就在于缺乏支撑物联网技术应用的商业管理范式。当全球企业、学者迷茫之际，本届大会发布的“三生”体系不仅绘制了一幅未来商业图谱，还提供了全球各方实现星际生态的路径。可见，中国的海尔集团已经走在了世界的前沿。

（二）华为 30 年的实践：超越“奇点”，战胜组织管理的黑洞

黑洞是现代广义相对论中宇宙空间内存在的一种天体，它的引力很大，使视界内的逃逸速度大于光速。1916 年，德国天文学家卡尔·史瓦西通过计算得到了爱因斯坦引力场方程的一个真空解，这个解表明，如果将大量物质集中于空间一点，其周围会产生奇异的现象，即在质点周围存在一个界面——“视界”，一旦进入这个界面，即使光也无法逃脱。这种“不可思议的天体”被美国物理学家约翰·阿奇博尔德·惠勒命名为“黑洞”。黑洞是一类诡异之地，在那里我们所熟知的物理定律不再有效。爱因斯坦指出，黑洞的引力会弯曲时空，造成时空本身发生扭曲。因此，如果有一个密度足够高的物体，时空将发生严重扭曲，以至于在这个物体周围的现实时空之中形成一个类似凹陷的区域，这就是黑洞。当一颗大质量恒星耗尽其燃料之后发生

爆炸塌缩，这一过程将足以产生这样奇异的超级致密天体。当超大质量恒星的死亡核心在自身质量作用下不断收缩，它周围的时空就会随之扭曲。它的引力开始变得如此之强，以至于光线也无法逃离它的掌控。当逐渐深入黑洞，时空变得更加扭曲，直到抵达黑洞的核心。在这里，时空的扭曲达到无限程度，这就是“奇点”。在这里，空间和时间不再有意义，我们所熟知的基于时间与空间概念的物理学定律将全部失效。

黑洞最外层是它的事件边界，也就是光线恰好开始无法逃离的引力范围边界。在这一区域之外，光线还可以逃离，而一旦越过这一边界，任何逃离的努力都将是徒劳的。事件边界蕴含着巨大的能量，此处的量子效应会产生强大的高温粒子流并向外辐射，这就是所谓的“霍金辐射”。只要给予足够的时间，这种霍金辐射将最终耗尽黑洞的所有质量并导致黑洞的最终消亡。

当我们理解了德鲁克的“管理只能是用来行善的工具”，我们就会知道管理在最高层面上就是研究人性的学问。人性中有恶、有善，相对而言，中国人认为“人之初，性本善”，而西方组织管理学认为人天生是自私的、懒惰的、贪婪的。正因为单个的个人与生俱来的自私、贪婪、怠惰，所以，当这些携带着同样病毒的一群人构成一个组织的时候，也同样构成了对组织从发生、发展到终结的全部生命过程的挑战。管理黑洞是内生于组织内部的，是对管理过程有潜在阻尼作用的能量场。这个能量场具有以下三个特性：

（1）客观存在性。只要组织存在，管理黑洞就不能彻底消除，它是由人组成的组织存在的伴生物。作为追求利润最大化的企业和掌握公权力的政府部门，由于其涉及“利”和“权”，其中人性的贪婪会体现得更为突出。

（2）隐蔽性。如同人体的癌症病灶一样，管理黑洞只有扩散到一定阶段才会被人们感知，此时的总体表现是组织管理上的低效率。经过细致诊断后，我们会发现对利润的吞噬、组织的凝聚力弱化、员工行为方式践踏了组织的文化、员工职业倦怠症上升等现象。

（3）能量吸收性。管理黑洞是一个阻尼场，它对管理过程的能量传递具有吸收作用。场的理论告诉我们，场可以产生无形的影响力。实际上，物理学上的“场”就是我们管理学上的组织“文化”。管理实践必须致力于创造与维系健康的组织，使人能够在其中找到存在的意义。管理者必须不仅能够解决有关效率和利润的问题，而且更重要的是能够解决道德、精神、尊严之类更宏大、更具哲学意味的问题。

黑洞的特征是吸入一切，连光也逃不脱。管理的价值就是通过制订科学有效的制度与流程来激发人性之善，抑制人性之恶，避免组织形成黑洞。管理黑洞不是时髦的术语，亦不是凭空的想象。许多企业由衰转兴，由危转安，这其中就有对管理黑洞自觉或不自觉的认识、治理过程。

在治理管理黑洞方面，华为的实践无疑是成功的。任正非认为，中国企业效率低下、内耗巨大主要是由相对硬性的制度与流程和软性的“人”的问题导致的。为此，他先从学习和照搬 IBM 的制度与流程开始进行管理变革，避免管理黑洞的扩大，营造一个个“霍金辐射”，找到让黑洞也能发光的机制。任正非在华为创立之初就意识到，通信设备制造行业不断加剧的竞争将迫使华为走出国门，加入对全球市场的争夺之中。1998 年，华为正式实施《华为基本法》，这部“企业宪法”阐述了华为清晰的全球化战略脉络。早在 2001 年，华为的销售收入就有一半来自国际市场，2009 年这一比例达到了 75%。在国际化经营管理中，任正非体会到中国传统文化基因里存在对自己要创建的国际级企业有利和不利的成分，他做到了最有智慧的扬弃，如“削足适履地学习 IBM 的流程”“不让雷锋吃亏”“奋斗为本”等正是这种对中西方文化扬弃的体现。

1. 通过全领域、全过程的严格的流程化管理，华为堵住了中国企业的一个最典型的管理黑洞

把华为打造成国际级企业的第一步是学习和照搬 IBM 的制度与流程，为此，任正非斥资 40 亿元学费向 IBM 虔诚拜师学艺，历时五年。这种胸怀、格局与意志力，在中国 5000 年历史中无疑是空前的，在世界经济发展史上也极为罕见，这正是华为今天登上世界通信科技巅峰的关键。

（1）让任正非怦然心动的 IBM。1997 年圣诞节前一周，任正非近距离地

考察了休斯、朗讯和惠普三家世界级企业之后，将考察重点放在了 IBM 这家最具美国特色的企业身上。听了一天关于公司管理模式的介绍后，任正非对 IBM 这家大型公司的有效管理和快速反应机制有了新的了解，对华为本身存在的缺陷以及如何在扩张过程中解决管理不善、效率低下和浪费严重的问题有了新的认识，而对华为在未来的成长与发展过程中如何少走弯路也有了新的启发和思路。尤其让任正非由衷敬佩的是郭士纳作为 IBM 的灵魂人物，不仅具有罕见的坚强意志和变革的勇气，而且为人处世极其低调。他在担任 IBM 首席运营官的九年时间里，极少接受媒体的采访，也很少在公开场合抛头露面。正是这种务实精神，他才得以集中全部精力在 IBM 建立世界一流的业务流程、高度透明的发展战略以及高绩效的企业文化，最终将 IBM 从死亡之谷带到了一个辉煌的巅峰。

这一切，让任正非怦然心动：华为要像 IBM 一样强大，不仅自己要以郭士纳为榜样，而且华为必须虔诚地拜 IBM 为师，不惜一切代价将其管理精髓移植到华为身上。这是华为成为世界一流企业的必经之路，也唯有如此，华为才能逐步走向规范化、职业化和国际化。

（2）以 40 亿元学费师从 IBM。周伟焜于 1947 年出生于中国香港，因严谨、务实、精干而深得郭士纳的赏识，1995 年 7 月起担任 IBM 大中华区董事长及首席执行官。鉴于华为是 IBM 在中国的第一个管理咨询项目，树立样板点的意义重大，所以在报价问题上，深谙中国企业在谈判时善于“拦腰砍”的周伟焜设计了两个报价方案。商务谈判在晚餐后进行，周伟焜提出根据 IBM 方面的推算，70 位顾问按级别分为三类，每小时收取的费用分别为 300 美元、500 美元和 680 美元，为期五年。也就是说，此次管理变革分两期进行，仅第一期，华为就要投入 20 亿元人民币。

话音刚落，会场瞬间响起嘘声。一位副总裁心痛地对任正非悄声说，这相当于华为一年多的利润了，我们砍砍价吧。任正非反问道：“砍了价，你能对项目的风险负责吗？”对于周伟焜的报价，任正非只认真地问了一句：“你们有信心把项目做好吗？”周伟焜沉思片刻后，回答了一个字：“能！”于是任正非当场拍板。

会谈结束已近深夜，由于时差关系，此时郭士纳正在美国 IBM 总部主持办公会议，周伟焜把电话打给了郭士纳的秘书。虽然几亿元人民币的差价对 IBM 来说不算什么，但任正非不还价的态度让郭士纳肃然起敬。沉默了一会儿，郭士纳只对秘书说了三个字："好好教。"

1998 年 8 月 10 日，任正非召开了由上百位副总裁和总监级干部参加的管理会议，宣布华为与 IBM 合作的"IT 策略与规划"项目正式启动，内容包括华为未来三至五年向世界级企业转型所需开展的 IPD（集成产品开发）、ISC（集成供应链）、IT 系统重整、财务四统一等八个管理变革项目。会上，任正非宣布了以孙亚芳为总指挥、郭平任副组长的变革领导小组的成员名单，同时宣布了由来自研发、市场、生产、财务等富有经验的 300 多名业务骨干所组成的管理工程部的干部任命，全力以赴配合 IBM 顾问的各项工作。

1998 年，华为尚在位于深圳南山区科发路的科技园办公，会后，任正非亲自指示，在非常拥挤的华为总部腾出很多临海的房间，按照 IBM 的风格进行布置并购买了新的办公家具，让顾问来到华为后感觉到宾至如归。1998 年 8 月 29 日，随着第一期 50 多位 IBM 顾问进驻华为，一场旷日持久的全面学习 IBM 的管理变革运动徐徐拉开大幕。

（3）做一名虔诚的好学生。1998 年 9 月 20 日，任正非率领数十位华为副总裁早早来到会场，会议室里座无虚席。IBM 顾问站在台前，系统而细致地阐述了对华为管理问题的"美式"诊断：

1）缺乏准确、前瞻的客户需求关注，反复做无用功，浪费资源，造成高成本；

2）没有跨部门的结构化流程，各部门都有自己的流程，但部门流程之间是靠人工衔接，运作过程被割裂；

3）组织上存在本位主义，部门墙高耸，各自为政，造成内耗；

4）专业技能不足，作业不规范；

5）依赖个人英雄，而且这些英雄难以复制；

6）项目计划无效且实施混乱，无变更控制，版本泛滥……

当顾问说出第六条话音刚落，会场上立刻出现了一阵骚动。在此之前，任正非和其他华为高层都很清楚研发体系存在着问题，但无法准确说出问题的症结所在。现在顾问们列举的问题十分尖锐，直接触及了任正非的痛处，他的表情也变得越来越凝重。于是，他向顾问做了一个“T”形手势示意暂停，然后让秘书打电话把公司其他副总裁和总监级干部全部叫到会场。

上百名高层干部陆续到场后，由于人满为患，又不可能临时更换会场，任正非便示意大家把会议桌往前后左右移动，然后在中间地带腾出一片空地，让平时在华为呼风唤雨的高层干部们席地而坐。

在交流及答疑的过程中，任正非和李一男曾提出疑问：为什么把华为定位成一个量产型公司？华为每年将销售额的10%投入研发，应该是一个创新型公司。顾问不仅没有做出解释，而是声色俱厉地反问：“请二位阐述一下，创新型公司的界定标准是什么？量产型公司与创新型公司的差别要素又是什么？”

经过翻译，顾问的“火药味”已经被淡化，但任正非还是从顾问的眼神和语气中感受到了异常。随着顾问对量产型公司和创新型公司的诠释，任正非不停地做着笔记，还不时地点头表示赞同。汇报会结束后，任正非庆幸地说：“这次请IBM当老师请对了。华为就是要请这种敢骂我们、敢跟我们叫板的顾问来做项目。”

任正非的这番话不禁让高层干部们联想起不久前他接受Hay顾问的一次访谈时，也曾召集了数十位华为副总裁旁听。当时任正非落座后对Hay顾问韦小姐所说的第一句话，便让所有在座的人大为吃惊：“我今天非常高兴地接受韦小姐的挑战，我愿意回答韦小姐提出的所有问题。很难有机会接受一个国际考官对我的考试，我希望我今天能及格，做一个好学生。”显然，当时任正非的话外音是让在座的高层干部们感受一名学生应具有的认真、虚心的学习态度。而今天，他以同样的方式传递的是做一名学生所必须具备的虔诚。

（4）不容怀疑与挑战，削足适履。1995年，华为斥资1000万元从美国和德国引进两套先进管理系统后，顾问们基本上都听从华为人的“指挥”，甚至华为人还能对他们的系统提出各种各样的“改进方法”和“优化意见”，当然最后以流程“七疮八孔”为代价而告终。

华为在导入新的IBM管理模式时秉持着什么样的原则呢？面对彻底的流程化，一些人提出，IBM的管理不符合中国企业的实际。任正非说：“先僵化、再固化、再优化。”任正非还强调：“第一，什么是先进的系统？关键是我们能使用得好，能够解决我们的问题，这才是我们最需要的，我认为这是最先进的。我们切忌产生中国版本、华为版本的幻想，在当前两三年之内以理解和消化为主，两三年之后，要有适当的改进，这就是先僵化、再固化、再优化。第二，我们要像夯土一样，一层层地夯上去，一步步固化我们的成果。我们是要买一双IBM的鞋，不合脚，就要削足适履。第三，IPD关系到公司未来的生存与发展，各级组织、各级部门都要充分认识到它的重要性。就IPD来说，学得明白的人就上岗，学不明白的人就撤掉，我们就是这个原则，否则我们无法整改。”[①] 这一次，华为上上下下几乎脱了一层皮。四年之后，华为终于初步实现了管理体系的国际接轨，其中的艰辛不难想象。从此，华为建立起了全领域、全过程的严格的流程化管理，堵住了传统中国企业一个最典型的管理黑洞。

2. 管理是研究与把握人性的一门学问：堵住组织的人性黑洞

出生于20世纪40年代，父母为中学教师，且年轻时接受过正规大学教育的任正非对中国传统文化的认识要比其他同龄企业家更加深入。另外，他在青年时代经历了文化大革命，期间体验和感受到的“人性”比后代企业家要深刻得多。在很多组织中，当大家共患难时，就会上下一心，有高度的凝聚力，但是当它稍稍有一点儿基础的时候，欲望、野心就常常把这个组织撕裂了。任正非认为，组织的病症源于人，源于人性，造成“组织黑洞”的主要因素是“山头主义”“腐败”和“安逸与懒惰”。

（1）山头主义。受传统中国文化中农耕文化与官本位文化的影响，中国

① 蒋朝安，杜俊鸿.华为管理哲学：人性管理与科学管理的博弈[M].北京：电子工业出版社，2018.

企业组织中存在山头、体系、派别等。山头是人类心理和生理现象的必然产物，组织变革大多数是围绕着铲山头而进行的。这一问题在华为早期的十多年里也是很严重的，这跟华为早期的历史有很大关系。两万元起家，不到十个人，做交换机的倒买倒卖，活下去是企业的唯一使命。在这种时刻谁能为公司拿到合同，拿到救命钱，谁就是公司的英雄。

这样一种个人英雄主导的狼性文化带来了企业的高速发展，从1988年成立到1998年这十年间，华为超越了国内所有对手，成为中国第一。但是，这种第一带给任正非的是什么呢？任正非在《一江春水向东流》中提到，华为当时山头林立，主义盛行，真不知道该朝哪儿走。山头主义表现为把分管领域当成“自己的地盘”，把下属看成自己的家臣，有的下属只对主管上级负责而不顾组织的整体利益，组织内部沟通协作困难，内耗巨大。在华为，当时形成的山头标签有“老人”“同乡”“销售高手”“研发大牛”等。

（2）腐败。腐败问题也是人类组织与生俱来的问题。在一个以财富增长为核心目标的功利性组织中，腐败更是经常存在的现象。华为历史上，这种问题也不少，如关联交易。2006年在马尔代夫的一家度假酒店，华为公司召开了一次高层会议，专门讨论清理关联交易。在此基础上，进行从上到下的干部廉政宣誓活动，从此这项活动一直坚持到今天。

华为的审计部是一个很厉害的机构，任正非有一次去日本出差，被审计出来在酒店洗的衣服放在了报销里面，审计部的头儿就找任正非谈话，说按制度规定得退回来，退回来还得写检讨。华为所有的人不能坐飞机头等舱，而任正非毕竟70多岁了，长距离的旅途需要坐头等舱，但多出的钱他得自己出。所以，每一次出国任正非就得自己掏一次腰包。

（3）安逸与懒惰。一个新员工刚进公司时是积极、向上的，八点上班七点半就到，晚上下班以后还照样在办公室加班，但当一个新士兵变成一个“兵痞”，就缺乏活力与激情了。当一匹马从战马变成懒马、变成病马的时候，这个马群一定会出现类似于传染病一般的普遍怠惰与散漫，普遍的不想作为。任正非看到，公司在效益快速增长的同时，对他这个权力中心的依赖性也在强化。人们往往陶醉在这种强化的好处中，却没有思及这种依赖的真正危机：团队开始停止了独立观察和独立思考。公司的习惯和一系列成见已经形成一座座大山，把心智给压扁了，人们难以轻松自如地看待事物了。比员工疲劳症更可怕的是管理者的疲劳症。中国社会最缺乏的是企业家精神，企业家精神中最重要的就是永不懈怠的冒险精神。所以，组织的领袖能够保持持续的激情与活力、持续的奋斗精神，并且能使下属不断地追随自己，才是一个组织成功的关键。

熵增定理告诉我们，唯有开放系统才能从外界吸收能量，让熵减少，实现系统的有序。封闭系统是熵增结构，最后一定会导致系统的崩溃。耗散理论给了我们信心：只要处于开放的体系中，只要有能量的交换与释放，任何的自然与人类组织都有可能实现从无序到有序的逆转，实现熵减，实现自身的更新。对于耗散结构理论，任正非有很多形象的说法，比如一个人要通过运动把多余的脂肪耗散掉，组织也是这样。当你的能量积累在不恰当的地方时，可能成为组织进一步优化发展的障碍，必须耗散掉。为此，华为要通过强健组织的正能量来战胜山头主义、腐败、安逸等负能量。

在华为宏观活力引擎模型中（见图 4-1），开放合作与厚积薄发成为打造

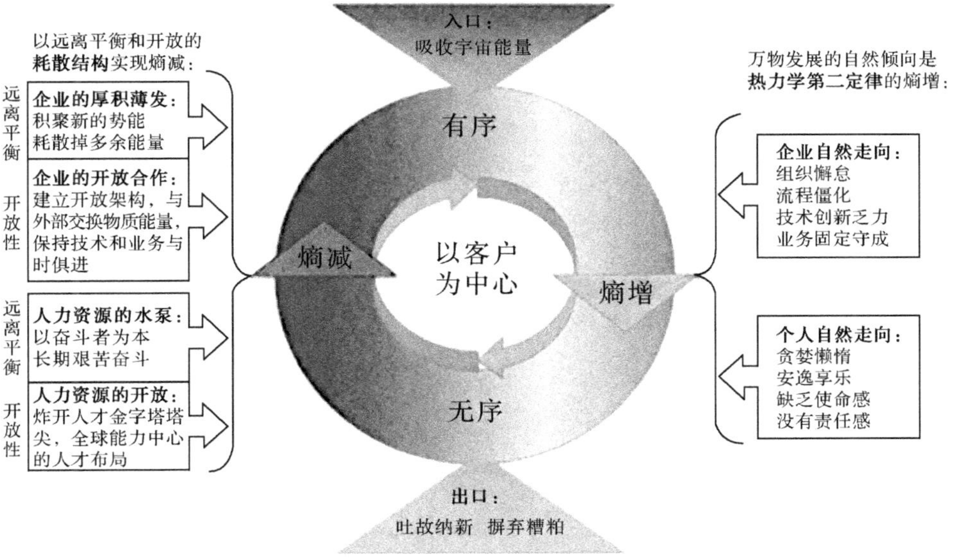

图 4-1 华为宏观活力引擎模型

负熵流的主要方法。通过逆向做功，一方面消耗了多余的物质财富，打破了平衡静止，避免了物质财富过多导致的熵增，另一方面又建立起新的企业发展势能，为长远发展积聚了能量。

在个人微观层面（见图 4-2），华为重在从人力资源管理角度，探索如何激发生命的活力，从而解决人的怠惰和熵增问题。

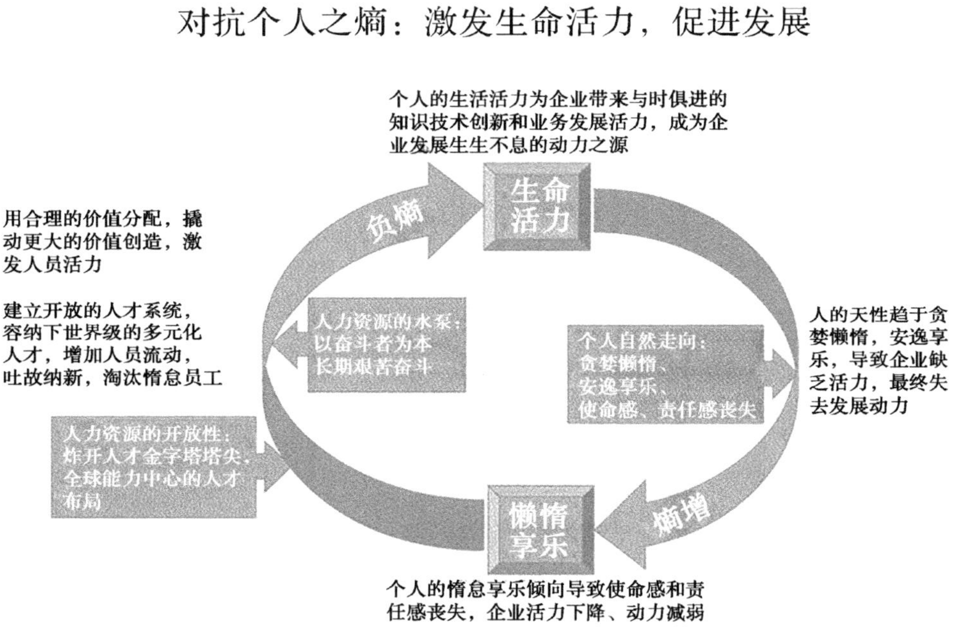

图 4-2　华为微观活力引擎模型

华为最不被人理解甚至被误解的企业理念就是“以奋斗者为本，长期艰苦奋斗”，而这点一恰恰是华为微观活力引擎的动力所在。华为通过人力资源的水泵实现逆向做功，增加势能，激发员工活力。而作为耗散结构，华为人力资源的开放体现为全球能力中心的人才布局，以及炸开人才金字塔塔尖的人才结构，从而吸收外部人才带来的能量和秩序。同时，华为也加速内部人员流动，实行末位淘汰和退休政策。

3. 华为战胜组织黑洞的两个法宝：艰苦奋斗和自我批判

除了在制度和流程设计上防止黑洞的负能量外，任正非还持续性地在华为进行“思想革命建设”，其中最核心的主题就是“警惕意识”与“自我批判”。艰苦奋斗和自我批判是华为战胜组织黑洞的两个法宝。前者属于典型的中国文化的优良传统，后者属于西方文化的精髓。

2008年，华为提出了六大核心价值观：成就客户、艰苦奋斗、自我批判、开放进取、至诚守信、团队合作。这六大核心价值观在很多企业的价值观里都可以看到，但是有两条是极为少见的：一条是自我批判，另一条是艰苦奋斗。华为的员工行为准则、十六条军规、EMT自律宣言、改进工作作风的八条要求等都有与自我批判相关的内容，且都是在自我批判中不断优化的。

（1）以奋斗为本。华为早期的“床垫文化”就是艰苦奋斗价值观的体现。当初华为与世界一流的同行在技术、人才、资金等方面差好几个数量级，如果再没有拼命的吃苦精神，那么，追赶就是一句空话。2017年，任正非在一次会议上透露，未来三至五年对华为是一个重要的转折，可能是公司的新生，也可能是公司的死亡。未来是什么？有利润的增长，有现金流的利润，去除干部身上的浮躁，转变到踏踏实实为客户服务，绝对不能让怠惰在公司生长。

（2）警惕意识与自我批判。要进行自我批判，首先组织要到位。在华为，有两个组织行使着自我批判的职能，一个是员工自我批判委员会，另一个是道德遵从委员会。

员工自我批判委员会成立于2006年，在公司级自我批判委员会下设立了各级分委员会。公司级自我批判委员会由18位成员组成，任正非和董事长都是这个委员会的顾问。自我批判委员会的责任是对全公司以及相关部门的自我批判制度建设及自我批判活动的有效实施和监督提供政策方向、政策指导和组织实施。

道德遵从委员会成立于2014年，这是一个实体部门，下伸到各实体组织，在实体组织中被称为OEC道德遵从办公室。华为在全球建立了107个道德遵从办公室，7758个OEC小组，民主选举了5193名各级委员。这个委员会的职责和公司的道德遵从、文化、干部培养、自我批判是相关的。道德遵从委员会是民主选举产生的群众组织，与董事会、监事会一起构成了公司治理的“三驾马车”。该委员会的主要职能就是引导华为员工从语言、习俗、宗教乃至生活习惯等方面主动适应和融入所在国家或地区。

（3）蓝军的价值。所谓蓝军，原指在军事模拟对抗演习中专门扮演假想敌的部队，通过模仿对手的作战特征与红军（正面部队）进行针对性的训练。蓝军是一种自我批判的力量，蓝军参谋部是自我批判的组织形式。华为的蓝军也有类似的功能，成立于2006年的蓝军参谋部最初的定位是负责构筑组织的自我批判能力，推动在公司各层间建立红蓝军对抗机制，通过不断的自我批判使公司走在正确的方向上。公司的人才政策是优先提拔那些有蓝军部门工作经历的管理者。

4. 中国特色的民主生活会

华为和它的西方同行在全球市场同台竞争20年，技术、流程、制度等很多东西你有的我也有，华为能够战胜竞争对手的关键就是拥有思想武器，即向中国共产党借鉴的民主生活会，包括自律宣言、整风大会等。民主生活会这种清洗自我缺点、清洗组织病灶和组织问题的手段，代表着华为文化密码中的东方因素。这一做法恰恰是华为的管理者、领导者保持激情与活力的重要手段。民主生活会是华为30年来始终坚持的自我批判方式，现在主要是在中高管理层进行，不管任何人，包括任正非都必须参加每三个月或半年一次的民主生活会。

5. 自律永远是最低成本的管理

华为的自律宣誓活动从2007年开始一直坚持到今天。高层自律宣誓以后，各片区、部门也要搞自律宣誓活动。

华为“干部八条”是《华为公司改进作风的八条要求》的简称，相比2015年的版本，2017年的版本精炼地对干部的作风问题提出了更严厉的要求。

华为“干部八条”内容如下：

（1）我绝不搞迎来送往，不给上级送礼，不当面赞扬上级，把精力放在为客户服务上。

（2）我绝不动用公司资源，也不能占用工作时间，为上级或其家属办私事。遇非办不可的特殊情况，应申报并由受益人支付相关费用。

（3）我绝不说假话，不捂盖子，不评价不了解的情况，不传播不实之词，有意见直接与当事人沟通或报告上级，更不能侵犯他人隐私。

（4）我们认真阅读文件、理解指令。主管的责任是胜利，不是简单的服从。主管尽职尽责的标准是通过激发部属的积极性、主动性、创造性去获取胜利。

（5）我们反对官僚主义，反对不作为，反对发牢骚讲怪话。对矛盾不回避，对困难不躲闪，积极探索，努力作为，勇于担当。

（6）我们反对文山会海，反对繁文缛节。学会复杂问题简单化，六百字以内说清一个重大问题。

（7）我绝不偷窃，绝不私费公报，绝不贪污受贿，绝不造假，我们也绝不允许我们当中任何人这样做，要爱护自身人格。

（8）我们绝不允许跟人、站队的不良行为在华为形成风气。个人应通过努力工作、创造价值去争取机会。

“干部八条”大多是针对中国各类组织中的通病提出的，也有直接从西方组织中借鉴而来的，如美军军人手册中就有这么一条：不许当面赞扬上级。

任正非认为，自律永远是最低成本的管理，各级干部应把践行“干部八条”作为终生的座右铭，使流程管理更加简洁、及时、准确。通过“促进自律，完善他律”，形成一个良好的企业内部场。

30年来，华为总结了四句话——在摸着石头过河中探索，在自我批判中进步，在自我优化中成长，在顶层设计中卓越。如果从组织演变的角度来看，这四句话对华为的成长过程做了一个很好的概括。更为重要的是，华为是一家少有的极为低调、较为彻底的知行合一的中国企业。量子管理学思想的提出者丹娜·左哈尔认为，量子态企业一定是结合了西方和东方文化中优良基因的企业，从这一点看，华为绝对是一个极具量子态的企业。

二、第二代本土管理标杆企业的量子态

肖知兴教授在研究中国企业管理时发现一个引人深思的现象：中国虽然靠制造崛起，但偏偏在制造业，我们管理学者可以用来当作正面典型、管理标杆的企业却特别少。这背后的逻辑是什么？为什么作为世界工厂的中国却没有几家可以在管理学课堂上讲授的制造业案例？肖知兴教授认为原因很简单，因为我们的制造业是靠“低人力资本竞争优势”取胜的。低资人力资本竞争优势人为压低各种生产要素的价格。包括劳动力、土地、工伤事故和环境污染等的价格。当制造业企业靠利用这些廉价生产要素、靠简单扩大规模就能挣到足够多的钱时，它们自然没有改进管理、提升效率、潜心创新的冲动。而高科技行业和服务业的逻辑与制造业不同，高科技所需要的生产要素主要是人才，而人才在很大程度上是在国际范围内配置的，不同程度地能够逃脱这个低人力资本竞争优势，所以我们有了华为、联想、阿里巴巴等明星企业。服务业虽然与制造业一样靠的是人海战术，但因为企业在员工身上的投资相对能更容易、更快地转化为顾客满意度，所以也让一批秉承“你对员工好，员工对顾客好”理念的企业成长起来。

率先认识到管理的价值，愿意在管理系统和企业文化上下功夫的企业，势必会在新一轮的竞争中脱颖而出。第二代成为本土管理标杆的企业来自服务业，如德胜、胖东来、海底捞、顺丰等。这些企业在战略上、文化上，或者同时在这两个方面非常强，成长速度和在业界的影响力均鹤立鸡群。

在学习、收集有关胖东来、德胜、海底捞等企业的文字资料后，笔者惊喜地发现，原来在现实管理学研究和教学中被打上理想主义标签的我们并不孤独，因为我们与胖东来和德胜企业领导人的心是相通的。笔者长期在许昌、苏州的现场近距离地观察和触摸他们，可以感受到他们的真实，体会到学院里的“管理”多么地远离现场、远离文化和管理哲学之道。你可以以规模、资本和“高科技”来否认这些企业的成功，你也可以怀疑它们的可复制性，但是它们的实践证明了管理谋求“利”的经济意义和为了“善”的哲学意义。

在中国现有的商业生态环境中，它们在“窄门”之道上，为我们打开了另一扇通往彼岸的大门。在我们的身边，包括商学院里的博士生导师们有许多人对这些企业的第一反应是：员工拿这么高的工资，这样的企业长不了；员工服务态度好，还不是为了卖出更多的商品；一个企业把员工手册写到这么细，谁还会去读。之所以会有这种认识，是因为这些企业的基因和成长之路已超出了我们的心智模式。我们这些只有管理哲学情怀却无力实践的人，唯有静心观察、触摸、描述、提炼后为此鼓与呼，这既是我们的使命和责任，也是一条拯救与愉悦我们自己的路。

以德胜和胖东来为代表的第二代本土管理标杆企业的共同特征是：在形而上的层面立足于“品质和活得长久”的商业价值观，并把这一价值观转化为制度与流程；在相对微观的层面注重“向管理要效率”和“以人为本”，不仅说到，更是知行合一；“道”的层面体现了最高管理者对商业、人性、权力、成功、幸福等的认识，属于管理者的世界观、人生观和价值观，这是他们指导自身从事经营和管理活动的终极源头。于东来一再强调，不要只看他的经营，要关注他的哲学。聂圣哲在德胜坚持“价值观管理”。特别重要的是，他们在实践中“把贴在墙上的、写在纸上的文字转化成了生产力”，其中最为可贵的是“知行合一”。

从量子思维的视角来看，在“道”的层面，这些标杆企业具有以下几个特征：

1. 节制欲望，目标专注，构建自身的核心专长

改革开放之初，为了在传统的国有企业引入竞争机制，我们提出了“商场如战场”的口号。然而，这一口号某种程度上也把企业引入了“过度竞争”“恶性竞争”的泥潭。我们企业里的市场研究部可以改名为“同行研究部”，企业关注的不是来自市场与顾客的需求而是紧盯同行，打价格战、推出山寨版，目的是致对方于死地，从而使自己活下来。

迈克尔·波特在研究亚洲典型的跨国企业时惊奇地发现，亚洲企业家把办企业完全看成是做生意，而不是在创造新产品和服务。西方企业重视的是

“产品从哪来，产品到哪去？”，而中国企业家们更关注的是“钱从哪来，钱到哪去？”这些年，股市、房地产、P2P等一次次资本大潮的涌入正是这一追求的体现。30多年来，在中国更多是“穷人”去办企业，是在体制内不太顺的人“下海”，很多目的就是通过赚钱来改变自己的身份，得到他人和社会的认可。于是，什么赚钱就干什么，不能长期专注于一个产品。在不完善的竞争环境中，有些企业家认为做企业就是做买卖，只有很强的贸易炒卖心理，却没有长远的做产业的心态，缺乏一些技术至上、产品至上的心态，更没有建立宏大产业的雄心。

战略的本质是“不做什么”，而不是什么赚钱就做什么。胖东来、德胜和海底捞均诞生于20世纪90年代，它们长期坚守在看起来不那么高大上的百货零售、木屋、大众餐饮等领域，且在它们赚到自己的第一桶金后，并没有转到更有利润的房地产、互联网、文化等产业。即使在自己专精的领域，它们也不扩张，而是以工匠精神耕耘零售、木屋和火锅。这体现了企业创始人的商业哲学和生活哲学，他们深知不盲目扩张，就不会有极大的资金压力，也就可以从容地对员工好，可以优雅地按自己的人生价值观扎实地行走。以数量指标来看，它们成长的速度很慢，但它们在更加稳定的市场里竞争，受时尚潮流或者经济繁荣周期的影响较小，具备了“隐形冠军”的特征。这样的企业相对低调，而这恰恰是基业长青所需的基因。

压缩企业规模是因为我们的经营管理能力还管理不好这么多店面，不能保证让员工幸福地成长，不能保证企业理念的良好落实。服务不达标，让顾客失望、凉心，这样更浪费员工的青春，我也很累。这都是我早期盲目发展的苦果，我会根据自己的实际能力控制企业的规模！

——于东来

1995—2005年这十年，是中国商业零售业的春天，以郑百文为代表的扩张式神话传遍了大江南北。很多企业纷纷设点布局扩大规模，有的更是走出许昌、上省城下乡村跨区域发展，带来的可观的销售收入让人眼热。但胖东来并没有急于去外省市圈地扩张，而是以“据点式发展”模式修炼内功，通过十年的持续改进，孕育出了商业零售业的核心专长，完成了企业经营理念、企业文化、顾客服务条例、股份制分配方案、顾客投诉条例等全方位的规范化制度和流程建设，并且在硬件方面大力改进设施、美化环境。2009 年至今，虽然总营业面积和人员减少，但胖东来的人效和坪效却不断提高，营业额以每年 15% 以上的速度增长。在许昌市，胖东来一枝独秀，多年占据全市零售额的 60% 以上，在新乡市的影响力也不断提升。

在 2005 年以后的七八年里，胖东来在前十年打下的良好的文化内生性成长的基础上，开始了规模与内生双向的生长。但于东来认为自己在这一时期急于求成，贸然进入了包括连锁店在内的多种业态。于东来在实地考察了东京、大阪的商业零售，并在瑞士细心观察了当地民众的日常生活后，决定压缩规模、提升品质。他提出，要做中国最好的店，不仅指经营业绩，还希望在精神层面引导行业的发展。只有经过精细化的转型蜕变，胖东来才能真正把商业做成一种文化现象。2012 年 1–9 月，胖东来一共关闭了旗下的 16 家店，几乎放弃了其经营多年的连锁超市业态。从绩效层面讲，关闭的所有门店都是盈利的，且这 16 家店都是营业面积在 1000 平方米 ~7000 平方米的大、中型超市。

在“东来珠宝”的柜台上方，挂着一块红色的牌匾，上面写道：

温馨提示：结婚定亲、馈赠亲友，理性消费更幸福。

由于传统风俗的影响，结婚、定亲、生日等购买珠宝黄金饰品赠予对方已成一种习惯，胖东来珠宝提醒大家：要根据自己的经济情况现状，理性选择，不要承担不必要的经济负担，减轻结婚的经济压力，把钱用在结婚生活实用的地方，更不要借债购买定亲物品，真心为对方及对方家庭着想，让大家喜庆、轻松、幸福地分享新人的新婚快乐。

基于对“引导正确理性消费观念、提升顾客的生活品质”使命的坚守，长期以来，胖东来不做大型的商品促销打折活动，商场内外看不到一张广告，商厦外墙的大屏幕和店内的小屏幕播放的是时政要闻、科普知识、世界风光、胖东来的文化理念故事。于东来认为，如果促销过于频繁，商家“明码实价”

的打折空间会造成上游供应商不断加价的现象，而顾客并没有得到实质性的好处；同时，降价打折的诱惑会使顾客产生盲目的冲动性购买行为，而非理性的消费会造成很大的浪费，这与胖东来的文化是相悖的。

20 年来，胖东来之所以能在中国企业扩张狂潮中独守一份清醒，是基于以下三个方面的思考：

（1）摈弃贪婪。于东来认为，贪婪是对与自己能力不相称的目标的过分欲求，只有摈弃贪婪，才能保持清醒的头脑。

（2）节制欲望。于东来认为，过度的欲望会忘乎所以、自我膨胀，最终导致失控毁灭。

（3）夯实基础。不急功近利，在人才、资金、能力有充足保障的基础上，快乐地发展企业。

为了维持企业文化的纯净，德胜创始人聂圣哲刻意将公司维持在一个较小的规模，德胜洋楼年销售额 4 亿 ~5 亿元，但员工不到 1000 人。全公司不设总裁办，也没有副总裁，只有几个部门总监和经理，甚至销售人员一度仅有一人，而督查人员却有十几个人，这样的组织构架体系令人叹为观止。长期以来，德胜对于超过计划的订单一律予以拒绝。

比别人认真一点，这就是德胜的竞争力。事实上，德胜不只是“认真一点”，而是对产品质量的重视达到了苛刻的程度。有一次，对于客户已经验收的工程，公司发现存在质量瑕疵，于是毫不宽容，决定推倒重来。因此，德胜不愁没有订单，反倒是发愁做不完。每年德胜不得不拒绝一部分客户，生生地将市场销售部变成了“市场拒绝部”。在质量与规模之间产生矛盾时，德胜的价值观要求必须质量优先，绝不能为了扩大规模而做超出自己能力范围的事情。

一个企业的“大”与“强”并不是一个概念，要做强，但不一定要做大。德胜永远是“以能定产”，而不是“以销定产”。尽管在建筑行业，德胜只是一个规模不大的企业，但却能建造出国内无人企及的一流洋楼。德胜的新员工入职时被告知的第一句话就是：“在德胜是不可能发横财的！只能比别的公司好一点，过得小康一点。”把话说透，从一开始就把价值观不同的人挡在门外。那些梦想着发大财的人，心态不平和，公司很难指望他们安心工作，踏踏实实地把平凡的小事做好。

德胜的文化里有一个特别独特的地方：德胜并不希望永远办下去，德胜会不会关门，有赖于员工的行为能不能给老板信心。聂圣哲认为自己也是需要鼓励和精神支柱的，员工的任何一次小聪明都有可能是使自己停办公司的原因。聂圣哲认为公司的成功，就是因为德胜相信常识、相信自己，不急功近利，不斤斤计较，始终遵循公司的价值观——诚实、勤劳、有爱心、不走捷径，朝着自己的目标坚定不移地迈进。

2. 把员工当成真正意义上的人

对于高科技公司的员工来讲，他们是追求幸福，但是我们的员工首先追求的是做人的起码尊严。

——张勇

（1）先让员工活得体面有尊严，再去谈追求幸福。1994 年，在历经两次创业失败后，24 岁的张勇变得踏实起来，创办了海底捞。结合自己的失败经验，他认为华山只有一条路：用超出对手的服务，用超出一般人想象的服务吸引顾客。顾客千人千面，怎么服务？下雨天，一位老顾客的鞋子上都是泥，张勇让员工把顾客的鞋子擦干净；一位顾客说店里的辣椒酱好吃，张勇送他几罐带回去；一位顾客喝多了酒，胃难受，张勇给熬了小米粥。随着海底捞走出简阳，成功地开设成百上千家店后，如何让数万名员工把公司当成自己的家，拼命为顾客提供感动式服务，是张勇一直在思考的大问题。张勇给出的答案是：谈钱才是对人最大的尊重。真正引导员工为企业理想而奋斗的企业，一定会首先着手解决员工的金钱需求。只有员工的金钱需求得到了基本保障，员工才能逼迫自己“柔弱的身躯”跟上老板伟大的梦想。

在海底捞有个说法，叫“嫁妆”。一个店长离职，只要任职超过一年，就给 8 万元的“嫁妆”（海底捞的店长很多是 20 多岁的姑娘），就算是这个人被竞争对手挖走了，也给。张勇说：“在海底捞工作太累，员工能干到店长以上的，都对海底捞有大贡献。海底捞能有今天，每个干部都有一份功劳和苦劳，所以不论什么原因走，我们都应该把人家那份给人家。如果是小区经理（大概管五家分店）走，给20万；大区经理走，送一家火锅店，大概800万。”他从来都是大大方方地跟员工谈钱，为了能让员工多赚钱，海底捞还在中国餐饮界做了一项制度创新——计件工资制。

海底捞把员工都当成兄弟姐妹对待，服务员住的都是城里人住的正规住宅，有空调和暖气，人均面积不少于6平方米。不仅如此，宿舍必须步行20分钟之内可以到工作地点。因为一线大城市交通太复杂，服务员累了一天，就不要再在路上奔波了，他们需要充足的休息。

如果你的兄弟姐妹从农村来北京打工，你一定担心他们路不熟，会走丢，或者不懂规矩，遭有的人白眼。于是海底捞的培训不仅涉及工作内容，还要培训员工如何使用ATM机、如何乘坐地铁等，帮助自己的员工尽快融入城市生活。

慈不带兵，义不行贾。张勇很明白，公司不赚钱，大家都喝西北风。但张勇也明白，一个人赚钱很爽，一群人赚钱才能走得更远。所以，赚到钱的他，也愿意大大方方地跟员工分利。

1995年，胖东来的前身“望月楼胖子店”由下岗职工于东来带领三位同伴创立。负债30万元的于东来，靠着灵活经营，年底结算，还完债还盈利50万元。当时约有十几个员工，市场上的同行工资是每月200元左右，但于东来店里的工资是每月1000元，且包吃包住，过年还给各家送年货。年终，每个员工能往家拿回一万多元，这钱在当时的农村能盖上四间房。从此，于东来抱着对员工好，不要让他们有后顾之忧的态度，给员工开出的工资一直都是本地同行的两倍以上。从1999年开始，于东来着手分股份的事情，他说：“分了股份，他们会更用心地去做，因为他们也是企业的主人了。”于东来在微博中写道：“现在许多企业家或老板挣再多的钱也觉得少，宁可赌博挥霍也舍不得给员工多发一些。这样的思想状态一定会伤害社会，伤害自己和家人，没有社会的幸福绝不会有个人长久的幸福。”最初，于东来认为最好的方法是

50% 给股东，50% 给一线劳动者，因为他认为人力资本对企业增值有同等的贡献。2011 年后，于东来把自己的持股分红比例降到了 10% 以下[①]。

“让创造财富的人分享财富”的理论依据是劳动力产权理论，有了这样的认识，企业才不会把涨薪、分红当成是一种恩赐，才会从根本上激发员工的积极性和创造性，才能实现老板和员工之间真正的人格平等与相互尊重。

（2）授权与参与。海底捞尊重员工的另一个表现是张勇的大胆授权。张勇在海底捞的签字权是 100 万元以上；100 万元以下由副总、财务总监和大区经理负责；大宗采购部长、工程部长和小区经理有 30 万元的签字权；店长有 3 万元的签字权。最基层的服务员被给予最大的授权：无论什么原因，只要员工认为有必要，都可以给客人免一餐。

聂圣哲在公司的一次战略会议上谈道：“在谈战略工作的时候，我们一定要谈一些人类灵魂深处的东西，就是公司职工的平等。我们的关系是合作者的关系，我们的经济关系就是雇佣与被雇佣的关系，这不影响我们的和平共处。我在公司里还没有过过多地伤害过谁吧？我作为企业领导者，对大家都很平等，给大家以尊重。人格上的平等并不排斥雇佣与被雇佣关系，雇佣与被雇佣关系也并不排斥人格上的平等，这是一种平等关系。这是我们中国企业最容易搞错的地方。”[②]

在于东来看来，对员工好不仅仅是“财散人聚”这一层面，还包括让企业的目的与员工的目的高度融合，使企业成为员工实现自我的平台。自主——“我做什么，我决定”是实现这一目标的基本原则，自主包括“自主经营”和“自主管理”。

从 1997 年 10 月 1 日胖东来的第一家分店开业以来，于东来就秉承“自主经营”的思想，卖什么货、用什么人统统由店长说了算，于东来只在企业文化、政策上进行严格的要求，并为管理团队提供最大的支持。各部门的主管如果觉得本部门在某些方面需要提升，就自己寻找对应的标杆企业，然后

① 王慧中 . 胖东来，你要怎么学？ [M]. 北京：龙门书局，2014.

② 周志友 . 德胜员工手则 [M]. 北京：机械工业出版社，2013.

去人力资源部备案，不存在批准一说。考察学习结束后，自行改进，呈现结果即可。公司要求大家在外出学习时吃住得尽量好些，而不是控制差旅费。

答案永远来自现场。许多公司稍具一定规模后，不惜重金请外部的管理咨询公司来协助公司制订各种规划、岗位说明书、KPI 指标等。胖东来 366 页的《珠宝部实操手册》、274 页的《保洁部实操手册》、216 页的《果蔬课岗位实操手册》等基本是由各部门主管、资深员工和身处该岗位的员工编写完成的。于东来说："现在年轻的员工该怎么管，你要让他有自主性，譬如这个《岗位实操手册》，我对他们说，你们自己最了解自己的岗位怎样才能做好，那这个标准就由你们自己定吧！等这个标准出台后，我会对他们说，这个标准可是你们自己制定出来的，所以你们更要认真执行。"[①]

（3）能干、会玩。老板经商不仅是为了赚钱，顾客购物不仅是为了消费，员工上班也不仅是为了挣钱养家，无论做什么，我们的终极目的都是让自己的人生快乐。而作为企业家，最重要的就是能够让员工、顾客感受到这样的快乐。胖东来不仅教员工如何工作，还教他们如何享受工作。于东来非常向往简单、自然的幸福生活，他十分推崇北欧的生活模式，在公司的网站、内刊和自己的微博等，他都提到希望员工摒弃贪婪，坦诚相待，进而了解和享受生命的价值和意义。2014 年，公司组织近百名员工去丹麦和挪威体验世界上最幸福国家人们的生活。

有人问弗洛伊德，怎样才可以过快乐而且有成效的一生，弗洛伊德的回答是爱与工作。心理学家大卫·艾肯又在后面加了一个词——"玩"。在他的理论中，"爱"、"工作"（努力）与"玩"构成了人生的金三角。这个人生的金三角恰恰是于东来的经营与生活哲学。胖东来的员工在玩的过程中理解了人生的宽度和厚度，明白了人生还有更深的意义与追求：除了工作与金钱外，生活还可以过得更加丰富多彩。于东来对员工"能干、会玩"的要求是对中国人性化管理理论的突破性创建和成功实践。

① 王慧中．胖东来，你要怎么学？[M]：北京．龙门书局，2014.

1）打破商贸零售业的惯例，给自己放假，也给员工放假。胖东来的“玩”是从于东来对自身的反省和对员工的爱开始的。于东来说：“想想1995年我们刚创业的时候，每天都是从7：00到22：00，以前就是想拼命工作，努力开店，完善这个企业，虽然换来的结果可能也在进步，但的确对自己的健康和各方面的损害都比较大，这样太悲壮了。”基于这样的认识与反思，于东来从工作时间的改革入手，针对一线员工实行“半班制”，分上午、下午两班，两人一组轮换。这样即使加上开店前的准备和闭店后的整理时间，每个员工的日均工作时间也只有七个小时。2010年春节，胖东来第一次尝试放假3天，让员工踏踏实实过了个好年。到了2011年和2012年的春节，胖东来干脆宣布从除夕到初四放假5天。春节是日进斗金的时期，有哪个企业舍得关门打烊放下大笔生意不做呢？2012年4月，胖东来又有新政策出炉，所有门店在每周二都歇业，即使碰到圣诞、元旦、国庆这样的销售黄金时间也不例外。胖东来成为中国首家每周闭店一天的零售企业。有人问：“何必全休，让员工轮休不更好吗？”于东来回答：“店员轮休和全员放假是两回事，轮休时员工还会牵挂店里的事务，只有全部关店才能让所有胖东来人彻底放松身心。”2014年开始，每位员工再增加一个月的年休假。胖东来规定，所有中高层管理者每周只许工作40个小时，商业企业最忙的是晚上和周末，还有节假日，但他偏偏反其道而行之。于东来还规定，高管们下班不许再用手机工作，员工每周必须跟父母吃一次饭，每月必须带着家人出去游玩一次。

2）让一线员工舒舒服服地工作。胖东来在每个营业员身旁都放置了一个软椅，鼓励他们抽空坐下来休息。在没有顾客的时候，公司还让大家阅读《读者》杂志、玩玩iPad或听听音乐，为此还特意安装了音箱并提供音乐碟片。用于东来的话说就是“不要无聊地消磨时光”，而是主动地充实自己、寻找乐趣。工作时间不等于工作效率，一天上七八个小时的班，让员工时刻处于工作状态是不现实的，能有两三个小时的高效工作就已经很好了。因此，胖东来并不要求员工时刻紧绷，而是要求员工提高效率，忙时全神贯注，闲时休养生息。

一些企业领导者把下属称作“兄弟”或“家人”，是为了让下属忠心耿耿、拼命干活。但于东来把员工当作家人，不仅关照他们的工作，也实实在在地关心他们的健康和生活。在注重坪效指标的零售行业，恐怕没有第二个老板像他这样“舍得”——在许昌的胖东来生活广场和时代广场，都留出整整一层空间作为员工娱乐中心。娱乐中心里配备了一流的硬件设施：跑步机、台球桌、按摩椅、麻将桌，还有迪厅、歌厅，以及供员工工间休息的带床铺的房间。员工下班后可以来此先沐浴，然后健身、玩台球、打电玩、唱歌，甚至躺在按摩椅上休息和睡觉。还准备了一间画室，供员工们涂鸦或寻找灵感。胖东来在许昌还有自家的职工医院，员工有个头疼脑热，都可以到自家医务室看病和打针，只交一点象征性的药费，诊断费和治疗费全免。

3）组织机制和资金的保障。公司人力资源部下属的宣教部负责所有文化休闲娱乐活动的组织工作，制度规定一线营运部门必须配合宣教部组织的各项活动。从 2010 年起，每年的三四月，“胖东来员工嘉年华游园活动”都会在许昌的灞陵桥举办。这项活动是宣教部每年最重要的一项工作，为期两天。如今参加游园活动的除了公司的员工及家人外，还有许多喜欢胖东来的顾客与市民，有时两天参与的人数可超过 4 万人。整个活动从策划到现场的实施体现出了趣味性，每年都有新的项目，活动组织严密有序。于东来也带着家人来参加，并且亲自参与到许多活动中去。所有人的笑容都是发自内心的，“公平、自由、快乐、博爱”体现在每一个细节中，体现在胖东来人的每一个笑容里。在游园会现场，遇到每一个人，于东来说得最多的一句话就是：“玩得开心！”

从工作中体会幸福，从生活里提炼快乐，这就是能干会玩的胖东来人。而在玩的过程中，管理者们的全局观、团队协作精神和组织协调能力大大提升了。

3. 企业创始人骨子里“教父”气质

由于教育体制的问题，中国企业承担着把一个个顶着学历帽子“以应试为目标的学校人”培育成“合格的职场人”的责任。胖东来和德胜企业文化的独特性，决定了它们在这方面的难度与责任更大，为此，创始人们培养和改造员工的使命感更强。聂圣哲本身是教师出身，于东来在自己的企业里一直是所有员工的老师，他要求和教会年轻人接受自己的经营哲学和生活态度，学会发现爱、传递爱。两位企业领导人在自己能掌控的范围内，像一位传道士一样孜孜不倦地布道，无论自己这个新的小小世界在开始时与外部环境多么格格不入。一些学者认为，德胜对员工价值观的要求远高于社会的平均水平，于东来的做法极具乌托邦色彩。我们坚信他们经过 20 多年有效实践形成的文化与气质，会越来越多地影响到企业的外部。

（1）生命意义的教育。管理学是一门研究人性的学问。每个人的心中都存在着欲望，一些欲望是好的，一些欲望是坏的，管理的价值就是激发出人性之善欲，抑制其恶欲。聂圣哲认为，每个人的心灵里都有一个空间，如果我们不去填充美好的东西，它就会杂草丛生，组织管理的价值就是想办法去填充美好的东西，不可让其荒芜，更不可使其填满恶。在谈到“德胜管理体系”时，聂圣哲认为，这一体系可以说是一种独创，这里面既有受西方管理启发的东西，也有自己对中华民族传统文化再挖掘后的改造，这一套管理体系的灵魂是再教育，是对价值观和信仰的再造。聂圣哲坦言，德胜从某种层面来讲，是自己进行国民性改造的试验田，改造后的德胜人变得彬彬有礼，变得勇担责任，变得做事认真，变得在追求物质之外有了精神层面的向往。

过去 20 年里，中国的房地产业飞速发展，但建筑行业里并没有形成真正意义上的“产业工人”。建筑工地上最辛苦的施工队基本都是由打零工的农民构成的，他们没有社保和医保，一年或半年结一次工钱，住房、吃饭、工作条件极其简陋，还经常出现辛苦一年拿不到工钱的事件。他们很可能是昨天还在田里干活的农民，今天就站在了高高的脚手架上。缺乏基本的专业训练，工作和生活环境恶劣的农民工又如何能生产出高质量的房屋？

在德胜，我们找不到传统意义上的农民工，这里的员工是有正式编制和正式职工待遇的建筑工人。聂圣哲认为，爱心是工作的动力，是管理到了最高境界不可缺少的东西，德胜的爱心不是停留在口头上的，而是建立在努力提高员工待遇等真实的基础上，建立在公司高层对普通员工的个体生命高度重视的基础上。

苏州吴宫喜来登大酒店宴会会议服务部经理唐彩萍写过这样一段话：

从2002年开始，德胜公司每年都在我们酒店举办圣诞晚宴。说实话，第一次，德胜公司派人来我们酒店联系的时候，我的心里没有一点底。我想，能到我们五星级酒店举办活动的公司，肯定不是一般的公司，他们的员工素质应该是比较高的。但同时，我的心里多少还是有点担心的。因为这几百名近千名的客人中，大多是建筑工人。万一他们中有的人大声喧哗、随地吐痰怎么办？他们喝醉酒闹事怎么办？为了防范，我们还是做了准备工作，比平时多派了相关人员。

但事实大大出乎我的意料，德胜员工的素质让我吃惊。他们的员工来到酒店，全都是整整齐齐、彬彬有礼。没有人大声喧哗，没有人随地吐痰，没有人酗酒；抽烟的人没有乱弹烟灰、乱丢烟头，而且抽烟的人也不多。他们员工的素质甚至比我们有些机关干部的素质还要高。

听说他们的员工队伍是有变化的，但不变的是他们每一年的活动都如此，真是让我钦佩①。

把全体员工请到五星级酒店开大会，在国内，恐怕也就只有德胜了。公司之所以每年都舍得花巨资这样做，是为了让每位员工，尤其是处于社会底层的农民工享受绅士级的待遇，体验和享受高品质的生活，从而获得一份自豪感和尊严。只有受到尊重、拥有尊严的员工才能尊重自己的工作，把自豪感带到自身的工作之中。在德胜，只要工作满五年，每个员工都可以免费出国考察一次。聂圣哲的心愿是让所有员工今生都有一次机会出国，去看看外面的世界。在日常管理中，德胜的工地与大部分工地不

① 周志友．德胜员工手则 [M]. 北京：机械工业出版社，2013.

同，呈现出的是：施工现场整洁、干净，工作服、安全帽等各种安全设施齐全。工人不准带病上班，否则每次罚款50~100元。宿舍24小时有热水供应，一些还配有空调。公司给员工每天补贴伙食费20~30元，员工只需花一两元钱就能吃好。

德胜从最基本的卫生习惯入手来逐步提升农民工的个人素质。在德胜的试用职工条例中有非常详细的规定，例如：每天至少刷一次牙，饭前便后必须洗手，卫生间用完之后必须立即冲刷干净，等等。在工作场合，要求员工衣冠整齐、不得打闹、不得穿拖鞋；工作时间埋头干活，不说闲话、废话；礼貌待人，见面问声好，分手说再见；做错任何一件事情，必须立即向上级反映，不诚实的人得不到信任和重用。

在王慧中的《胖东来，你要怎么学？》一书中，于东来自己写的序言里有这样一段话："我很想把自己的思想、经验、感悟详细地表达出来，和朋友们分享。在这么多年的成长过程中，我经历了许多，思考和践行了许多，思想在不知不觉中清晰起来——事业目标从只为个人生存进步到帮助他人、造福社会；探索方向也从满足物质转变到满足精神需求……我想做的一切其实很简单，就是本着改善社会的现状、倡导优秀文化氛围的良好愿望，希望做好自己的本职工作——把胖东来经营好、把自己的员工和顾客照顾好，然后在可能的情况下，讲述和分享自己的人生感悟和活明白的道理，希望更多的人早一天清醒地认识到要为自己而活，早一天感受到幸福的价值和生命真谛。"胖东来企业文化的核心价值观"公平、自由、快乐、博爱"几乎与商业不太搭边，有着满满的哲学气质。于东来说："我并不是想做个商人，哪怕做个杰出的商人，我想做个哲学家、做一名传道士，传递我的人生感悟和价值理念。"

（2）"造物先造人"，把农民工培养成职业化的人。德胜、胖东来、海底捞等雇佣的员工大多数不是高学历者，而是俗称的"农民工"，但他们却提供了世界一流品质的产品和服务，这一点对探索中国企业管理意义非凡。在高科技领域，在白领、金领的工作环境里，赶超世界水平对于我们来说也许并不是一件太难的事情，因为我们有供大于求的硕士、博士，如果他们能够像华为那样“以奋斗为本”，就会为我们赢得成功。但是要在传统行业赶超世界先进水平，尤其是要把七八亿的农民改造成具有世界先进水平的职业化的产业工人，才是真正的挑战。只有传统产业赶超了世界先进水平，中国才能成为真正的强国。从宏观上来讲，中国问题向来都是农村与农民问题；从微观上来讲，谁能率先解决农民工的升级管理问题，谁就能建立起中国制造和服务的竞争优势。其中，最为核心的问题就是克服传统小农经济的惰性和文化痼疾，进行一场来自精神文化层面的悄无声息的、漫长的变革。

1）尊重劳动的价值。受传统文化中“学而优则仕”“劳心者治人，劳力者治于人”等观念的深刻影响，对劳动以及从事劳动的活动，我们有时候并不能做出正确的价值判断。如果不从一个社会、一个组织的价值观及其制度保障上给予劳动大力的倡导与保护，是很难提升人们对劳动的重视程度的。像胖东来、海底捞和德胜这样传统的劳动密集型行业，不解决“对劳动的尊重”问题，就无法真正建立起“以人为本”的管理体系，特别是面对来自社会底层的农民工和“农二代”，首要的问题就是要让他们相信：凭借劳动吃饭一样是有尊严、有价值的。

于东来从1999年开始酝酿分股份的事情，这是基于他“要让创造财富的人分享财富”的理念。他认为，分得了股份，员工才会用心去做事，因为他们也是企业的主人。于东来的这种朴素思想是有理论来源的。现代企业契约理论认为，企业并非只是股东的，而是一种由人力资本和非人力资本所组成的特殊的契约组织。股东、管理者和一般员工都是有劳动力产权的主体。劳动者向企业投入自身的劳动力，不仅是一种劳动行为，而且是一种投资行为，因此，劳动者不仅应该获得劳动收入，而且要像公司其他投资人一样获得产权收益。这就是“劳动力产权”，即劳动者作为其劳动力的所有者时的行为权，也就是劳动者在生产总过程中受益或受损的行为权。劳动力产权的界定既要考虑劳动力的特性，又要考虑这样的界定应有利于提高人力资源的配置效率。劳动力产权贯穿于生产过程和分配过程之中。随着劳动者在生产总过程中发挥着越来越重要的作用，劳动力产权相对于物质财产权的地位不断提高，劳动者的相对权益也随之增加。在胖东来的文化中，于东来首创了快乐劳动，要求员工在玩乐中高质量地劳动，并为劳动支付高工资。

聂圣哲在公司2012年第五次工作例会上系统地阐述了“劳动的平等与交换”，他说：“每一项劳动都是不可替代的，都是不可忽略的。因为德胜提倡平等，我们的窗户才这么干净，德胜每个擦玻璃的员工在我的心目中都是天使、都是王子，所以他们才能快乐地工作。”德胜的文化倡导并踏踏实实地践行“劳动的价值”。聂圣哲告诫员工，所有的工作都叫劳动，所有的职位都叫雇员，官员是政府的雇员。把自己的手头工作做好，就是对国家最大的贡献。在德胜，坚决反对干部脱产，再高级别的人都要去顶岗，除非他的年龄已经超过45岁。45岁以下的人，不管是什么学历，都得从打扫卫生开始。不参加一线劳动会使管理者失去发现问题的能力，从而毁掉整个公司。

2）创办木工学校，首创“匠士”学位。在全球化产业布局不断向纵深方向调整的过程中，中国和许多发展中国家纷纷以“低成本劳动力”为赖以支撑的重要生产要素，分食产业链的低端市场。在这种竞争格局中，中国的优势能够持续的一个重要原因是，中国低成本劳动力的素质相对高一些。因此，改善中国农村义务教育和职业教育，是中国在未来的竞争中保持“人口红利”的希望所在。

聂圣哲认为，绝大多数中国人都有状元崇拜心理，推崇的是精英教育，实施的是应试教育。100年前，晏阳初、陶行知等教育家提出的平民教育问题至今还没有完全得到解决。平民最需要的职业技术教育，一直被主流教育视为“二流教育”和“次等教育”，这就导致我国的职业教育资源是最薄弱的，是国民教育的软肋；而平民和工业化社会最需要的，恰恰就是有效的职业技术教育。2003年，聂圣哲在家乡职业学校里捐资创办了木工学校——安徽省休宁县德胜－鲁班木工学校，并亲自指导制订教学计划、编写木工学校的三套教材和开展教学实践。近年来，又在公司建立了传统的师徒制的员工培养模式。聂圣哲通过对员工、对学生的职业技术教育实践，丰富和发展了他的职业技术教育思想。

聂圣哲无论是对公司员工的职业培训还是对木工学校学生的职业教育，都有十分明确的培养目标，即要把一个农民工培养成现代的木结构住宅制作的产业工人，要把一个农村的孩子培养成传统木结构制作的产业工人。为此，他总结出“24字办学方针”——以品德为根基、以敬业为习惯、以技能为资本、以谦卑为情怀。无论是德胜公司的培训还是木工学校的教学，聂圣哲都亲自指导设置课程和编写教材。公司内部的再教育培训课程设置了三个模块：一是技术课程，如木工、瓦工、油漆工、水电工、保洁技术等；二是制度、程序系统；三是价值观与企业文化体系。木工学校的课程也是分为三大模块：一是传统木工手艺体系。学校开设了木工专业理论课，向学生讲解木工基础知识以及斧、锯、刨、凿等手工工具的使用方法。学生在学习传统木工手艺时，从练习劈、刨、锯、划线、凿眼、拼板等基本功入手，然后学习制作方凳、长条凳、床架、子孙椅等简单家具，最后学习制作八仙桌和太师椅。这样一个循序渐进的手工木工训练体系不仅让学生学到了扎实的木工基本功，而且使学生体验了“诚实、勤劳、有爱心、不走捷径”的价值观。二是制订了226条学生行为规范，明确了学生在学校、在家、在社会哪些事不能做，哪些事能做以及如何做。此外，对平时打扫卫生、实训做木工都有一套严密的程序规定。三是品德修养与价值观塑造，也就是前面阐述的“以品德为根基”的专门课程模块。

“我不认为一个平庸的博士比一个敬业出色的木匠对社会更有贡献。”聂圣哲为了让他的观点得到他的学生、家长和社会的认可，认为有必要通过一定的仪式提升木工学校学生的自信心，增强他们的自豪感。为此，他设立了“匠士”学位，并于2005年6月24日为首届39名学生举行了隆重的学位授予仪式。从此以后，每届学生毕业都会举行这样的隆重典礼。

“匠士”学位是聂先生的创造，“匠”代表一种娴熟的职业技能，一种在社会上安身立命的谋生能力；“士”代表一个人的文明修养，代表一种现代的职业精神，一种人生信念——终生信奉并恪守“诚实、勤劳、有爱心、不走捷径”的价值观。“匠士”学位的创立，是我国职业教育领域的创新尝试。

举行隆重的毕业典礼，颁发“匠士”学位，从而在这些孩子们的心灵中播下自豪感、使命感的种子，影响将是深远的，或许能改变一个人的一生。同时，也让外界对“匠士”刮目相看，对职业技术学校有一个颠覆性的认识。

3）影响和改善整个商业生态和社会环境。最初，许多策划公司认为，胖东来的工资高得离谱，成本那么高，非死不可。但在于东来“据点式作战、修炼式经营、内生式增长”战略思想的引领下，胖东来跨地域征战新乡，接连超越丹尼斯、世纪联华和众多的新乡本土商贸企业。胖东来的同行——洛阳的大张、南阳的万德隆、信阳的西亚和美三家企业处于经营困境之中时，特意请于东来帮助自己的企业进行改革。于东来答复，帮忙可以，但必须答应两个条件：“第一，我给你们每一家企业代管一年，我要当董事长兼总经理，你们全部退位，我制订的任何管理规章制度都不许改；第二，如果这一年出现亏损，亏多少，我赔多少。”于东来到万德隆的第一件事情就是涨工资，理货员月薪涨幅 55%，中层干部涨幅 150%，店长涨幅 230%。还给店长每人买了辆车，并规定只要工作满 6 年，离职时可以把车带走。接下来，他调整了万德隆的所有惩罚制度。万德隆的老板王献忠私下算了算，估计要亏上个 1000 万元，但他相信于东来：“东来的担当是有底气的，并非仅仅涨工资那么简单，他有系统的管理措施。结果一年下来，不仅没有亏 1000 万元，反而是挣了 1000 万元。比起前一年 500 万元的利润，这一正一负可就是将近 2000 万元。”王献忠又说：“打那以后，凡是东来说的，只要照做，结果都是好的，所以我现在对于东来就两个字——相信！从 2007 年以来，我就守着原有的 20 多家店，没再扩大规模，这是当年东来给我们下的死命令，一些店做得不好就关了，按高标准重新开个店。这几年越走越踏实，企业的绩效也越来越好。”

洛阳大张和信阳的西亚和美也是在于东来的亲自指导下，学习和照搬了胖东来的理念、制度和流程，包括给员工涨工资、放年假等。在于东来的感召下，河南商业零售业的生态环境有了极大的改善，构建起了企业与顾客、员工、同行、社区、供应商等利益相关人者共生共好的商业生态系统，引发了全国各地的同行企业“走进胖东来”“学习胖东来”的现象。当于东来没有时间和精力一一接待时，王献忠和其他的企业家就在自己的企业接待学习者，他们说：“我们要让东来有时间思考更高层面的东西。那些来学习的人，我们对他们说，如果你们连我们都学不会，那就更学不会于东来的，学胖东来要先把于东来的理念弄清楚，看他是怎么做事、怎么为人的。如果你的心没有转变过来，来学习只是为了提高绩效，只是来找办法，那给你流程、考核方法，你们也是学不会的！”

曾有一位从未与聂圣哲谋面的顾客联系他，见面礼就是总盘320栋的项目，对方已经签好了合同。当时德胜的同行中有五六家公司千里迢迢赶去这家公司的所在地，驻扎一两个月，天天跑关系。德胜派去与该客户签字的专员去了以后，该客户的高层开着车陪专员去澳门喝早茶，并且说：“多少家找我们，住这里一个多月，我们都不见。你来了，我们都要陪你来澳门喝早茶，你们德胜就是了不起。”

在德胜的规章制度中，包括《合同签订前的反腐加押程序》和《与主合同不可分割的反腐加押附件》，其目的就是坚决打击商业贿赂行为，以与合作方建立健康纯洁的商业合作关系。20年来，德胜在市场推广中的做法是非常另类的，受到的阻力可想而知。有一次，一个不小的项目的前期工作已做好，进入报价和签约阶段，建设单位一位分管领导给德胜的销售负责人打电话，要求在报价的基础上每平方米加价500元，等第一笔资金到位后支付给他。只要这一条做到了，其他条款全部按照德胜的要求执行。德胜无法也不能答应对方这一要求，结果是这个项目被别人拿下。得知此事后，聂圣哲安慰销售负责人：“你做得对，一定要坚持下去，坚持自己的理念，自己与自己竞争，自己与自己较劲。”

有位客户对德胜说：“现在我们公司执行的很多东西都来源于德胜公司，比如中层干部每天都要做工作笔记，比如开会制度，比如奖惩公告制度等。尽管因为我们自己的原因失去了与德胜合作的机会，但我们仍然对德胜满怀感激之情，毕竟我们从德胜身上学到了许多东西。”

下面是德胜公司采购中心副主任写的“致供应商的信”中的一段：

为了保证产品的质量，采购中心主任时常要去供应商处“微服私访”，并现场办公，以检查我们的工作，了解供应商的生产及管理情况。而就在他特地去贵公司了解产品质量和落实工作实际情况时，却遇到了我们所不愿遇到且至今令我们后怕的一件事——我们的质量监督员在离开包装现场用餐时，在前后不到半个小时的时间内，贵公司的人员却将我公司质量监督员检出的不合格产品趁机混入合格品中，使产品质量出现了严重的问题。我公司经济上的损失姑且不论，信用上的损失是极其令人尴尬和难堪的……不诚实的行为是德胜公司最深恶痛绝的……您的来信使我们联想到了许多。您所说的“内心深处永远的痛和成长历程中的耻辱”，说明贵公司已深深地意识到蒙蔽客户的不诚实行为是要付出相应的代价的。读了您的来信，征得了我中心主任的同意，我们组织了有关人员专门召开了会议，就贵公司的情况做了商谈，我和相关人员一起又赶赴贵公司工厂进行了实地考察，现将我们最终商定的有关情况向您通报如下……①

在信中，德胜采购中心的副主任重申了德胜的质量保障原则，提出了恢复双方合作关系的四个前提条件，其中的前两条是：“第一，首先要对以后生产的产品质量和服务做出书面承诺，并希望贵公司狠抓产品质量，把所承诺的服务及标准落到实处。第二，我中心不但注重每一种产品的生产结果，更注重产品的生产过程及原材料的来源，这样才能从根本上向最终客户提供有力的质量保证。对我中心人员的监督工作要给予大力支持，彻底取消原有不合理、不正确的做法，以积极的态度对待我们以后的合作。”

德胜曾向一位客户免费提供资金，帮助其从国外购进设备，开办工厂，为公司做配套服务，回过头来赚德胜的钱。这是一种基于信任的长远战略选择，德胜除了要求对方控制好产品质量外，没有其他任何要求回报的条件。

① 周志友 . 德胜员工手则 [M]. 北京：机械工业出版社，2013.

正因为如此，每年到德胜总部参观学习的人不计其数，《德胜员工守则》一书也是一版再版。

鉴于做“布道者”的理念，于东来很关注许昌的小商户，但凡做得好的，他不仅会在自己的微博上褒扬宣传，还会主动去现场看看。68℃咖啡、台湾新新娘、大智若愚火锅店等在有了一定的经营基础后，因谋求扩大规模而面临这样那样的问题。在接受了于东来的悉心指导后，这些企业彻底接受了于东来的理念：要专注，把一个领域做到最好、做到极致，不要和别人同质化竞争，要做与别人不一样的东西，做行业标准。

68℃咖啡的老板说：“胖东来教会了我们许多，三言两语无法形容我们对胖东来的感恩之情，我们为身边有胖东来这样的企业、于东来这样的老师和企业家感到幸福。”大智若愚火锅店董事长说：“在向胖东来学习的过程中越来越认识到，企业真正的核心竞争力应当是企业文化。以前看胖东来，觉得他们的‘用真品换真心’不过是一句口号。在向胖东来学习的过程中，才发现和体会到他们能真正落在实处。于是大智若愚也陆续推出了各项服务政策，不是直接降价优惠，而是诚信经营。比如在捞鱼称重时不用塑料袋，而是用渔网，专门设一个透明的杀鱼间，欢迎顾客亲自监督。”

2012 年，《中国商报 · 超市周刊》推出最具含金量年度人物评选活动，最后于东来战胜苏宁的张近东，因为后者只影响了一个企业，而于东来影响的则是一个行业。在许昌，胖东来是像灯一样的企业，大家一开始是不得不按照更高的标准来做生意，否则就没有了立足之地。但久而久之，整个地区的商业环境就有了良好的改善。2014 年开始，远在杭州的百货店开始学习胖东来，在除夕夜和大年初一闭店给员工放假。近两年来，越来越多的非零售业企业也开始学习胖东来，于东来的影响力扩展到了各行各业。马云称赞胖东来：“引发了中国零售业的新时代，是中国企业的一面旗帜。”雷军说：“胖东来在中国零售业一直是神一般的存在。”

4. 对管理价值的认同与信仰

对于胖东来、德胜、海底捞“对员工的好”，许多人认为这只不过是为了让员工死心塌地为公司、为老板多赚钱。如果抱有这样的心智模式，是无法理解这些公司的经营哲学的。对科学管理的信仰，对管理价值的认同，才是他们经营哲学的逻辑起点。管理水平的高低是最终决定产品与服务质量的根本，而人的意愿与能力是决定管理水平的核心。

（1）追求品质的价值观，正确把握人性，知行合一。德胜、胖东来、海底捞等企业的老板们的成长发展时期，正值中国经济高歌猛进的时代。借助外部宏观经济的大好形势，特别是房地产行业的好时光，同时代的许多企业都采取“什么赚大钱就做什么”的战略，其中一些借助“资本杠杆”在短期内成为多元化的“大企业”。如同陈春花教授说的，是中国的大市场成就了中国企业的从小变大，而非企业内生的力量。一个人、一个组织只能在其自身的价值观内成长，无论是天生的悟性，还是在实践中碰壁反思后的感悟。于东来、聂圣哲、张勇没有选择成为“独角兽”，而是走上了另外一条“窄门”——追求品质之路。他们节制做大的欲望，坚守一个领域，走“隐形冠军”之路。在这条路上，唯有管理能帮助他们实实在在地获得成长，而非追逐资本，谋求短期内规模上的扩张。可以说，这是价值观必然决定的行为。

我们选择的具有量子态的这三家小企业的创始人均出身于极其普通的社会底层家庭，这决定了他们深深懂得中国社会最底层、没有高学历、没有家庭背景的人最基本的需要是尊严与收入，其中不可回避的逻辑是：高收入可以带来高尊严。这三位企业家均出生在20世纪60年代，这决定了他们对中国传统文化中的“好”与“不好”有着较为深刻的体验，特别是聂圣哲在体验了中西文化的不同后，对传统文化中不利于商业文明的部分进行了改造。

三家企业的事业是什么，是零售百货、造木屋和开火锅店吗？不是，它们的本质是知行合一地崇尚劳动、尊重劳动，相信可以通过劳动改变命运，要让大家通过自己的双手改变命运。农民工进到城里来，常常被歧视、被伤害，这些企业打造了一个平台，不看背景、不看学历、不看经历。在这个平台上，只要踏实、用心工作，就能为自己赢得尊严。这些企业不空谈理想，先给员工尊严，第一步就是“高工资”，然后通过“再教育”成就“绅士”，使员工快乐地能玩会干，思考生命的意义。在这个平台上，老板与员工相互信任，相互成就，共担责任。在这样的环境下，员工成为一个个“能量球”，被激发出了前所未有的带着使命感的工作热情，为自己、为企业努力工作。

同样不可回避的是，人性中有一点诉求是“与我有关”，这一点在商业领域显得尤为突出。给钱、给职位在短期可以激发积极性，但从长远来看，要留住高水平的员工，“与我有关”的股权激励就成为必须。在这一点上，于东来在 20 年前就开始了实践。有了股权，有了尊严，人不成长才怪，自己都会逼着自己为企业着想，逼着自己学习与成长。

宁高宁认为，企业文化就是大家开会说的话和开完会之后在走廊说的话是同一套话，这叫企业文化。不管你的内容是什么，只要你说的是同一套话，就是企业文化。一个组织“宣称的目标”与“真实的目标”之间是有一点差距的，但一个好的组织这两者之间的差距是会越来越小的。相对于“言”的高大上，我们企业的“行”往往存在极大的差距，说得低调与实在一点，做得好一点、真一点是我们许多企业要切实解决的问题。我们的样本企业的创始人一直坚守自己的理念，不随波逐流地受外部这政策、那风口，这热词、那口号的影响，他们把说的变成做的，把做的变成绩效，长期埋头实践。

（2）对制度、规则的信仰。商业文明的效率与品质是建立在严格的规章管理制度之上的，人与人之间存在着法律契约与心理契约，这两点带来的是责任——资方与雇员之间、员工与员工之间、企业与其利益相关者之间的责任。我们常说“人是靠不住的，唯有制度是靠得住的”，在《德胜员工手则》一书的扉页上，印着聂圣哲的一段话：“一个不遵守制度的人是一个不可靠的人！一个不遵循制度的民族是一个不可靠的民族！制度只能对君子有效。对于小人，任何优良制度的威力都将大打折扣，或者是无效的。德胜公司的合格员工应该努力使自己成为君子，做合格的公民。德胜公司始终倡导的价值观：诚实、勤劳、有爱心、不走捷径。”

企业的竞争在于人才的竞争，这句话说得有点过于笼统，更为科学、具体的说法应该是：企业的竞争在于企业高管团队的大脑与手腕的竞争。“大脑”指的是企业文化，也就是高管的价值观，具体指的是对人性、对商业的看法、理解，也就是指导高管的经营哲学；“手腕”指的是企业如何把所倡导的价值观转化为可以落地的制度与流程。

德胜把公司价值观中的四个关键词——诚实、勤劳、有爱心、不走捷径具体落实在 30 多条规章制度中。涉及“诚实”的有财务报销制度、听证会程序、致供应商的反腐公函等。任何人在报销前都必须认真聆听财务人员宣读《严肃提示——报销前的申明》，这是一个庄严的仪式，内容为：“您现在所报销的凭据必须真实及符合《财务报销规则》，否则将成为您欺诈、违规甚至违法的证据，必将受到严厉惩罚并付出相应的代价，这个污点将伴随着您的一生。如果因记忆模糊自己不能确认报销凭据的真实性，请再一次认真回忆并确认凭据无误，然后开始报销，这是极其严肃的问题。”2003 年，聂圣哲在公司第六次战略会上谈道：“我们特别要让员工形成一种风气，做错事情了，主动承认的诚实之人不仅不会受到处罚，还应该受到一定的表扬。对那种掩盖错误真相的人一定要惩罚，让德胜形成一个诚实人的天下。对主动提出给自己多记了工分的人，要奖励工资多计部分的 20%，对这种人要给予表扬，要一步步把他调到更为重要的岗位上去，如管理材料，因为这种人是可靠的，我们坚决要跟不可靠的小人做斗争。出勤记录有错误的地方由公司给记错的员工写一封道歉信，不仅要把原来的补给他，还要给他赔偿 10% 的罚金，以惩罚公司。”

在德胜看来，诚实与勤劳只是公司的底线，唯有爱心才是超越底线的，才是发自内心地把工作做好的动力，爱心是管理到了最高境界时所不可缺少的东西。德胜把“爱心”落实在许多规章制度中，例如，《员工休假选择方式》中有：公司不鼓励员工周末工作；员工请婚假、丧假时，可在法定假期前后各多加 5 天；员工请产假时，可在法定假期前后各多加一个月等具体条款。在《财务报销规则》中有这样的条款：员工每年代表公司向正在上学的子女（从小学到大学本科）赠送一件礼品，如学习用品、服装或鞋帽，价格不超过 200 元；员工每年代表公司招待家庭成员一次，每人不超过 60 元，每次不超过 10 人，家庭成员指配偶、子女、夫妻双方的父母及其他直系亲属。在《欢度感恩节程序》中第 4 条写道：“公司强调员工之间要彼此关爱，相互感恩。每位员工要关心同事，发现同事心情不好或情绪低落时，要及时主动地去了解情况，并采取提醒、谈心等方式帮助同事去除烦恼。感恩节前，员工需将一份价值 60~80 元的礼物选好，同时将感恩卡及一份亲手写好的感恩信送给自己的感恩对象。公司负责报销感恩礼品费用。”第 7 条中的第二款写道：“过感恩节是一件非常严肃和有意义的活动，员工必须认真对待，不得自行外出或从事与感恩无关的事情。”《仓库（厂房）管理制度》第 4 条规定：“当物品安全与生命安全发生冲突时，生命安全优先。公司不倡导冒着生命危险去抢救物资。”《施工安全及劳动保护措施》第 5 条规定：“工作人员如发现劳保用品、劳保设备欠缺，或无法使用时，可以拒绝工作，直到全部劳保用品符合要求后方可工作。拒绝工作期间享受正常工作的一切待遇。”第 6 条规定：“ 在正常调休的前提下，现场工作人员，包括执行长、现场管理人员及员工等，在 4 月 1 日至 10 月 1 日期间，每周强制休息时间不得少于一个下午；10 月 2 日至 3 月 31 日期间，每 10 天强制休息时间不得少于一个上午。强制休息时间必须用于睡眠、看书等，不得用此时间逛街或娱乐。强制休息期间享受休息补贴。”

胖东来的各项管理制度十分理性与具体，细到到处都有“扣 1 分”这样的字眼。

网上传说，于东来本人有极度的洁癖。胖东来百货最大的外在特征就是干净、整洁，干净到可以跟日本的超市媲美。这种干净来自考核标准的严苛与持续执行。在环境卫生制度中，有如下条款：

1）拱门不干净、开胶、褪色、变形、有破损（扣 1 分）；

2）卖场及厂库内空纸箱未及时拆平，摆放不整齐（扣 1 分）；

3）顾客视线内摆放与销售无关的物品（扣 1 分）；

4）清洁工具乱摆放、不干净，没有按照规定摆放整齐（扣 1 分）；

5）墙壁、天花板、柱子不干净，有卫生死角（扣 1 分）；

6）停车防撞条排列不整齐、颜色昏暗、不干净、破损（扣 1 分）；

7）玻璃、镜子不干净，有水印、手印、污渍（扣 1 分）。

在胖东来，顾客们能感受到员工发自内心的笑，出自骨子里的为顾客着想，这一切来自企业严格制度约束下日复一日坚持的职业精神。

在服务违纪方面，包括如下内容：

1）在了解顾客的需求时，没有站在顾客的立场为顾客挑选合适的商品，强买强卖；

2）顾客购物出现意外破损时，未礼貌告知顾客“没关系”，没有立即为顾客送上同样的商品，便于顾客购买；

3）在遇到顾客询问时，未将顾客带领到目的地，因工作不能离岗时，未告知顾客详细地点，未准确地为顾客指引；

4）在顾客结账时，未面带微笑，未主动向顾客问好，未主动提醒顾客出示会员卡，在刷卡后未双手交予顾客，为顾客扫描商品时未轻拿轻放，装袋时未分类；

5）任何部门在接到顾客咨询时，无论是否与本部门业务有关，没有主动、积极、圆满地为顾客解决问题，相互推卸责任、相互扯皮。

存在以上情况的，第一次将对当事人扣 50 分，一年内第二次违反相同条款双倍扣分，一年内第三次违反相同条款视为严重违纪，将对当事人解除劳动合同。

胖东来在培养员工个人素质、培育合格公民上也是不遗余力的。在公司规章制度的第十九部分有如下六项规定：

1）在外酗酒，酒后闹事（第一次扣 50 分，累计两次视为严重违纪，对当事人解除劳动合同）；

2）未到正规游泳馆游泳，私自在野外游泳（第一次扣 50 分，累计两次视为严重违纪，对当事人解除劳动合同）；

3）与外人产生矛盾、纠纷，影响工作者（调查属实者，第一次扣 50 分，累计两次视为严重违纪，对当事人解除劳动合同）；

4）寻衅滋事、打架斗殴（第一次扣50分，累计两次视为严重违纪，对当事人解除劳动合同）；

5）出入色情场所（第一次扣50分，累计两次视为严重违纪，对当事人解除劳动合同）；

6）参与赌博（第一次扣50分，累计两次视为严重违纪，对当事人解除劳动合同）。

在规章制度的第十八部分有如下几条：

1）酒后驾车（解除劳动合同）；

2）摩托车驾驶人及乘坐人员（包括助动车、踏板式电瓶车）未正确佩戴安全头盔（扣50分，店长连带扣50分）；

3）员工上下班未遵守交通规则，非机动车、行人进入机动车道，横跨交通护栏，横过马路未走斑马线（扣10分）；

4）驾驶机动车没有系好安全带（扣10分）；

5）机动车乱停乱放（扣10分）。

在胖东来，一位洗手间的保洁员在被评为三星级员工后拿到了十万元年终奖。星级是所有胖东来员工努力达到的目标，而细致的绩效管理要求员工在各方面都必须达到卓越，因为这造就了所有员工的"工匠精神"。外界只是用高收入、高待遇来解析胖东来或海底捞的成功，但其实高收入、高待遇也有各种绩效考核的约束。这么高标准的约束让能达到卓越的员工成为榜样的力量，从而带动所有员工的自我学习与发展。

5. 对流程的迷恋——过程的质量决定了结果的品质

任何一个组织的绩效如果在较长一段时间内都呈现出低迷的状态，那一定是其内部管理不善造成的，先要从制度与流程方面来找问题。中国企业的常见问题在于领导、干部们个个都想"管人"，不想、更不善于"理事"，以为把人管住了，就会有好绩效。于是，管理者喜好空谈形而上的思想工作、企业文化建设。其实，我们许多企业的问题在于"管理的层面"，而非"企业文化的层面"，所以应先踏踏实实地着手于具体的制度与流程建设。例如，没有实现目标，可能是资源不够；没有效率，一定是流程出了问题；员工不愿承担责任，可能是由于组织中权力和责任的安排出了问题；市场竞争力不足，也许是因为战略本身不清晰。

受传统思维和价值观的影响，我们多崇尚胜者为王、败者为寇，多注重结果，而不看具体的达到结果的过程。如果我们的价值观是追求效率、品质的话，那么一定离不开科学的流程，唯有如此，才能找到低成本、高质量的达到结果的方式与路径。

我们选择的作为量子态样本的这三家小企业的领导者有一个共性特征，就是对流程的迷恋。

截至2017年，胖东来有784个岗位有了实操标准，其中管理岗位356个，员工岗位428个。这些岗位已全部制作了实操手册，其中一些还带有彩色图片和视频，这些资料都公布在了公司的官网上。下面是胖东来果蔬课营业员的工作流程。

营业前：

1. 提前10分钟签到，检查员工出勤情况。

2. 检查冷柜运行是否正常。

3. 根据陈列规则整理商品，并将生鲜台、货架及冷柜完全补满。

4. 检查供应商所送商品的数量及质量。

5. 检查货架是否补满、是否整齐，清洁地面卫生。同时检查价格牌及散装食品标签的正确性。

6. 查看所有购物车及购物篮摆放位置。

7. 再次查看准备工作是否就绪，及商品价格牌和电子秤的调价是否完毕，查看配送单是否正确，准备迎宾。

8. 整理商品，保证商品无断货、缺货现象，保证排面的卫生及丰满。

营业中：

1. 检查及整理商品并及时补货。及时清理仓库。打扫卫生，并确保卖场走道整洁、畅通。

2. 整理当班有无未完成的工作并及时完成，做到当日工作当日毕。

3. 做好市场调查，填写交接班记录，做到详细、认真、全面。

4. 与下午班进行交接，如有未完成的工作需当面交代清楚，确保下午班工作的正常开展。

5. 整理排面，同时检查缺货、价格牌，补满商品，回收孤儿商品。

6. 关注卫生，并确保卖场走道整洁、畅通。根据清洁计划清洁货柜和卫生死角。

7. 随时检查卫生、商品的质量，及时挑选残次商品。残品及时处理、及时收退货。

8. 员工分班用餐，根据卖场需要调整用餐班次。离岗签到，上岗消到。

9. 整理退货，核实退货的数量，将要退货的商品集中于指定区域。

10. 根据需要补满商品，并检查价格牌。

11. 根据销售情况订货。

营业后：

1. 将未补完的商品分类整理入库。

2. 检查卖场及仓库卫生，做好消毒、防蝇、防虫、防鼠工作。

3. 整理排面、商品卫生、商品陈列。

4. 关闭规定的电源、水源开关，检查卫生死角是否打扫干净。

5. 检查本区域是否有孤儿商品，若有，要及时送回。

6. 由值班人员检查卫生。

7. 从指定通道离开卖场。

8. 到家发平安短信。

非常可贵的是，胖东来在细致的流程管理体系中还加上了每个流程节点的标准要求。通过日复一日的训练，留下来的人都会成为“工匠”，这与学历、道德无关。

与前厅人性化的管理办法形成鲜明对比，海底捞的后台生产在餐饮业里是稀有的“流程与数据化”。在内部管理系统方面，为了有效提升企业管理水平，促进顾客满意度和员工满意度的提升，海底捞构建了一个高效的信息化平台来支撑企业的高速发展。从2006年开始，分步实施ERP系统，通过三年时间，海底捞成功建立并完善了涵盖企业“人、财、物、产、供、销”的完整管理体系。

随着门店越来越多，海底捞也开启了“走出去”战略，但如何进行制度化、流程化的规范化管理就成了海底捞在二次转型过程中特别棘手的一个问题。公司领导非常重视流程制度的规范化建设，专门为此成立了流程管理部，进行集团核心流程制度的规划设计。流程管理部除了做集团核心流程制度的规划设计和督办实施之外，还要做跨部门的大型流程管理类项目，如和IBM、华为和海辉的合作等。另外，还要到各个店进行宣讲这些核心的流程制度，负责这些核心流程的执行督办和审计等。

海底捞已经颁布的流程制度中，如果有哪一条不完善，无论是谁，只要有改进建议，就可以提出。如果员工发现有一个流程制度缺失了，是一个空白，也可以自己撰写一份流程制度，通过创新建议的方式报上来，通过之后就能够得到奖励。当流程制度颁布之后，就要严格执行，流程管理部会派专人来进行流程制度的执行审计，审计完了后还要对流程制度的执行情况进行考核，并且进行奖惩。

中国企业的高管最喜欢说的一句话就是：“我只看结果！”这句话是有条件的，如果企业做到了程序化，并针对程序化制订了相关标准，那就可以看结果。但实际情况往往是，一部分管理者不想自己动脑子，却要求员工完成自己的要求。不排除有一些出色的员工能够很好地完成领导安排的任务，但大多数人都是普通人，如果不进行过程管控，想取得预期效果谈何容易。

德胜追求“只考核过程，不考核结果”，这体现了它们“不走捷径”的价值观，按一步步的流程做就是“不走捷径”。认真做事就是按程序做事。一件事情即使做成了，但是如果不按程序做，也等于没有成功。聂圣哲在2004年的公司第七次战略会议上提出：“蔑视程序的人永远是德胜的敌人。什么时候执行了程序，什么时候我们的管理就到位了；什么时候执行了程序，什么时候我们就没有腐败了。”在聂圣哲看来，程序化管理、细节管理、反对干部脱产，这些都是互相联系在一起的。因为若没有在第一线工作，就发现不了细节，就不可能对程序改进到极致的程度。

聂圣哲常提到一个自身的例子：“我就是因为走程序，才不会冤枉你们，才会发现我对你们的误解。比如说亮漆，当我发现第三处有问题的时候，我就想，尹道文、李伦志他们都是非常好的职工，他们绝对不会在亮漆这个问题上一而再、再而三地出现问题，那我就启动了程序，是不是漆的问题？结果发现是漆的问题。”①

在德胜的咖啡厅，天晴时开哪几盏灯，下雨时开哪几盏灯，太阳照时开什么灯，太阳不照时开什么灯，都是规定好的，并不是为了省电费，而是一个人坐在咖啡厅能否感觉到温馨的问题。这是聂圣哲去第一线一次次体验后才拟订的程序。

德胜特别重视程序化管理，经过不断的实践与总结，他摸索出了一条条经验，最后把这些经验程序化，固化到所有的管理过程中。对德胜来说，程序就是制度，任何人都得严格执行。聂圣哲认为，企业如果不搞程序化运作，只会死路一条。因为人性本身带有一种投机取巧的弊病，爱耍点小聪明，爱走捷径，不喜欢按程序做事，这样马马虎虎的结果是工作毫无章法，产品质量没有保障，大家一盘散沙，大锅饭最终会害了企业，也让员工丢了饭碗。而将管理对象逐一分解、量化为具体的数字、程序和责任的精细化管理模式，使每一项工作内容都能看得见、摸得着、说得准，使每一个问题都有专人负责而不是打乱仗，既强调全员管理，又涵盖全过程管理。在工程管理中，德胜通过制订施工工序流程使工艺规范化，让员工有标准可循，“丁是丁，卯是卯”。例如，旋空调塑料螺钉时，就不能用旋铁螺钉的方法来旋。工地上，一栋房子计划用 3 个 3 寸 L 形弯头，如果用了 5 个，员工就一定要写出理由来。

① 周志友 . 德胜员工手则 [M]. 北京：机械工业出版社，2013.

德胜遍布全国各地的1000多名员工就是按照这样的规章流程在做事，而负责监督流程运转的是德胜程序中心。正如计算机离不开操作系统，更离不开这一系统平台上的各种应用程序，对于一个公司的运作系统来说，也需要一个平台，德胜公司的这个平台就是程序运转中心。这是一个坚持不懈地推动计划、制度、流程和程序有效执行的部门，对公司健康平稳发展功不可没。

德胜的实践表明，程序的作用主要体现在以下方面：

（1）程序是用来衡量对错、好坏的依据。员工犯了错误或员工之间发生了矛盾，公司首先要核查他们是否执行了相关程序。如果都执行了程序，处罚的力度就会减半；如果自作聪明，违背、篡改或完全没有按现有的程序执行，就要受到严厉的处罚。

（2）程序只有被不折不扣地执行后，才会降低管理成本，提升效率。

（3）有效执行程序，可以消除人与人之间的误解和不信任。

（4）严格执行程序，就是对操作过程的有效管控。

（5）有了有效的执行程序，任何岗位都可以随时替换，只要识字的人按部就班地去操作，任何人做同样一件事情的最终结果都是一样的。

（6）执行了程序，可以打破存在于传统观念中的旧思维，取而代之的是新理念、新气象。

这三家具有量子态的样本企业之所以能够成功，其背后具备着这样一些共同的特征：

（1）创始人是一位量子领导者，从一开始就有“把自己的企业带到何处去”的宏大愿景，他们深知人是推进企业发展的根本动力，为员工搭建了幸福成长的大平台。

（2）拥有朴实而又切中人性的价值观，以不同于其他企业家的方式，带着布道者的情怀进行合格公民的教育，引导员工思考除了物质追求以外的生命意义。

（3）在优秀的企业文化（包括专注于一个领域、专注于高品质）指引下，开展了以绩效为导向的科学、系统、严苛的制度、流程管理。

可以说，聂圣哲、于东来对自己的管理是有自信的，因为他们培养出了优秀的员工，制订了久经考验的程序化工作标准，所以他们无须关心结果，只要按照程序、按照标准去工作，结果是必然的。

参考文献

［1］左哈尔．量子领导者：商业思维和实践的革命 [M]. 杨壮，施诺，译．北京：机械工业出版社，2016.

［2］左哈，马歇尔．心灵资本：灵商创造完美的资本 [M]. 苗微，译．北京：中国友谊出版社，2011.

［3］左哈尔，马歇尔．魂商 [M]. 杨壮，张玮，译．北京：华夏出版社，2009.

［4］成刚．管理与管理者 [M]. 上海：上海社会科学院出版社，2017.

［5］克洛克，戈德史密斯．管理的终结 [M]. 王宏伟，译．北京：中信出版社，2004.

［6］沃尔夫．量子心世界 [M]. 艾琦，译．北京：华夏出版社，2013.

［7］哥斯瓦米．量子创造力 [M]. 杨桓，译．重庆：重庆出版社，2017.

［8］钱旭红．改变思维 [M]. 上海：上海文艺出版社，2012.

［9］霍博 K，霍博 W. 清教徒的礼物 [M]. 丁丹，译．北京：东方出版社，2016.

［10］考夫曼．清醒：如何用价值观创造价值 [M]. 王晓鹂，译．北京：中信出版集团，2017.

［11］傅高义．邓小平时代 [M]. 北京：生活・读书・新知三联书店，2013.

［12］卡曼尼．思考，快与慢 [M]. 胡晓姣，李爱民，何梦莹，译．北京：中信出版社，2012.

［13］拉兹洛．管理的新思维——第三代管理思想 [M]. 文昭，黄丽华，译．北京：社会科学文献出版社，2004.

［14］迪尔，肯尼迪．新企业文化 [M]. 孙健敏，黄小勇，李原，译．北京：中国人民大学出版社，2015.

［15］本尼斯，帕瑞克，雷瑟姆．超越领导：经济学、伦理学和生态学的

平衡 [M]. 刘芸，朱瑞博，等译 . 上海：格致出版社，2011.

［16］马兆远 . 量子大唠嗑 [M]. 北京：中信出版集团，2016.

［17］杨家诚 . 自组织管理："互联网 +"时代的组织管理新模式 [M]. 北京：人民邮电出版社，2016.

［18］陈春花 . 激活组织：从个体价值到集体智慧 [M]. 北京：机械工业出版社，2017.

［19］陈春花 . 超越竞争：微利时代的经营模式 [M]. 北京：机械工业出版社，2011.

［20］王振林 . 卓越转型：知识型员工价值实现的四大修炼 [M]. 北京：机械工业出版社，2016.

［21］蒋虹 . 量子思维：如何实现人生逆袭、阶层跃迁 [M]. 北京：中国原子能出版社，2017.

［22］方永飞 . 自组织：互联网＋企业管理创新 [M]. 广州：广东经济出版社，2016.

［23］滕泰 . 软价值：量子时代的财富创造新范式 [M]. 北京：中信出版集团，2017.

［24］王慧中 . 胖东来，你要怎么学？[M]. 北京：龙门书局，2014.

［25］周志友 . 德胜员工手则 [M]. 北京：机械工业出版社，2013.

［26］惠特利 . 领导力与新科学 [M]. 简学，译 . 杭州：浙江人民出版社，2016.

［27］伊斯梅尔，马隆，范吉斯特 . 指数型组织 [M]. 苏健，译 . 浙江人民出版社，2015.

［28］佚名 . 张瑞敏详解海尔的颠覆式管理：中层干部没有用要去掉 [EB/OL]. 新浪财经，2017-10-31.

［29］陈智刚，博锋 . 灰度・管理 [M]. 北京：科学出版社，2011.

［30］刘玉海，文钊 . 张瑞敏：我阅读是实用主义 [N]. 经济观察报，2017-04-21.

［31］胡泳，郝亚洲 . 知识论导言：张瑞敏的实践智慧 [M]. 北京：机械工

业出版社，2015.

［32］王钦．人单合一管理学：新工业革命背景下的海尔转型 [M]. 北京：经济管理出版社，2016.

［33］胡泳，秦劭斐．张瑞敏管理日志 [M]. 北京：中信出版社，2008.

［34］吴晓波，穆尔曼，黄灿，等．华为管理变革 [M]. 北京：中信出版集团，2017.

［35］蒋朝安，杜俊鸿．华为管理哲学：人性管理与科学管理的博弈 [M]. 北京：电子工业出版社，2018.

［36］丁伟华，陈金心．获取分享制：华为奋斗者的价值链管理 [M]. 北京：机械工业出版社，2018.

［37］黄卫伟，殷志峰，吕克，等．以奋斗者为本：华为公司人力资源管理纲要 [M]. 北京：中信出版社，2014.

［38］丁伟华，孙雨佳．炸开金字塔：华为组织变革与人才发展 [M]. 北京：机械工业出版社，2018.

［39］申辰．任正非商业的逻辑 [M]. 北京：中国致公出版社，2018.

［40］布瓦索．信息空间——认识组织、制度和文化的一种框架 [M]. 王寅通，译．上海：上海译文出版社，2000.

后 记

也许是遗传，也许是从小喜欢读各类杂书，我自小就被老师和同学们贴上了正面的“思维发散”或是负面的“思维不清”的标签。作为一名商科生，我进入大学第一次从校图书馆借阅的两本书竟是黑格尔的《小逻辑》和乔万尼奥里的《斯巴达克斯》，从此开启了杂学旁收的生活方式，以至于一位大学室友在毕业纪念册上给我写了这样一句话：“我很好奇，为什么这么多的矛盾在你身上找到了一定的统一。”我大学学的是企业管理专业，虽然早早地在本子上摘录了德鲁克先生的“管理只能用来作为行善的工具”，但很长一段时间里并没有真正地理解这句话。

我的职业生涯始于兰州大学经济系，该系后改为经济管理学院，在那里我基本还是按照学院派的教科书教授着管理学的“科学性”的东西，没有能力和条件进行管理学的“艺术性”的研究。但天生的“量子基因”使我在教学方式上进行了一些不合群的“颠覆式的创新”，宗旨是激发学生的好奇心，促使他们参与到教学活动中。刚开始受到学生的排斥和抱怨，但慢慢地，同学们的活力、激情被调动起来了，他们身上开始散发出思想的光芒和无尽的创造力。

离开大学之后，我从事培训企业管理者（干部）的工作。三年后我的感受是，管理的最高层面是哲学，而不是被割裂开的、单一的管理职能领域的课程。从此，我尝试了管理学科内部及管理学与哲学、心理学等其他学科的“跨界”。八年后，我体会到管理者需要特定的职业技能，尤以情商最为重要。其中的一条主线是思维方式与价值观等对人的行为的影响，一个人格完善的管理者才是一名合格的管理者。指导我开发课程和选用培训方式的思想就是将新思维、新理念引入课程，采用一切可以激发学员学习热情的方式、方法。

我坚信，真正能解决企业管理问题的方案来自学员自身，我的使命与责任就是激发他们参与、体验与反思的积极性。当然，在这个过程中，我也被来自各行各业、各个层面的管理者们启发，他们持续地激发出我作为管理研究者和布道者的责任与使命感。这不就是两个“能量球”相互碰撞的结果吗？

四五年前，从同济大学退休的王惠中老师（他最初的专业是物理学）跟我提起“量子管理学”，并介绍了两本量子力学方面的书。对于只在中学学过两年物理的我而言，这两本书简直太难了。直到读了北京大学国家发展研究院杨壮教授的相关介绍后，我才明白“量子”与“管理”之间的纠缠点是“思维”而非“力学”，而量子思维不正是我自己崇尚并在企业管理研究与教学工作中践行的理念吗？在认真学习了中科院院士朱清时的“人人能懂版的量子科学”后，我基本明白了“态叠加原理和坍缩”“单体的叠加态”“多体的叠加态”这三个著名的与传统牛顿力学截然不同的量子力学观察结论。这又加深了我对量子思维“万物相联”“不确定性”“人的重要性”三大特征的认识。在这个过程中，我随时收集一切与“量子”有关的书籍与论文（除了纯科学方面的）。2016 年，拜读过惠特利的《领导力与新科学》和左哈尔的《量子领导者：商业思维和实践的革命》两本书后，我脑海里清晰地浮现出“组织管理背后的量子魅影”。于是，我开始写一些有关“量子思维对管理学的影响”方面的文章，并开设“量子领导力”和“量子思维与企业管理”两个课程，前者尤其受到各类管理者的欢迎。

20 世纪 90 年代初，我作为一名大学班主任，尝试在所带班里只设班长、团支部书记和学习委员，其他委员的工作由这三个人分担。我们班的这三个岗位每学期换一次，不得连任，这样就可以把机会让给更多的人。我一再强调：这三个岗位的同学不要把自己当成“干部”，而是要花更多的时间与精力为全班同学服务。这不就是企业管理中的“轮值”吗，这不就是量子领导者的精髓——服务型领导吗？所以，要说“量子管理是全新的管理模式、理论”，我是不赞同的。从泰勒开创科学管理以来，管理的实践与量子思维一直就有交集，“科学管理就是一场劳资双方的精神革命，这一革命的核心是责任”。从梅奥的人际关系学说、德鲁克的社会生态理论、公司创新理论，到日本的企业文化、精益生产，到学习型组织、核心竞争力、组织减肥运动、蓝海战略，再到无边界组织、商业生态系统等理论，背后都有量子思维的支撑，只不过我们长期受限于固有的思维而没有正确认识它。更为重要的是，建立在互联网技术基础上的管理，更需要量子思维。

用量子思维来看管理，我进一步体会到管理学是研究人性的学问，我彻底理解了德鲁克提出的“管理只能是人类行善的工具”和“管理是让生命影响生命”。

感谢来自不同行业、不同层面的管理者们，是他们给予我思想火花，激发出我作为管理研究者的职业责任感。感谢企业管理出版社赵喜勤、侯春霞两位编辑的信任，她们的专业与敬业精神激励着我。

本书中引用了许多专业人士的观点、图表等，在此向他们表示衷心的感谢。将量子思维引入管理学在中国还是起步不久的工作，加之本人水平有限，书中若有不妥之处望大家提出宝贵的批评和建议（联系方式：jane.cheng@126.com；个人微信公众号：管理 trainer 频道）。

成　刚

2019 年 11 月 1 日